KB074557

리스키
비즈니스

리란 아이나브
에이미 핑켈스타인
레이 피스먼 지음

김재서 옮김

리스키 비즈니스

왜
보험시장은
실패하는가!
그리고 우리는
무엇을
해야 하는가?

예미

쥐와 고양이 게임

적지 않은 책들의 프롤로그를 보면, 저자의 어린 시절 경험에 기인한 강박이나 인격 형성기의 특별한 경험, 또는 번뜩이는 깨달음을 얻었던 일화 등을 소개하는 것부터 시작하는 경우가 많다. 그러나 보험과 관련된 경제학 책의 프롤로그를 그런 식으로 시작할 수는 없을 것 같다. 내가 평생 보험을 연구한 것은 어린 시절의 꿈이어서가 아니라 낡은 서랍의 맨 아래 칸에서 오랫동안 처박혀 있던 갈색 양말을 우연히 찾아낸 것처럼 살다 보니 그렇게 된 것이다.

이 책의 공저자인 리란Liran Einav은 데이터를 다루는 것을 너무 좋아했고, 그의 다른 한 친구는 보험에 관한 많은 데이터를 가지고 있었다. 게다가 당시 그의 주변의 경제학자들은 주로 연구 요거트, 세탁용 세제, 시멘트 등에 관한 연구를 주로 하고 있던 터라 보험은 경제학자들의 관심을 끄는 매력적인 주제는 아니었다.

또 다른 공저자인 에이미Amy Finkelstein와 보험 분야의 인연은 그녀의 논문 지도교수인 짐 포터바Jim Poterba가 그녀에게 연금 계약과 관련한 난해한 세계에 대한 논문을 제안하면서 시작되었다. 죽고 나서야 보험금이 지급되는 생명보험과는 달리 죽을 때까지만 급여가 지급된다는 점에서 연금은 생명보험의 반대라고 할 수 있다. 한 여성과 사랑에 빠졌는데, 그 여성이 하필이면 건강보험업계에 취업하는 경우가 독자들에게도 있었을 것이다. 충분히 그런 일은 있을 수 있다. 건강보험업은 미국 경제의 1/5을 차지하는 거대산업이다.

반면 레이Ray Fisman의 연구 분야는 보험과는 거리가 멀었다. 어느 날 에이미는 레이와 저녁 식사를 함께 하면서 이 책을 함께 쓸 것을 제안했다.

결과적으로 우리가 쓴 책은 에이미가 처음 구상했던 책과는 많이 달랐다. 에이미는 자신과 리란이 연구한 보험 세계의 기술적인 디테일을 있는 그대로 세상 사람들에게 알려 그들의 궁금증을 풀어주고 가려운 곳을 긁어주는 책을 구상했었다. 그녀의 구상은 결국 잘못된 것이었다.

레이에게 그녀가 생각하고 있는 책의 집필 방향을 자세히 알려주는 과정에서 재미있는 일이 일어났다. 대부분의 사람들이 보험을 허구의 세계의 갈색 양말로 여긴다는 것이었다. 즉 거의 모든 사람이 보험에 가입하고는 있지만, 보험의 효과나 필요에 대해서 거의 생각하지 않고 있다는 것이다. 그들은 보험 고지서를 받고 보험료를 납부하면서 "지독하게 비싸군!"이라고 생각할 때나, 반대로 병원비 고지서를 받고는 보험에 가입해 놓은 덕분에 큰 지출을 줄였다는 주변 누군가를 생각할 때또는 보험에 가입하려다가 보험사에 의해 거절당하고 기분 나빠할 때 빼놓고는 보험에 대해서 생각해 본 적이 아예 없다는 것이다.

보험의 역사는 길고 깊다. 처음으로 보험이 인류사에 등장한 기록은 고대 메소포타미아 문명에서 찾을 수 있다. 그리고 보험은 인류 역사 내내 인간의 삶에 중요한 부분을 차지하고 있었다. 우리가 잘 알고 있는 천문학자인 에드먼드 핼리Edmund Halley, 1656~1742는 사람이 1년 안에 사망할 확률을 연령대별로 계산하기 위해 엄청난 고생을 했다. 그의 계산 결과는 보험사가 고객들에게 보험료를 얼마나 부과해야 하며, 연금을 얼마나 지급해야 하는지를 설계하는 자료로 사용되었다.나중에 알고 보니 그의 계산은 상당히 잘못된 것이었다. 17세기의 수학자 아브라함 드 무아브르Abraham de Moivre, 1667~1754는 보험영업사원들이 사용하기 편리한 보험료 산정 공식을 개발해 냈는데, 이 공식은 컴퓨터가 본격적으로 활용되기 전까지 요긴하게 사용되었다.

보험은 역사의 중요한 고비 때마다 적지 않은 영향을 끼쳤다. 18세기 유럽 국가들은 왕실의 화려함을 유지하는데 필요한 돈과 전쟁 자금을 확보하기 위해 채권을 발행하기보다는 보험상품을 대중들에게 판매하는 방식을 택했다. 그러나 보험료를 제대로 산정하는 데 실패하는 바람에 오히려 빚더미에 앉게 되는 경우가 많았다. 프랑스의 마리 앙트와네트 왕비가 단두대에서 처형된 것도 따지고 보면 이 때문이다.

보험의 특징을 잘 살려 작품의 줄거리를 풀어나간 문학 작품이나 영화도 꽤 있다. 아서 밀러의 희곡 대표작인 《세일즈맨의 죽음》은 대표적인 예이다. 이 작품의 비극적 주인공인 윌리 로만이 마지막으로 기대를 건 것은 자신의 생명보험 계약서였다. 이 작품만큼 유명하지는 않지만 보험을 소재로 삼고 있는 작품은 많다. 테일러 스위프트의 〈노 바디 노 크라임〉이나 미국의 애니메이션 시리즈 심슨 가족의 에

피소드인 〈하늘을 나는 헬퍼쉬의 저주〉같은 작품을 들 수 있다. 보험에 가입하고도 계약서의 내용조차 꼼꼼히 읽어보지도 않는다거나, GEICO나 올스테이트 같은 보험사를 상대하는 귀찮은 계약 정도로 생각하지 말고, 보험 계약서에 명시된 상황이 실제로 각자의 삶에서 발생하는 경우를 생각해 보라. 삶과 죽음의 고비나, 불행이 생각보다 빨리 닥칠 수도 있고, 개인적인 차원의 재난이나 인류 역사에 남을 만한 비극을 당해 재난을 복구해야 하는 경우도 있을 것이다. 이때 보험이 제대로 역할을 한 덕분에 구원의 든든한 동아줄을 잡는 사람도 있고, 그 정도는 아니더라도 위험스럽고 불확실한 상황 속에서 최소한의 안전을 보장받을 수도 있을 것이다.

여기서 반론이 있을 수 있다. 보험이 역할을 제대로 하지 못하는 경우도 있다. 이 책은 바로 이 지점에서부터 이야기를 풀어나가려고 한다.

하나하나 자세히 들여다볼 수는 없지만, 보험상품들은 제각기 특징이 있기 마련이고 이로 인해서 보험시장은 복잡하고, 흥미진진한 세계가 된다. 때문에 보험상품을 대할 때는 선택의 문제, 즉 대중의 묵시적인 집단적 선택의 결과로 예기치 않게 벌어지는 상황을 생각해야 한다. 이는 이 책이 다루는 중요한 주제이다.

보험영업을 하는 사람들에게 얼마나 높은 실적을 올리느냐 하는 문제보다 더 중요한 것은 어떤 사람을 상대로 영업 활동을 하는가이다. 다른 말로 이야기하면 어떤 사람들을 고객으로 삼아야 하는지가 더 중요하다는 말이다. 그것은 이 보험상품이 왜 그들에게 필요한지 고민해 보아야 한다는 말이기도 하다. 고객들 각자가 처한 상황이 다르기 때문에 같은 보험상품을 놓고도 어떤 사람들은 다른 사람들보다 비싸다고 느낄 것이다. 윌리 로만이 가족들에게 남긴 보험 계약의 세부 내용은 여러 가지 선택의 결과이다. 에드먼드 핼리의 사망률 계산이 처참하게 틀린 것도 선택이 잘못되었기 때문이다. 프랑스 왕실이 판매한 연금 상품이 결국 그들의 몰락을 재촉하는 시한폭탄이 된 것도 선택의 결과이다. 결국 이로 인해 앙트와네트 왕비는 목을 잘리고 말았다. 독자 여러분의 삶도 마찬가지다. 항상 치아보험의 서비스가 부족하다고 느끼는 것도 선택의 결과이다. 꽤 많은 액수의 보험료를 매월 불입했음에도 15살 난 닥스훈트 한 마리를 기르는데 왜 그토록 많은 의료비를 지출해야 하는지, 자칫 재정 파탄에 이를 수 있는 이혼 소송을 진행하면서도 왜 제대로 보호를 받지 못하는지 많은 사람이 의아해하는 것도 선택의 결과다.

선택의 문제는 보험사가 고객을 제대로 선택하려는(잘못된 고객과의 계약을 회피하려는) 쥐와 고양이 게임의 양면성 때문에 나타난다. 잘못된 고객은 보험사가 자신이 괜찮은 고객이라고 믿도록 최선을 다한다. 고객과 보험사 쌍방이 벌이는 지혜와 정보의 치열한 대결의 승자는 누구일까? 세부 사항을 찬찬히 읽어봐야 알 수 있다. 어느 한쪽이 분명한 승자라고 단정하는 것은 간단하지 않기 때문에 여기서 이 문제에 대한 답을 이야기할 수는 없을 것 같다.

일을 더 복잡하고 혼란스럽게 만드는 것은 보험사와 고객 간의 쥐와 고양이 게임은 회전판을 돌려서 골라잡는 게임이 아니라는 것이다. 정부나 행정 당국이 자주 정보를 관리하는 심판으로 현장에 끼어들어, 고객이 숨기려고 하는 비밀을 찾아내고, 고객에 대해 속속들이 알고 싶어 하는 보험사가 지나치게 고객의 과거를 캐내려고 하는 것은 아닌지 판단하려고 한다. 어떤 경우는 정부가 보험사를 제쳐 놓고 직접 국민들에게 보험서비스를 제공하려 하기도 한다. 이처럼 정부가 게임의 심판 역할을 하는 한편, 직접 고양이 역할을 하려고도 하지만, 정부 역시 선택으로 인해 벌어지는 문제를 피할 수도 있고 오히려 더 좋지 않은 선택을 할 수도 있다.

저자들만의 주관적인 내용이라고 여길 수도 있고, 어쩌면 약간은 상투적인 드라마 같기도 하겠지만, 우리는 이 책을 통해 독자들에게 보험의 세계의 현재의 모습을 있는 그대로 보여줄 것이고, 보험의 미래가 어떠할지도 이야기해 볼 것이다. 보험 분야이든 다른 산업 분야이든 시장은 여러분이나 사회 전반에 도움이 되지 않는 방향으로 움직일 수 있다. 이때 선택이 얼마나 중요한지에 대해 이 책은 여러분의 눈을 뜨게 해줄 것이다. 보험료를 꽤 많이 내는 데도 보상은 매우 부족하다고 느낄 때가 있거나, 자동차보험에 출장 지원 특약을 추가해야 하는지 고민될 때, 또는 다음 11월의 재계약 시점에 무엇을 어떻게 해야 할지 고민된다면, 우리의 이 책이 도움이 될 것이다. 만약 이런 문제들에 대해 아무런 궁금증이나 고민이 없다면, 이 책을 읽고 나면 궁금함과 고민이 생길 것이다.

어쩌면 세상이 많이 바뀌어야 한다고 생각하는 독자들도 있을 것이다. 독자 여러분 자신이 보험업계를 파괴하고 싶은 미래의 기업가일 수도 있고, 건강이나 다른 보험상품에 대한 정부의 역할이 바뀌어야 한다고 생각하거나 더 많은 역할을 해야 한다고 생각하는 정책 기획가일 수도 있다. 그런 독자들을 위해서 선의로 무장하고 업계에 신선한 충격을 던지며 등장한 많은 벤처 보험사들이 결국 실패로 끝날 수밖에 없었던 이유도 설명할 것이다. 그리고 미국 정계의 첨예한 논쟁거리인 건강보험업계는 왜 누구도 부인할 수 없는 뻔하고 간단한 해결책을 거부하는가에 대해서도 알아볼 것이다. 우리는 선택의 결과로 인해 어떤 어려운 문제가 발생하는지 독자들에게 보여줄 것이다.

여러분들이 우리와 함께 이 문제를 생각하고 고민하는데 시간을 조금만 투자한다면, 오랫동안 여러분을 헷갈리게 했던 보험의 세계에 대해서 좀 더 명확하게 이해하게 될 것이고, 그동안 미스터리처럼 여겨졌던 몇 가지 문제에 대해 꽤 명쾌한 해답을 얻게 될 것이다. 이 책을 읽고 나서 독자들은 여러분들의 십 대 청소년 자녀들에게 보험은 참 멋지고 괜찮은 것이라고 말하기는 어렵겠지만, 보험의 세계가 옷장 서랍 깊숙한 곳에 오랫동안 처박혀 있는 갈색 양말 따위보다는 훨씬 더 흥미롭고 관심 가질 만하다는 것을 알게 될 것이다.

목차

프롤로그 | 쥐와 고양이 게임   4

1부
위험한 비즈니스

1장 보험이 있는 세상, 보험이 없는 세상   14
2장 잘못된 선택   43
3장 연금, 요절에 배팅하다   88

2부
선택에 관한 많은 논쟁

4장 왜곡된 가격   110
5장 역선택   154

3부
정부의 역할

6장 브로콜리를 강제로 구입하라?   190
7장 절충과 타협   230
8장 두더지 잡기 게임   258

에필로그 | 모든 시장은 선택에 의해 좌우된다   290

1부

위험한 비즈니스

1장
보험이 있는 세상, 보험이 없는 세상

1981년, 아메리칸 에어라인American Airline은 VVIP급 고객을 잡기 위한 나름 괜찮은 아이디어를 생각해 냈다. 퍼스트 클래스 좌석 평생 탑승권을 25만 달러에 판매하자는 것이다. 인플레이션을 감안해 이 금액을 현재의 가치로 환산하면 75만 달러쯤 된다. 이는 놀이공원에서 놀이기구를 탈 때마다 돈을 내야 하는 고객들에게 자유이용권을 팔자는 생각과 비슷하다. 평생 보무가 당당하고 단정하게 파마한 기내 승무원들의 훌륭한 서비스를 받고 기내에서 칵테일을 무제한 무료로 즐기며, 거의 침대로 여겨질 정도로 충분히 뒤로 젖힐 수 있는 좌석을 사용할 수 있는 상품이었다.

회사 측은 에이에어패스AAirpass라고 명명된 이 상품이 영화 〈인 디 에어〉에 등장하는 조지 클루니처럼 사업상의 이유로 자주 세계 여러 나라를 여행해야 하는 사업가나 전문직에 종사하는 승객들이 이용할 것이라고 예상했다. 당시 이 회사의 사장이었던 로버트 크랜달은 가끔 관광이나 레저 여행 목적으로 비행기를 타는 여행자들이 에이에어패스를 구입하는 경우는 많지 않을 것이라고 생각했다고 한다.

크랜달은 훗날 에이에어패스 상품이 출시되고 그리 오래 지나지 않아 고객들이 우리보다 훨씬 똑똑하다는 사실을 인정해야 했다고 술회했다. 실제로 1개월 남짓한 휴가 기간 동안 노바스코샤에서 출발해 뉴욕, 마이애미, 런던, 로스앤젤레스, 메인, 덴버를 거쳐 포트 로더데일에 이르는 여정을 7월 한 달 동안 비행기로 이동한 에이에어패스 고객도 있었다는 것이다. 시카고와 런던 사이를 한 달 사이에 무려 16회나 왕복한 고객도 있었다. 회사는 이 고객으로 인해서 시카고와 런던 사이의 왕복표 16장을 팔아서 12만 5천 달러의 매출을 올릴 기회를 놓친 것이다.

에이에어패스는 생각보다 많은 비용 지출을 요구하는 상품임이 분명해졌다. 항공사 측은 예상외로 높은 비용 문제를 해결하기 위해 이 상품의 판매 가격을 인상하기로 했다. 누구나 생각할 수 있는 뻔한 대응이었다. 1990년에 이르러 에이에어패스의 가격은 60만 달러로 인상되었다. 그러나 이러한 조치는 상황을 더욱 악화시켰다. 항상 하늘에 떠 있다고 해도 좋을 정도로 비행기를 많이 이용하는 사람들만이 이 상품에 관심을 가지고 구매하게 되었고, 이 상품으로 인해 지출하는 비용의 증가 속도가 매출의 증가 속도를 빠른 속도로 추월하게 되었다. 3년 후인 1994년에는 에이에어패스의 가격은 1백만 달러로 인상되었고, 얼마 지나지 않아 아메리칸 에어라인은 이 상품의 판매를 중단했다.

아메리칸 에어라인은 자신들에게 가장 많은 돈을 기꺼이 지불하려는 고객이 때로는 가장 원하지 않는 고객일 수도 있다는 사실을 비싼 수업료를 지불하고 터득한 것이다. 아메리칸 에어라인에게는 미안한 이야기지만, 이 사건은 고객에 대한 기업의 잘못된 해석이 어떻게 사업을 천천히 붕괴시키는지를 2만 피트 상공에서 감상할 수 있었던 아주 유익한 사건이었다. 또 아메리칸 에어라인의 사장처럼 나름 탁월한 경력을 가진 경영자조차도 시장의 붕괴를 예상하지 못하는 일이 얼마든지 있을 수 있음을 알려주는 사건이었다. 크랜달은 단지 여행 그 자체를 즐기기 위해 비행기를 자주 이용하지는 않으면서도 평생 퍼스트 클래스 탑승권을 25만 달러씩이나 내고 기꺼이 구입한 고객들이 얼마나 감사한 존재인지 잘 몰랐던 것 같다.

독자들이 이 사업 실패로 손해를 본 아메리칸 에어라인의 주주들을 위해 안타까워할 필요도 없고, 큰 손해만 보고 에이에어패스 사업을 10여 년 만에 접은 것을 특별히 애석해할 필요는 없다. 이와 비슷한 사례는 다른 사업의 영역에서도 얼마든지 발생하기 때문이다. 기업이 상품을 얼마나 많이 팔 수 있을지 만을 신경 쓰고, 누구에게 팔아야 할지, 누구에게 팔리고 있는지에 대해서는 관심을 가지지 않는다면 시장은 얼마든지 망가질 수 있다. 판매자가 어떤 고객이 자신의 상품을 구매하는지 신경을 써야 하는 이런 시장을 '선택적 시장 Selection Market'이라고 부른다.

아메리칸 에어라인이 이 최악의 상품을 출시하기 약 10년쯤 전에, 훗날 노벨상을 수상한 경제학자 조지 애커로프George Akerlof는 이미 이러한 상품의 실패와 소멸을 예견한 말을 했다. 시장 참여자들의 개인정보를 구매자는 알지만, 판매자는 모르는 경우나 그 반대의 경우, 시장을 어떻게 망가뜨릴 수 있는가 하는 문제를 설명하는 모델을 제시한 것이다. 그는 이 문제를 다룬 〈레몬을 위한 시장The Market for Lemons〉 이라는 제목의 12페이지 분량의 글을 1970년에 발표했다. 이 글은 실생활에서 만날 수 있는 간단하고 생생한 사례를 토대로 그의 생각을 간단명료하면서도 확실하게 설명하고 있다. 에이에어패스도 이 글에서 든 사례 가운데 몇몇 개와 크게 다르지 않아 보인다. 기업은 전혀 제대로 파악하지 못하고 끌어들인 고객으로 인해 약속된 서비스를 제공하는데 의외로 많은 돈을 지출하는 오류를 자주 범할 수 있다. 그러면 기업은 그로 인해 발생하는 예상치 못한 서비스 비용 지출을 만회하기 위해 상품의 단가를 인상한다. 그러나 그 결과 최악의 고객들만 남고 나머지 고객들은 떠나버리고 상황은 더욱 나빠진다. 이런 악순환으로 인해 상품 가격은 엄청나게 올라가고, 본전을 확실히 뽑을 수 있는 사람들, 즉 회사 입장에서 보면 악성 고객으로 분류될 밖에 없는 사람들만 이 상품을 구매하게 된다. 이런 악순환은 시장 자체가 완전히 무너질 때까지 계속된다. 애커로프는 이러한 탁월한 통찰력으로 인해 2001년 노벨상을 수상했고, 정보경제학이라는 새로운 학문 분야가 등장했다. 이 책은 바로 정보경제학의 이론과 사례를 기반으로 쓰였다.

선택의 문제를 제대로 다룬 모델이나 표본이 없었다는 점도 애커로프의 생각이 학계와 시장으로부터 폭넓은 반향을 얻을 수밖에 없었던 이유이다. - 고객들이 똑같은 모습으로 창조되어 존재하는 시장은 세상 어디에도 없다. 돈을 대출받기 위한 서류를 작성할 때, 저녁때 어느 식당에서 무엇을 먹을지를 결정하려 할 때, 어떤 회사로부터 일자리를 제안받았거나, 누군가로부터 청혼받았을 때 여러분은 이미 선택적 시장에 참여한 것이다. 은행으로부터 대출을 받거나 그 은행의 신용카드를 사용하는 사람들의 신용도는 그 은행의 이익과 손실에 중대한 영향을 미친다. 단골손님의 식성과 취향은 식당의 이익에 영향을 준다. 회사에서 일하는 노동자들이 어떤 사람인가에 따라 회사와 고용주의 이익이 결정된다. 결혼 생활의 행복과 불행에 가장 큰 영향을 주는 요소는 어떤 사람을 배우자로 선택하는가다.

은행, 식당, 고용주, 그리고 그곳에서 그 고용주 밑에서 일하면서 고객을 만나야 하는 노동자들까지 모두 자신들이 만나야 할 '잠재적 고객들'에 관해서 모르는 것이 있는지 다시 생각해 보아야 한다. 지금 신용카드 발급 신청서를 작성하고 있는 사람이 사실은 조금 전에 실직하고, 지금 발급받은 카드로 빚을 모두 정리하고 파산신청을 하려고 마음먹고 있는지도 모르는 일 아닌가? 당신이 고용한 직원들 가운데 굉장한 게으름뱅이 임에도 불구하고 이력서를 엄청나게 부풀려 적은 덕분에 채용된 사람도 있을 것이다. 주례자 앞에서 그가 묻는 말에 "네", "네"하고 대답하여 부부가 되고 가정을 이루기는 했지만, 과연 당신의 배우자가 앞으로 어떤 모습을 보여줄지 어떻게 아는가?

무엇보다도 보험시장에서, 선택으로 인해 야기되는 문제는 가장 해결하기 어려운 문제임이 틀림없다. 보험사들이 고객들에게 제공하는 서비스가 굉장히 제한적인 경우가 있는데 이 역시 선택의 결과이다. 예를 들어서 대개의 치아보험은 정기적인 검진이나 스케일링이나 충치 등 누구나 예측 가능한 서비스는 보장해 주지만, 예상치 못했던 비용이 많이 드는 치료, 예를 들어서 임플란트 같은 서비스는 잘 보장해 주지 않는다. 반대로 보험료를 굉장히 많이 납부하는 대신 상당히 많은 서비스를 받을 수 있는 프리미엄 보험상품도 있다. 실제로 보험 가입자가 최대 5,000달러를 납부하는 대신 자신이 키우는 12살 난 불독을 위해 연간 4,300달러까지 보장받을 수 있는 반려동물보험도 있다. 그리고 앞의 에이에어패스의 사례에도 봤듯이 잘못된 선택으로 인해 시장 자체가 사라져 버리는 경우도 있다. 그리고 사람들은 누구나 혹시라도 닥칠 수 있는 실직으로 인한 위험이나 이혼 시에 발생하는 엄청난 재정적 손실을 메워 줄 보험 같은 것이 있으면 좋겠다는 상상을 하곤 한다.

보험시장도 앞서 이야기한 에이에어패스나 신용카드, 그리고 식당 무제한 이용권의 사례와 비슷한 상황이 발생한다. 회사의 입장에서 볼 때 비용을 많이 지출해야 하는 고객과 덜 지출해도 되는 고객이 따로 있기 마련이고, 비용을 많이 지출해야 하는 고객이 해당 보험에 가입하려는 욕구가 더 강할 것이 분명하다. 사실 아메리칸 에어라인이 문제의 상품을 출시했지만, 선택의 결과가 시장 자체를 파괴했는데, 이는 말 그대로 이 상품과 관련이 있는 사람들의 생사의 문제이기도 했다.

시장의 기피

1980년대의 일이다. 웨스트 할리우드 지역에 사는 건강하고 젊은 남성들이 갑자기 건강보험에 가입하기가 어려워졌다. 똑같은 시기에 이스트 할리우드 지역에 사는 젊은이들은 건강보험에 가입하는데 아무런 어려움이 없었는데도 말이다. 한 보험회사가 로스앤젤레스 카운티의 모든 지역을 대상으로 건강보험 상품을 활발하게 판매하고 있으면서도, 주소지의 우편번호를 통해 웨스트 할리우드 지역에 있는 사람들을 파악해 내고 그들의 가입을 거부한 것이다. 도무지 이해할 수 없는 일처럼 보이지만, 나름대로 그럴 만한 이유가 있었다. 1980년대 당시 보험회사들은 웨스트 할리우드 인근의 꽃가게, 인테리어 디자인 업체, 미용실 등 특정 직업군에서 일하는 사람들을 노골적으로 기피했다.

웨스트 할리우드의 꽃가게와 인테리어 업체, 미용실 등은 남성 동성애자들의 출입이 잦은 점포라는 공통점이 있었다. 1980년대 당시는 에이즈AIDS가 남성 동성애자들 사이에서 매우 빠르게 전염된다고 알려진 때였다. 보험사들은 남성 동성애자들의 보험 가입을 받아들일 경우, 그가 지금은 매우 건강해 보여도 장차 자칫 막대한 보상금을 지급해야 하는 위험성이 높다고 생각한 것이다. 혹시라도 보험 가입자가 에이즈에 감염되면 매년 수십만 달러를 보상해 주어야 할지도 모르는 일이었다.

웨스트 할리우드 지역에 천문학적인 보상금을 내어줄 가능성이 있는 사람들이 몇 사람 살고 있다는 이유로 그 지역의 모든 사람이 보험 가입을 거부당한 것이다. 보험상품의 기본 취지는 고객에게 예상치 못한 불행이 발생해 삶에 큰 위기를 만났을 때 든든한 보호막을 제공해 준다는 것이다. 에이즈나 당뇨 또는 다른 고가의 치료비가 필요한 질병에 걸린 사람들이 최소한의 적절한 진료를 받도록 재정적으로 도와주는 것이 보험의 기능이다. 매우 건강하지만 매월 꾸준히 보험료를 납부하고 있는 가입자들이 보험사를 통해 큰돈이 필요한 질병에 걸린 다른 가입자들의 치료를 책임져주는 것이 보험이다. 운명이 재미있는 것은 어느 정도의 선에서 균형을 유지한다는 점이다. 불행한 사람이 있는가 하면 아무 탈이 없는 사람이 있기 마련이다. 때문에 보험사가 보험상품을 잘 운용하면 엄청난 돈이 없으면 안 되는 불행한 가입자를 돕는 한편, 적절한 이익도 얻고, 결국 보험사업 자체가 계속해서 유지될 수 있는 것이다.

물론 당뇨와 에이즈는 분명히 다르다. 오랜 연구가 축적된 덕분에 질병에 대한 가족력과 체중, 그리고 혈압 등 기초적인 자료만 있으면 당뇨병에 걸릴 가능성이 어느 정도인지 예측이 가능하다. 그러므로 보험사도 고객의 질병력과 지금 언급한 자료 정도만 있으면 그가 당뇨에 감염될 가능성을 합리적으로 예측할 수 있다. 그러므로 당뇨 감염 가능성이 높아 보이는 고객들에게는 상대적으로 많은 보상금을 지출하게 될 가능성이 높으므로 매월 납부해야 할 보험료를 그만큼 높게 책정하면 된다. 물론 보험사가 이런 식으로 보험료를 책정하는 것이 정당한가에 관해서는 논란이 있다. 이에 대해서는 뒤에 자세히 이야기할 것이다.

반면 1980년대 당시에는 에이즈에 관해 충분한 의학적 연구나 통계가 없었기 때문에 누가 에이즈에 걸릴 가능성이 높은지 예측하기 어려웠다. 그때도 에이즈가 성관계를 통해서 전파된다는 정도는 규명되어 있었기 때문에, 무절제한 성생활이 에이즈 전파의 주요한 원인이라는 정도는 알고 있었다. 그러나 보험사가 보험 가입자의 성생활이 어떠한지 파악하는 것은 매우 어려운 일이다. 물어본다고 해서 가입자가 정직하게 대답할 것이라고 기대하기 어렵다. 때문에 보험사가 가입자의 성생활을 정확히 파악하는 것은 애초부터 불가능한 일이다.

에이에어패스의 사례처럼 시장이 붕괴되면 아무도 건강보험의 혜택을 받을 수 없게 된다. 침대처럼 완전히 젖혀질 수 있는 비행기 좌석을 파는 시장이든, 생명을 구해주는 치료를 제공하는 보험상품을 파는 시장이든 고객이 그 상품을 얼마나 자주 많이 이용할 사람인지, 아니면 돈만 내놓고 거의 이용하지 않은 사람인지를 감춘다면, 그래서 회사와 시장이 고객들을 잘못 파악한다면, 결국 시장 전체가 난파되고 만다.

경제적 관점에서 보면 이는 큰 문제이기 때문에, 그에 걸맞은 획기적인 대책이 있어야 한다. 그러함에도 불구하고 선택에 관한 문제는 다른 많은 문제에 비하여 업계나 대중이 제대로 이해하지 못하고 있고, 보험업을 자유 시장의 시스템에 맡겨 두어도 되는가에 대하여 폭넓은 논의가 이루어지지도 않았다.

시장은 스스로 작동하지 않는다

경제학을 공부하면 제일 먼저 배우는 것이 시장의 기능에 대한 찬사이다. 어떤 사람은 빵을 굽는 것을 재미있어하지만, 즐겨 먹지는 않는다. 반면 빵을 좋아하지만 구울 줄 모르는 사람도 있다. 이 두 사람 사이에는 돈을 매개로 한 거래가 성립할 수 있다. 그리고 그 거래에는 보이지 않는 손이라고 불리는 시장이 개입한다. 시장의 원리에 의해서 가격이 결정되고, 빵 공급자는 빵을 먹고 싶어 하는 대중이 원하는 만큼의 빵을 생산한다. 이렇게 해서 돈을 벌게 된 빵 공급자는 그 돈을 자신들이 가치 있다고 여기는 것을 구입하는 데 사용하고 그 결과 시장 전체의 모든 재화와 용역에 대해서도 수요와 공급의 원칙에 따른 가격이 결정된다는 것이다.

두 번째로 배우는 것은 시장의 한계에 관한 것이다. 시장은 만능이 아니어서 시장이 실패한 사례도 얼마든지 있다. 19세기의 록펠러의 스탠더드 오일이나 최근 최고급 스마트 폰 시장을 장악한 애플의 사례처럼, 특정 기업이 시장에서 독점적 지위를 누리면, 가격은 기업에 의해 비정상적으로 올라가게 된다. 뱅크런 사태_{대량 예금인출 사태 – 역자} _주가 발생해 시장 전체에 혼란이 일어나고 경기가 급랭하여 불황 국면에 들어서거나 극심한 불경기가 올 수도 있다. 광산업체가 유독물질에 오염된 토사를 강에 몰래 흘려보냈다가 자연과 인근 주민들의 식수원을 파괴할 수도 있다. 시장경제는 부와 수입의 극단적인 불평등과 양극화를 초래할 수도 있다.

경제학을 공부할 때 세 번째로 배우는 것은 이런 시장경제의 부작용에 대해 정부나 공공 부문이 개입하여 성공적으로 문제를 해결한 사례에 관한 것들이다. 독점 금지 제도, 예금보험 제도, 환경오염 방지 제도나 오염 부담금 제도, 불경기의 소비 촉진을 위한 제도, 조세 제도를 통한 소득 재분배 기능 같은 것들이다. 이러한 정부의 적절한 개입 덕분에 시장은 경이로운 역할을 계속해서 수행할 수 있고, 경제의 위기를 최소화할 수 있다. 또 독점기업이나 내부자의 시장에 대한 착취를 막고, 경쟁에서 실패한 사람들이 노숙자로 전락하는 것을 막을 수 있다.

이는 경제학의 당연한 원칙이다. 아주 급진적인 사고를 하는 사람들조차도 시장이 적당히 성장하고 확장되기를 바란다. 다만 지나친 성장과 부작용을 방지할 수 있는 적당한 울타리 정도를 설치하고 싶어 할 뿐이다. 결국, 시장경제의 적극적인 옹호자들도 시장을 무작정 방치하면 그로 인해 발생하는 문제가 스스로 해결되지 않는다는 것을 알고 있다. 또 국가의 방위나 내부 치안 등의 문제를 시장의 수요 공급의 원리에 의지해서 해결해야 한다는 사람들은 거의 없다.

이 책은 적절한 규범이 있어야 하지만 실제로는 그렇지 않기 때문에 또 다른 형태의 취약성이 존재하는 시장, 즉 선택적 시장과 이에 대한 정부의 개입에 관한 이야기이다. 선택적 시장에서는 어떤 고객에게 상품을 파느냐에 따라 회사가 장차 부담하고 지출해야 할 비용이 달라진다. 선택으로 인한 문제는 상품을 구입하는 고객은 자신이 상당히 많은 서비스를 요구하고 받게 될 것이라는 점을 알고 있지만, 판매하는 측은 고객의 이러한 면을 전혀 모르기 때문에 발생한다. 시장에서 발생하는 다른 문제와 마찬가지로 이 경우에도 정부는 중간자적 입장에서 규제나 지도를 통해 시장이 기능을 상실하는 일이 없도록 노력을 기울인다.

이 책이 다루고 있는 보험시장은 선택적 시장의 대표적인 사례로서 국가 경제에서 차지하는 비중이 상당히 크고, 공공 정책에 미치는 영향도 적지 않다. 보험사들은 본능적으로 고객들이 어떤 사람인지를 자세히 살피려 한다. 사고를 자주 내거나 조심성이 많지 않은 운전자가 있는 반면, 조심성이 몸에 밴 고객도 있다. 보험 고객들은 대개 보험금을 발생시킬 가능성이 많은 자신만의 특징과 이유를 스스로 알고 있다. 반면 보험사는 보험금을 발생시킬 가능성이 많은 고객의 은밀한 특징을 파악하기도 어렵고, 쉽게 찾아낼 수도 없다. 고객이 운전 중 좀 산만한지 혹은 그렇지 않은지, 스토브 위에 요리용 냄비를 놔두고 불을 켜 놓고는 잊어버리는 경우가 있는지, 없는지 등을 보험사가 파악할 수는 없다. 이러한 개인의 사적 정보는 규제가 없는 보험시장에 큰 혼란을 일으킬 수 있다. 혼란이 발생하면 독점기업의 폐해나 환경오염 기업, 또는 뱅크런이나 불평등 등 시장에서 발생하는 다른 문제 못지않게 시장과 사회를 위협하게 된다. 그러한 일이 일어날 때, 또는 그러한 일을 미리 막기 위해서 정부는 얼마나 보험시장에 개입해야 하는가? 보험사가 어떤 고객들에게 보험상품을 팔고, 어떤 고객들에게 얼마의 보험료를 적용해야 하는지까지 정부가 개입하는 것이 옳은가? 심지어 정부가 직접 시민을 대상으로 보험상품을 운용해도 괜찮은가?

경제학자들은 선택적 시장에서 개인정보를 어떻게 다룰 것인가라는 문제에 대해 지난 반세기 동안 고민해 왔다. 에이미와 리란은 이 문제를 연구하고 그와 관련된 글과 책을 쓰는데 평생을 바친 사람들이다. 우리는 개인의 사적 정보가 보험시장에 어떤 영향을 미치는지, 그리고 정부가 이로 인해 발생하거나 반대로 발생하지 않는 문제에 관하여 어떻게 대응하려고 하는지에 대하여 오래 연구해 왔다.

그러함에도 불구하고 우리의 연구는 어떤 명쾌한 결론에 도달하기에는 충분하지 않다. 2012년 연방대법원에서 미국인의 건강보험 가입 문제에 정부가 개입하는 것에 대해 위헌 논쟁이 벌어진 것을 지켜보면서 우리의 마음은 편치 않았다. 보수적 성향을 가진 것으로 알려진 안토닌 스칼리아 대법관은 가부장적인 정부가 시민들에게 건강보험을 의무적으로 가입하도록 강제한다면, 마찬가지로 모든 시민에게 일정량의 브로콜리를 사라고 강요해도 되는 거냐고 반문했다. 브로콜리와 건강보험에 대한 공공정책의 차이를 구분하지 못한다면, 그들은 일반 대중들과는 너무 동떨어진 인식을 가지고 있는 것이 분명했다. 대법원에서의 이 논쟁을 지켜보면서 우리는 이 책을 써야겠다고 마음먹게 되었다. 선택적 시장을 연구하다 보면 국민 모두에게 건강보험, 또는 자동차보험이나 주택소유자보험 등에 가입하도록 개입해야 하는가, 아니면, 사업가와 고객, 그리고 시장에 의해 자율적으로 결정되도록 방치하는 것이 옳은가 하는 문제를 생각해 보지 않을 수 없다. 그러나 분명한 것은 이러한 시장과 브로콜리 시장은 다르게 취급되어야 한다는 것이다.

보험이 있는 세상, 보험이 없는 세상

이야기를 시작하기 전에 우리는 독자 여러분이 책 한 권 분량은 족히 될만한 보험시장에 대한 지식을 이해하도록 도와줄 필요가 있다. 보험의 세계는 죽음과 돈, 속임수 등의 이야기로 가득 차 있는, 여러분들이 생각하는 것보다는 훨씬 더 흥미로운 세계이다. 그리고 믿을 수 없을 정도로 중요한 내용이기 때문에 여러분들의 일상을 위해서 꼭 알아두어야 한다.

보험이 없는 세상을 한번 상상해 보자. 하버드대학교의 대학원생인 홀리 우드Holly Wodd, 이 이름은 그녀의 본명이다.는 복스Vox 라는 미국의 뉴스 및 웹사이트에 올린 글에서 보험이 없는 세상에서는 "하루 동안 별일 없었다는 것만으로도 큰 은총으로 여겨야 할 것이다."라고 말했다. 우드는 그 글에서 건강보험도 가입할 수 없을 정도로 재정적으로 쪼들리는 싱글 맘의 딸의 삶이 어떠한지에 대해서 썼지만, 그녀의 통찰력 있는 글은 건강보험뿐 아닌 다른 보험도 존재하지 않는 세상에 관해서도 적절하게 설명해 주고 있다.

보험에 가입되어 있지 않다는 것은 따로 모아놓은 돈이 딱히 없이 그달 벌어서 그달을 살아가는 어떤 사람이 당장 먹을 식료품을 살지, 보험에 가입할지를 놓고 고민하는 것 이상의 문제이다. 보험이 없다면 병이나, 사고, 또는 재산 손실 가운데 단 하나의 불운이 발생하더라도 우리를 재정적인 큰 고통에 몰아넣을 수 있다. 생계를 책임지고 있는 사람이 갑자기 사망한다면 가정이 궁핍해지는 것을 피할 수 없다. 혹시라도 집에 불이 났지만, 화재보험도 들어 있지 않고, 자신의 힘으로 집을 다시 구할만한 돈도 없다면 거리에 나앉는 수밖에 없을 것이다. 건강보험이나 생명보험, 자동차보험, 주택소유자보험 등은 현실로 닥치기 전에는 걱정해본 적이 없을 정도로 거의 일어나지 않는 재난이 실제로 일어났을 때 발생하는 위기를 회피하도록 도와주는 수단이다.

평범한 일상이 계속되는 한 보험이 없는 세상을 상상하고 걱정할 필요는 없다. 보험료를 얼마나 납부했든 보통 때는 보험의 덕을 볼일이 거의 없다. 그리고 보험에 가입할 것인가 말 것인가는 선택의 문제이다. 이에 관해서는 1980년대의 웨스트 할리우드에 거주하면서 어려움을 겪었던 남성들의 사례가 잘 설명해 준다. 앞으로 이 책의 이어지는 장에서 사람들의 삶을 좀 더 안정적이고, 예측 가능하고, 심지어 행복하게 해줄 것이 틀림없는 보험에 관해서도 이야기할 것이다. 예를 들어서 이혼에 대비한 보험이나 뇌졸중을 앓았던 경력이 있는 사람들을 위한 보험은 아직 없다. 굉장히 돈이 많이 드는 치과 치료 계획을 세워야 한다면, 지금으로서는 매우 불운한 상황에 처했다고 생각할 수밖에 없다.

어떤 경우 선택으로 인해 보험시장이 완전히 파괴되기보다는 오히려 건강해지는 경우도 있다. 보험사의 선택의 결과로 고객들을 불쾌하게 만들 보험상품이 의도적으로 만들어질 수 있다. 예를 들자면 비상시 도로 견인 서비스를 받으려면 보험 가입 후 일정 기간 이상 경과해야만 한다든지, 여러분이 계약 내용 가운데 무엇을 바꿀 수 있고 바꿀 수 없는지에 대한 엄격한 제한 규정 따위가 들어 있는 상품을 만들 수 있다. 또 시장 밖의 많은 사람들이 선뜻 가입을 꺼리기 직전의 수준까지 가격을 올리는 선택을 할 수도 있다. 그래서 경제학자들은 "선택의 문제가 사람들이 보험이 지나치게 비싸다고 생각하게 만든다"고 말한다.

어쩌면 여러분은 사람들이 보험료가 지나치게 비싸다는 이유로 가입을 꺼리는 것이 큰 문제가 아니라고 생각할지도 모른다. 사람은 누구나 어떤 것이 지나치게 비싸다고 생각하면 사지 않는다는 선택을 한다. 모든 사람이 포르쉐 자동차를 소유하지는 않는다. 이유는 그것이 비싸기 때문이다. 그렇다고 해서 시장이 실패하거나 붕괴한 것은 아니다. 폭스바겐은 포르쉐의 가격을 통해 자신들이 포르쉐 한 대를 제조하는데 아주 많은 돈을 들이고 있다는 메시지를 대중들에게 보내고 있다. 우리는 엄두가 나지 않지만, 아주 비싼 가격에도 불구하고 폭스바겐이 만드는 자동차에 기꺼이 비용을 지불할 의향을 가지고 있는 고객도 분명히 있을 것이다. 대부분의 보통 사람은 아주 매력적인 스포츠카를 직접 운전하고 다니면서 느끼는 가치가 그것을 구입하고 유지하기 위해 지불해야 하는 비용보다 크다고 느끼지 않는다.

같은 논리를 보험에 적용해 보면, 어떤 사람이 보험료가 높다는 이유로 보험에 가입하지 않고 보험이 제공하는 보장을 받기를 포기했다면, 그는 그 보험이 제공하는 서비스의 가치를 낮게 평가한 것이다. 이는 보험사가 의도적으로 고객들을 상대로 일정한 장벽을 세운 것과 같다. 반면 보험 가입자들에게 중요한 것은 집에 불이 나거나, 큰 자동차 사고가 나거나, 다이어트를 위해 프렌치프라이만 먹고 지낼 때, 또는 주말에 스카이다이빙을 즐길 때 느끼는 안도감일 것이다. 상당히 신중하고 건강에 매우 신경을 많이 쓰는, 굳이 보험이 필요 없을 것 같은 사람들에게 많은 보험료를 납부해야 하는 보험에 가입할 필요가 없다고 말할 수 있을까?

그것은 좋은 생각이 아닌 것 같다. 보험의 역할이란 운명의 장난에 맞서는 완충장치를 마련해 두는 것이기 때문이다. 운명의 장난의 결과로 어떤 예기치 못한 일이 일어났을 때, 사소한 위험조차도 굉장한 재앙을 초래할 수 있다. 우리들 가운데 가장 건강하고 신중한 사람조차도 자신도 알지 못했던 자신의 유전자적인 어떤 이유 때문에 어느 날 갑자기 병원비로 천문학적인 액수를 지출하고, 도무지 속을 알 수 없는 운명의 신의 심술 때문에, 무작위로 누군가에게 발생할 수 있는 불행이 나에게 닥쳐 집수리 따위에 많은 비용을 지출해야 할 수도 있다. 재앙이 절대 일어나지 않는다고 장담할 수 있을까? 뉴욕타임스가 운영하는 제품 리뷰 웹 사이트인 와이어커터Wirecutter에서 그 답을 찾을 수 있다. 이 웹 사이트에는 종이에서부터 진공청소기나 커피메이커까지 다양한 제품에 대해서 공급자의 리뷰가 올라와 있다. 와이어커터에는 반려동물보험에 관하여 이런 글이 올라와 있다. "심지어 보험금을 청구할 일이 아예 일어나지 않는다고 하더라도, 보험료를 낭비했다고 생각할 필요는 없다. 보험 덕분에 어떤 상황이 일어나더라도 늘 예측하고 대비할 수 있게 되었고, 덕분에 안심하고 발아래 잠들어 있는 반려동물과 함께 편안한 잠을 잘 수 있었다."

다른 말로 설명하면, 어떤 일이 일어났을 때 약속된 액수의 보험금을 타내야만 보험의 가치를 누릴 수 있는 것은 아니라는 이야기이다. 어떤 일이 일어날지도 모른다는 두려움에서 상당히 해방될 수 있고, 그만큼 마음의 평화를 누릴 수 있는 것이다. 보험 계약자들이 매년 꼬박꼬박 보험료를 납부하지만, 그들 중 절대다수에게 거의 아무런 일이 일어나지 않을 때 보험은 가장 적절하게 작동한다. 그러나 사람들은 탐욕스러운 보험사가 고객이 잘못 판단하여 납부한 보험료로 돈을 엄청나게 빨아들이고 있다고 오해할 수 있다. 보험료를 매월 내야 하는 가입자들 가운데는 보험사들을 가리켜 "다리를 막고 통행료를 갈취하는 무뢰배들처럼, 질병을 핑계로 월세를 걷는다."고 맹비난했던 예일대학교의 역사학자 티모시 스나이더와 비슷한 생각을 하는 사람들이 꽤 있다. 그러나 와이어커터에 올라온 글에서도 볼 수 있듯이 보험료를 매월 내면서도 별다른 일이 없어 보험금을 타낼 일이 없는 사람에게도 보험은 그 가치를 발휘하고 있는 것이다. 상당히 조심스러운 운전자나 남달리 건강한 사람조차도 자동차보험이나 질병 관련 보험에 가입함으로써 누릴 수 있는 유익이 분명히 있다.

이에 관한 이해를 돕기 위해 특별한 사례를 하나 들어보고자 한다. 두 사람의 운전자가 있다. 한 사람은 덤벙대는 성격의 십 대 청소년이어서 1년 안에 교통사고를 내거나 당할 확률이 10%쯤 된다. 또 다른 한 사람은 자녀를 둔 아주 조심성이 많은 중년의 여성인데 그녀가 1년 안에 사고를 내거나 당할 확률은 1% 정도밖에 안 된다. 십 대 청소년이나 그의 부모가 머지않은 장래에 보험사로부터 보험금을 지급받게 될 가능성은 확실히 높다. 그러나 사고 확률이 1%밖에 안 되는 중년 여성도 혹시라도 발생할 수 있는 사고와 그로 인한 법적 송사, 치료, 자동차 수리 등의 비용에 대한 든든한 대비책이 있기 때문에 안심하고 운전을 할 수 있다. 보험에 가입하지 않은 채 혹시라도 자신에게 1%의 불운이 일어나면 어떻게 할지 고민하며 마음을 졸이기보다는 매년 약간의 비용을 지불하고 맘 편하게 운전하는 것이 낫다는 것이다.

주의력이 산만한 십 대 청소년과 매우 조심스러운 중년 여성이 모두 보험의 유익함을 누리고 있는 것이다. 양쪽의 경우 모두 보험 덕분에 불확실성과 위기를 보험사에 전가하고 자신들은 심리적, 경제적 안정감을 누릴 수 있다. 십 대 소년에게 사고가 발생할 확률은 중년의 여성에 비해 열 배나 높다. 그렇다면 그 소년또는 그의 부모은 열 배 더 많은 자동차보험료를 납부해야 한다고 생각하는 사람도 있을 것이다. 그러나 보험금을 타내는 사람이나 그렇지 않은 사람이나 모두 보험의 가치를 누리고 있다. 보험은 그들이 재정적인 파탄에 빠질 걱정을 덜

어준다. 두 사람 모두 미리 약속해둔 소액의 _{사고가 났을 때 들어갈 돈보다는 비}_{교할 수 없는} 비용을 납부하는 대신에 교통사고가 발생했을 때의 비용과 부담을 보험사와 나누어서 진다.

이는 가입자나 보험사 모두에게 득이 되는 구조이다. 가입자는 지고 싶지 않은 위험을 회피할 수 있는 것만으로도 득이 된다.[1] 위험만 회피할 수 있다면 보험사가 실제로 지불할 것으로 추정되는 보험금보다 조금 더 많은 정도의 보험료를 부담한다고 해도 손해라고 느끼지는 않을 것이다. 약간의 돈을 더 지출하는 대신 인생의 불확실성을 제거하고, 불의의 사고가 발생해도 거액의 지출로 인한 타격을 입지는 않을 것이라는 안도감과 마음의 평화를 누릴 수 있다면 괜찮은 거래이다. 물론 부담 없이 납부할 수 있는 보험료가 어느 수준인지는 각자의 사정에 따라 다르다. 마음의 평화는 매우 가치 있는 것이지만 공짜는 아니다. 그러나 보험료를 납부함으로써 얻는 마음의 평화를 돈으로 환산하면 보험료보다는 많다는 것이 일반적인 생각이다.

반면 보험사 역시 누군가에게 마음의 평화를 선사할 수 있다면 그 자체로 행복한 일이다. 보험사의 입장에서 보면 각각의 가입자는 보험사에게 재정적 위기를 가져다줄 수 있는 잠재적인 위험요소이다. 수백만의 보험가입자 가운데 누가 행복하고 불행할지는 모르지만, 전체적으로 보면 어느 정도 예측 가능하다. 거의 대다수의 가입자는 보험료를 내는 대신 마음의 평화를 얻을 것이고, 그들이 낸 보험료는 한데 모아졌다가 누군가에게 보험금으로 지급되어 그의 재정적 위기를 크게 덜어줄 것이다. TV 광고 등을 통한 보험업계의 홍보물에 의하면 보험금을 지급하고도 보험사가 적절한 이익을 낼 수 있을 정도의 보험금이 사고를 당한 고객에게 지급된다.

그러므로 어떤 운전자가 다른 운전자보다 사고를 낼 가능성이 높거나 낮다는 것은 중요한 문제가 아니다. 물론 보험사가 그 가능성을 조금은 예상할 수 있다. 보험사의 입장에서 보면, 십 대 청소년들의 사고 발생률이 중년 여성들보다는 높을 것이라는 예상 정도는 할 수 있다. 그렇다면 이에 따라 보험료를 차등 부과할 수도 있다. 뒤에서 다루겠지만, 차등 보험료를 계산하는 과정에서 고객들은 알고 있는 것들을 보험사가 모르는 데서 문제가 발생한다. 에이미가 알고 있는 한 보험사의 경우 어느 중년 여성 고객이 최악의 운전자라는 사실을 처음에는 모른 채로 보험료를 부과했다. 그리 긴 시간이 지나지 않아 그녀에 대해 제대로 알게 되었다. 자신이 장차 보험금을 상당히 많이 타게 될 비싼 고객이라는 사실, 즉 자신만의 비밀을 알고 있는 사람은 고객 자신뿐이다. 그러므로 보험사는 레이크 우버곤Lake Woebegon; 미국의 한 라디오프로그램에 등장하는 가상의 마을 - 역자 주 같은 가상의 도시에서 영업하듯 보험을 판매한다. 즉 모든 고객들을 평균치보다는 더 많은 서비스를 받게 될 사람들이라고즉, 적절하게 산정된 예측치보다는 더 많은 보험료가 지출될 것이라고 가정하는 것이다. 이렇게 해서 안정적인 고객과 위험한 고객들을 모두 비슷하게 취급하는 전체 보험시장이 형성된다. 마음 놓고 사랑도 할 수 있게 해주고 돈도 보장해 주는 이혼보험 같은 상품이 등장하지 못하는 이유나, 혹자가 보험에 대해 지나치게 비싸기만 하다고 욕하는 이유를 알려면 선택적 시장의 특성을 이해해야 한다.

물론, 고객의 개인정보를 명확하게 파악하기 어렵다는 한계에도 불구하고 많은 보험사는 생존하고 번창해 나간다. 오늘날 미국에서 보험산업이 명맥을 유지하고 성장해 나가는 이유는 고객과 보험사가 서로를 대신하여 위험을 나누어 부담하여 양측 모두 이익을 보는 구조가 구축되어 있기 때문이다.

거대 비즈니스와 강력한 정책 개입

오늘날, 전체 경제에서 보험업이 차지하는 비중은 상당히 크다. 보험업을 포함한 헬스케어 산업은 미국 경제의 1/5을 차지할 정도로 규모가 크고, 그 가운데 건강보험은 늘 분분한 논쟁의 중심에 서 있었다. 독자들이 헬스케어 산업 전체에 대해서는 잘 모를 수 있지만, 보험산업의 규모가 굉장히 크다는 정도는 잘 알고 있을 것이다. 실제로 보험산업이 전체 경제에서 차지하는 규모는 6%를 뛰어넘는다. 삶의 어느 영역이든 보험이 미치지 않는 부분은 거의 없다. 화재, 홍수, 지진, 자동차 사고, 사망, 의료 과실뿐 아니라 반려동물의 건강 등 우리가 살면서 닥칠 수 있는 크고 작은 온갖 위험을 관리해주는 보험상품이 이미 출시되어 있다. 지금 열거한 것들은 민간 보험시장에서 운용되는 보험상품들이다.

현재 대부분의 국가에서는 시민들의 보험료의 일부를 부담해 주고 있다. 미국의 경우 실업보험과 장애인보험을 당국이 부담해 주는 정책이 시행되고 있다. 미국 정부가 책임지는 복지 프로그램 가운데 가장 규모가 큰, 흔히 소셜 시큐리티Social Security라고 부르는 사회 보장 시스템도 정부가 운영하고 부담하는 보험의 한 형태이다. 그 덕분에 시민들은 노년에도 사망하지 않는 한 꾸준하고 일정한 수입을 보장받는다. 이런 종류의 공적 보험에 대해서는 3장에서 자세하게 다룰 것이다. 소셜 시큐리티 정책의 규모는 연방 지출의 1/4 정도를 차지하고 있고, 노인과 빈곤층의 건강보험에 대한 보조에도 역시 1/4 정도를 지출하고 있다. 연방정부 재무부 관리인 피터 피셔는 "연방정부는 사실상 초거대 보험사나 다름없고, 방위산업은 부업에 불과하다."고 말했을 정도로 연방 정책에서 보험이 차지하는 비중은 크다.

보험 분야에 대한 정부의 간섭은 정부가 보험사가 해야 할 역할을 일부 떠맡아 수행하는 데 그치지 않는다. 실제로는 그 이상이다. 정부는 정책을 통해 건강보험이나 생명보험, 자동차보험, 주택소유자보험, 홍수보험 등 민간 보험회사의 온갖 보험상품 운용에 영향을 준다. 보험사는 어떤 보험상품을 출시하고, 보험료를 얼마로 산정하고, 다양한 상황에 놓인 고객들에게 얼마나 많은 보험금을 지급할지를 결정하는데 정부 정책의 영향을 크게 받는다.

정부의 다양한 정책 활동과 규모를 생각할 때, 보험산업은 수도인 워싱턴 DC에서 정부 지출과 국가 재정에 영향을 끼치는 가장 큰 이익집단 가운데 하나였다. 우리 저자 세 사람도 이 책을 쓰면서 정치권에 대한 보험업계의 영향력이 그간 알고 있었던 것 이상으로 크다는 사실에 매우 놀랐던 기억이 있다. 정치권 주변의 자금과 로비 활동을 추적하는 비영리 기구인 오픈시크리트OpenSecrets에 따르면, 2014년 이후, 각 보험사 내의 정치 관련 활동을 벌이는 위원회들이 연방 차원의 선거에 출마한 후보에게 제공한 기부금의 규모는 다른 어떤 산업 분야보다 많았다고 한다. 이 점은 많은 것들을 시사하고 있다. 전체적으로 보면, 보험사별로 운영하는 정치 활동 관련 위원회들에 대한 기부활동은 오로지 정부만이 유일한 고객인 방위산업의 두 배 이상이었다. 또 정부 대상 로비활동의 규모도 제약업계와 건강 관련 생산업체들에 이어 두 번째를 차지했다. 만약 여러분이 정부가 시민들에게 어떤 종류의 보험에 반드시 가입하도록 의무화하거나, 일부 민간 보험 시장을 엄격하게 규제하는 것이 타당한지, 그리고 그러한 정책 결정에 로비스트들이 개입하여 어떤 규정이나 법령을 제정하는 데 영향을 미치는 것이 타당한지 등에 대해 올바른 판단을 하고 싶다면, 이 역시 선택이라는 문제의 본질을 이해해야 한다.

상점에는 무엇이 있나?

본격적으로 이야기를 시작하기에 앞서 우선 한 가지 분명히 해 둘 것이 있다. 선택적 시장에 관한 이론은 꽤 괜찮은 이론이다. 실제로 그 이론을 먼저 정립한 선구자들은 수백만 달러를 벌어들였을 정도였다. 그러나 그 이상도 이하도 아니다. 이론은 이론일 뿐이다. 우리는 특정한 상황에서 선택의 결과로 발생하는 골치 아픈 상황을 이미 앞에서 이야기한 바 있다. 1980년대 웨스트 할리우드의 건강보험 문제나 아메리칸 에어라인이 야심 차게 출시한 상품의 실패 같은 것이 대표적인 사례다. 이런 사례는 일반적인 세상의 작동 방식과는 거리가 먼 특이한 경우다. 여러분의 책상 서랍을 뒤져 보거나 구글을 들여다봐도 쉽게 알 수 있듯이 세상에는 굉장히 많은 보험사들이 아주 다양한 보험상품을 팔고 있다. 독자들도 몇 가지 정도의 보험에 가입했을 것이고, 관련 서류는 집안 어딘가에 보관되어 있을 것이다.

보험시장이 선택의 결과에 따라 좌우되는 것에 대한 겉핥기 수준의 테스트를 넘어서, 선택의 문제가 실제로 그렇게 중요한지 의심할 만한 충분한 이유가 있다. 선택의 문제는 보험의 잠재 고객들이 보험사는 파악하지 못한 자기 자신의 위험요소를 스스로 알고 있다는 것에서 시작된다. 물론 보험사가 찾아낼 수도 있다. 사실, 당신이 보험사에게 감추고 싶은 비밀이 있을 수 있다. 보험사가 물어보지 않는 한 당신이 먼저 밝히지는 않을 것이다. 그러나 보험사 입장에서는 당신을 어떻게 구슬려서라도 최대한 많은 정보를 얻어내려고 한다. 그 정보를 기반으로 당신에게 제공해야 할 서비스가 어느 정도인지 정확하게 추정해 낼 수 있다면, 그로 인해 엄청난 이익을 얻을 수 있기 때문이다. 보험사는 전문적인 보험 계리사를 고용하고 과거의 고객들의 특징을 정리한 데이터를 산더미처럼 쌓아 놓으며 그동안 받았던 다양한 보험청구서 등을 가지고 있기 때문에 특정 고객에게 얼마나 많은 서비스를 제공하게 될지에 대해서 고객보다는 훨씬 잘 예측할 수 있을 것이다.

이제 이 책 1부의 나머지 부분에서 우리는 선택이 중요한 문제이고, 상당히 자주 직면하는 문제라는 점을 강조할 것이다. 또 고객보다 보험사가 우위에 있다고 추정되는 상황에서도 선택의 문제가 세계 보험시장에 어떤 모습으로 영향을 미치게 될지에 대해 이야기할 것이다. 또 선택이 아예 존재하지 않는 시장의 사례와 선택의 결과로 인해 가격이 턱없이 치솟아 버린 시장의 사례에 관해서도 설명할 것이다. 또 앞서 말한 대로 보험사가 고도의 전문성을 가진 계리사와 엄청난 양의 데이터를 확보하고 있음에도 이런 일이 발생하는 이유에 대해서도 설명할 것이다.

또한 앞으로 독자 여러분이 어떤 보험에 가입할 때 도움이 될 무언가를 한두 가지 배우게 될 것이다. 여러분은 왜 아주 훌륭한 운전자나 행복한 부부나 건강한 젊은이에게도 자동차보험과 이혼보상보험, 건강보험이 도움이 되는지 알게 될 것이고, 동시에 왜 그들에게 이 보험들이 필요하지 않은지도 알게 될 것이다. 또 독자 여러분이 보험사에 의해서 어떤 이유로 '악성 고객'으로 분류되기 전에 보험에 가입해야 하는지, 그리고 사고로 자동차가 파손된 후에야 보험에 가입하지 않은 것을 후회하지 않도록 미리 보험에 가입해야 하는지도 이야기할 것이다. 그 결과 여기서 배운 것들이 앞으로 어떤 보험상품이 독자 여러분에게 적절한지 그렇지 않은지를 판단하는 데 도움이 될 것이다. 예를 들어서 지금 반려동물보험에 가입하려고 한다고 치면 지금 반려견의 상태를 고려할 때 좀 더 건강하게 오래 살도록 도와야 할지, 아니면 그동안의 행복하고 만족스러웠던 삶을 정리하고 빨리 평화롭게 삶을 마감하도록 도와야 할지를 생각해 봐야 한다. 전자라면 반려견의 건강을 책임져줄 보험에 빨리 가입하는 것이 낫다. 그러나 후자라면 반려동물의 의학적 치료를 위한 보험 가입은 보험의 반려견을 괴롭히는 일이 될지도 모른다.

보험시장에서 선택의 문제는 매우 현실적이고 흔한 문제이기 때문에 우리는 2부에서, 보험사들이 이 문제에 대응하고 있는지, 그리고 그러한 대응으로 인해 어떤 문제가 야기되고 있는지 살펴볼 것이다. 보험사라면 먼저 더 많은 정보를 얻기 위한 수단을 강구하려고 할 것이다. 실제로 자동차보험 가입 신청서를 작성해 본 사람이라면 이

말의 뜻을 이해할 것이다. 보험사들은 신청서를 통해 매우 많은 정보를 요구한다. 그 가운데는 운전 경력이나 사고 이력처럼 사고를 낼 가능성을 예측하는 데 도움이 될 것으로 보이는 정보도 있지만, 학창시절의 성적이나 신용등급처럼 별로 관련이 없는 정보도 수집한다. 뒤에 다시 이야기하겠지만, 이러한 개인정보 수집을 통해서도 보험사가 걱정하는 문제를 말끔히 해결할 수는 없다. 보험사가 알아야 할 고객의 은밀한 비밀을 모두 찾아낼 수가 없다는 말이다. 사회적 관점에서 보면 보험사가 수집한 정보로 인해 보험시장이 제대로 작동하지 않을 수도 있다. 예를 들어, 어떤 유전적인 원인으로 노년으로 갈수록 다른 사람보다 유달리 쇠약해질 수밖에 없다고 판단되는 사람이 있다면, 보험사는 그 사람의 보험 가입을 거부할 수도 있다. 누군가에게 위기가 닥쳤을 때, 그로 인한 재정적 부담을 나누어진다는 보험의 존립 취지와 다른 조치를 보험사가 취한 것이다.

우리는 또 업계에서 구사하는 세부적인 전략도 다루어 볼 것이다. 고객이 자신에 관한 사실을 스스로 드러내도록 유도하는 전략이다. 또 우리의 이야기는 여러분이 이미 서명한 보험 계약서에 쉽게 이해하기도 어렵고 다소 성가시게 여겨졌던 내용들이 존재하는 이유, 다른 말로 하면 보험사들이 보험 가입 거부, 대기 또는 유예 기간 설정, 그 밖에 보험 계약서 어느 한구석에 있는 깨알 같은 보상한도 제한 규정 등을 통해 어떻게든 고객을 눈속임하려 하는 이유를 이해하는 데 도움이 될 것이다.

이 책을 읽다 보면, 지난가을에 여러분의 고용주가 왜 여러분의 건강보험 내용을 바꾸도록 했는지, 또 건강보험사는 왜 여러분이 헬스클럽 멤버십을 가지고 있으면 보험료를 할인해 주는지도 알게 될 것이다. 헬스클럽에서 운동을 하면 여러분이 더 건강해질 것이라고 기대하기 때문이 아니다. 보험사가 이런 다양한 전략을 구사하는 것은 선택의 결과로 인해 발생하는 위험성을 그들 나름대로 회피하기 위한 것이다. 그러나 이들 전략은 또 다른 문제를 야기한다. 보험의 세계가 왜 현재의 모습을 띨수밖에 없는지 이해한다면, 비록 여러분이 기대하는 것보다 보험료는 좀 비싸고, 보장성은 조금 떨어지더라도, 보험업계를 바라보는 시각이 좀 더 부드럽게 바뀔 것이다.

또 대중들은 보험료는 높고 보장받을 수 있는 내용은 많지 않다며 보험의 문제점만 지적하지만, 독자 여러분은 그 안에서 어떤 가능성을 찾을 것이고, 어쩌면 보험산업이 파탄 날 것이라는 걱정을 할지도 모른다. 보험업계도 이 책의 내용을 함께 생각하면서 잠시 호흡을 고르고 아이디어를 가다듬어 적절한 사람들이 보험에 가입하도록 유도하고, 적절하지 않은 사람들은 가입을 하지 않도록 유도하는 전략을 새로 써볼 수 있을 것이다. 즉, 이 책을 읽는 보험 종사자들은 아메리칸 에어라인의 봅 크랜달이나 우리가 2장에서 만날 실업보험과 이혼보험을 판매하려다가 실패한 이들의 경험을 되풀이하지 않게 전략을 정비할 수 있을 것이다.

그런데 선택으로 인해 발생하는 문제는 민간 영역에서만의 노력으로는 풀 수 없다. 그래서 우리는 이 문제를 해결하는데 정부가 어떤 역할을 해야 하는지 3부에서 살펴볼 것이다. 이 책의 마지막 부분에서는 왜 선택의 문제를 푸는데 당국이 개입해야 하는지, 즉 보험과 브로콜리는 어떻게 다른지를 살필 것이다. 또 보험업계가 제 기능을 하는 데 도움이 되는 정책 옵션에는 어떤 것이 있는지 알아볼 것이다. 또 어떤 보험상품에 대한 보상 의무 규정 강제, 특정 보험에 가입하지 않은 사람들에 대한 처벌이나 제재, 또는 보험 가입자에 대한 일정한 지원금 지급, 민간 보험업체의 특정한 보험상품 판매 금지, 특정 보험 상품에 대한 보험료 상한선 설정 등, 정부가 보험시장에 개입할 수 있는 다양한 정책 수단에 대해도 알아볼 것이다.

우리는 또 정책 입안자들이 정책을 수립하는 과정에서 직면하는 절충trade-off의 문제에 대해서 다룰 것이다. 예를 들자면, 만일 정부가 보험업계에 특정한 보장을 해주는 보험상품을 운용할 것을 강제했다면, 그 상품의 존속과 보험사의 최소한의 이익을 보장하기 위해 모든 시민에게 반드시 그 보험에 가입하도록 강제하거나, 아니면 이를 위한 최소한의 조치를 함께 마련하는 방안도 고려해 보아야 한다. 아니면 정부가 보조금을 지급하여 가입자의 부담을 덜어주는 방안도 생각할 수 있을 것이다. 또는 최소한의 범위 안에서 취약 계층에 속한 고객들에 대해서만 보조금을 지급하는 것이 최선이라고 생각할 수도 있다. 때로는 좋은 경제 상황이 결과적으로 좋지 않은 정책을 만들기도 한다. 정책 입안자들은 보험사가 다른 사람들의 사업에 어느 정도 영향을 끼치는 것이 적당한지도 고려해야 한다. 보험사가 잠재 고객들에게 신용등급을 밝힐 것을 요구하고, 유전적 테스트를 받도록 강요하는 것을 정부가 나서서 막아야 하는가? 아니면 보험사가 고객으로부터 얼마나 많은 신상정보를 요구하고 얻어낼지도 시장의 자율에 맡겨야 하는가? 공정성과 개인정보 보호라는 가치를 생각하면, 보험사가 보험료를 책정하기 위해 개인정보를 활용하는 것을 제한하는 것이 바람직해 보인다. 그러나 자칫 특정 보험상품의 참담한 실패를 초래할 수도 있고, 더 나가서 시장 자체가 붕괴되거나 사라질 수도 있다. 그러므로 이러한 이해충돌과 절충에 관해서 충분히 생각해야 선택적 시장을 제대로 이해할 수 있다. 특히 요즘 들어 우리의 삶에 대해 빅데이터의 영향력과 지배력이 나날이 커지고 있기 때문에 더욱 그러하다.

우리는 아직도 선택적 시장에 대해 충분히 이해하지 못한 독자들을 위해서, 신용카드 선택에서 취업 전망에 이르기까지 선택이 보험 이외의 분야에서 어떻게 작동하는지_{또는 작동하지 않는지} 간단한 사례를 뒤에서 다시 한번 설명할 것이다.

───────

우리는 보험업계나 그 밖의 다른 선택적 시장을 괴롭히는 문제를 손쉽게 해결할 수 있는 방안을 제공하는 사업을 하려는 것이 아니다. 선택에 관한 올바른 사고방식이 시장에서 발견되는 다른 문제에 대한 사회적인 반응과 대략 일치한다는 점을 이야기하려는 것이다. 보험사들은 보험 서비스가 필요하다고 여기는 사람들에게 보험을 제공하는 _{그렇지 않은 사람들에게는 제공하지 않는} 꽤 좋은 일을 하는 한편, 선택의 중요한 고비마다 적절한 보완 대책을 설치해 전체_{또는 일부} 시장이 무너지는 것을 막고 있다. 그러나 스탠더드 오일이나 최근 은행 업계의 사례, 그리고 수입의 분배 문제 등에서 드러나듯이 업계의 대응만으로는 확실히 부족하다. 그래서 정부의 선의의 손길이 여전히 필요한 것이다.

2장
잘못된 선택

브로드웨이의 대표적인 뮤지컬인 〈아가씨와 건달들〉에서 사기꾼인 네이선 디트로이트는 상습 도박꾼인 스카이 매스터슨에게 민디의 도박장에서 전날 치즈케이크와 스트루들과일, 특히 사과에 밀가루 반죽을 얇게 둘러서 구운 요리 - 역자 주을 얼마나 많이 팔았는지를 놓고 1천 달러의 내기를 제안했다. 오랫동안 도박판에서 상당한 명성을 누리고 있었던 스카이는 도박을 사랑하지만, 아무 때나 베팅하지 않는 냉정한 사람이었다. 그는 과감하게 배팅할 때와 물러날 때를 제대로 구분할 줄 아는 사람이었다. 그는 네이선의 제안을 거절하면서 다음과 같이 이유를 설명했다.

내가 지금보다 많이 젊었을 때, 그러니까 막 독립해서 세상에 나가려고 할 때, 아버지가 나를 불러 참으로 소중한 교훈을 주었지요. "아들아! 만약에 말이다. 네가 인생의 여행길에서 우연히 만난 어떤 사람이 아직 포장도 뜯지 않는 새 카드 한 벌을 내밀었다고 치자. 그리고 스페이드 잭이 좀 전에 그가 내민 카드에서 튀어나오게 하고 너의 귀에서 사이다 줄기가 뿜어 나오게 할 수 있을지 내기를 해보자고 제안했다고 치자. 그러면 절대로 응해서는 안 된다. 그 사람은 어느 틈에 귀신같이 네 귀에 사이다를 채워 넣을 수 있는 사기꾼이 분명해.”

스카이가 네이선의 내기 제의를 피한 것은 현명한 선택이었다. 아마도 네이선은 어떤 트릭을 준비하고 있었을 것이다. 네이선은 스카이가 민디의 치즈케이크를 특별히 좋아한다는 것을 알고 있었다. 때문에 그가 내기에 응하면 자신의 편견에 사로잡혀 판단을 그르칠 것이라고 예상한 것이다. 게다가 네이선은 내기를 제안하기 전에 전날 치즈케이크는 1,200개, 스트루들은 1,500개가 팔렸다는 사실을 민디를 통해 미리 알고 있었다.

스카이의 아버지는 시대를 앞서가는 사람이었다. 훗날 경제학자들에게 노벨상을 안겨 줄 정도로 대단한 생각을 수십 년 전에 하고 있었다. 학술적인 연구를 통해서 나온 이론이든 스트루들을 파는 일이든 본질적으로 다른 것은 없다. 누군가가 무엇을 팔고 있고, 그 상품이 믿을 수 없을 정도로 좋아 보인다면, 그 상품은 실제로 좋은 것이다. 순진한 구매자인 독자 여러분이 알지 못하는 것을 판매자가 알고 있다는 것이 어떤 의미이며, 그것이 어떤 영향을 미칠지 한번쯤 의심해 보아야 한다. 이것은 찰스 폰지Chales Ponzzi 나 버니 메이도프Bernie Madoff 두 사람 모두 실존하는 초대형 금융사기범임 - 역자 주 같은 사람이나 이야기할 법한, 너무 훌륭하고 완벽한 사업 제안을 뿌리치기 위해 반복하여 되새겨야 할 시대를 초월한 교훈이다.

이 사례는 다시 한번 개인정보가 모두에게 공정하게 공유되지 않고 있다는 사실과 그로 인해 발생하는 선택의 문제를 떠오르게 한다. 브로드웨이의 뮤지컬에서 살펴볼 수 있을 정도로 이러한 문제는 우리가 사는 세상에서 흔하게 벌어진다. 아가씨와 건달들에서 네이선 디트로이트는 잠재적인 구매자인 스카이 매스터슨에게 내기라는 상품을 제안하는 판매자였다. 그러나 가지고 있는 정보의 양은 어느 한쪽으로 기울고 있다. 같은 논리로 구매자에 관한 정보는, 고객 여러분의 서비스에 기꺼이 거액을 지불할 용의가 있는 구매자에게 서비스를 판매하는 것을 한번 재고해보라는 경고로 작용할 수도 있다. 1장에서 다룬 사례로 돌아가서 생각하면, 일정한 돈을 내면 누구나 양껏 먹도록 하는 것이 올바른 선택인지 생각해 보라는 것이다. 대학의 풋볼 선수들이나 한참 자라나는 십 대 소년들의 식욕은 왕성하다. 무제한으로 음식을 먹기로 하고 돈을 지불한 고객들 모두가 한창 먹어대는 고등학생들이라 하더라도 이익을 낼 수 있을 만큼 요금이 높다고 장담할 수도 있다.

선택이 반드시 시장의 종말로 이어지지는 않는다. 앞에서 살펴보았듯이, 우리는 선택적 시장의 생존에 관한 '창밖 내다보기'just lookout the window 테스트를 통해서 이 말이 옳다는 것을 알고 있다. 스카이 매스터슨은 네이선의 내기 제안을 받아들이지 않았다. 민디가 운영하는 가게의 샐러드 매출을 놓고 벌이는 내기라고 하는 도박 시장은 개인정보의 불평등 문제와는 상관없는 시장이었다. 그러나 일정 금액을 내고 무제한으로 먹을 수 있는 가게였다면 다른 업종에서도 볼 수 있는 한쪽이 다른 쪽보다 더 많은 정보를 확보하는 정보의 불평등으로 인한 문제가 발생할 수 있었을 것이다. 간혹 이러한 정보의 불평등은 시장 자체를 없애버리기도 한다. 경우에 따라서는 시장이 완전히 붕괴되지는 않지만 상당한 상처를 입는 경우도 있다. 대표적인 사례로 영국의 보험업계를 들 수 있다. 선택의 결과로 시장이 붕괴되지는 않았지만, 시장의 규모가 크게 축소되었고, 지나치게 고가의 시장이 만들어진 경우이다.

우리는 잘못된 선택으로 시장 자체가 붕괴된 사례 두어 건을 이미 소개한 바 있기 때문에, 독자들은 선택의 결과가 시장에 미치는 영향에 대해서 어느 정도 감을 잡았을 것이다. 이제 우리는 이번 장에서 보험업계에 존재하는 선택 문제의 불평등에 대해 좀 더 자세히 살펴보면서 이러한 현상이 최근 10~20년 정도의 짧은 기간에만 존재했던 문제가 아니라는 사실을 말하고자 한다. 사실 이러한 문제는 어디에나 있었다. 보험업이 취급하는 다양한 영역들 가운데서 특히 보험사가 특정 고객이 악성 고객인지 회사에 이익을 가져다주는 괜찮은 고객인지를 비교적 손쉽게 추측할 수 있는 영역에서도 이러한 문제가 발생했다. 지금부터 살펴보겠지만, 에이에어패스나 웨스트 할리우드의 건강보험 시장처럼 선택의 결과로 시장 전체가 완전히 파괴된 사례가 간혹 있다. 그런가 하면 보험사의 정책에 따라 시장이 유지되는 경우도 있다. 반려동물보험처럼 매우 높은 보험료를 책정하거나, 치아보험처럼 평범하고 값싼 서비스만 제공하도록 보험상품을 설계한 경우이다. 그리고 이번 장의 후반부에서는 선택의 결과로 시장이 제 기능을 발휘하지 못하거나 사라지는 경우를 뛰어넘는 사례도 살펴볼 것이다. 또한 우리는 시장의 붕괴나 보험상품이 제한적인 서비스만 제공할 수밖에 없는 원인이 선택의 문제 때문이라는 사실을 확실하게 보여주는 연구 결과를 확인하고, 심지어 보험사가 아무리 노력해도 고객들이 알고 있는 정보를 끝까지 알아낼 수 없는 경우도 있다는 것을 확인해 볼 것이다.

사라진 보험시장

우리는 앞에서 선택의 결과로 보험시장이 아예 없어져 버린 한 가지 사례를 보았다. 에이즈라는 신종 전염병의 발병 등 아주 이례적인 상황 몇 가지가 겹치면서 웨스트 할리우드 지역의 일부 계층에 속한 사람들이 건강보험 가입 자체가 불가능하게 된 것이다. 에이즈가 유행하기 전에는 아무런 문제 없이 존재했던 건강보험 시장이 에이즈의 유행으로 없어져 버렸고, 그것은 보험사의 선택의 결과였다.

흔하게 보기는 어렵고, 체계적인 기록으로 남겨지지 않았지만, 다른 사례도 얼마든지 있다. 사적인 정보의 불평등이 시장을 죽이는 것이 사실이라면, 그런 시장은 처음부터 존재하지 않았어야 맞다. 그러한 보험상품들은 출시 후 고객들의 삶의 질 향상에 어느 정도 기여했음에도 불구하고 소리소문 없이 사라져갔고, 경제 전체에서 차지하는 비중도 크지 않아 마치 짖지 않는 개와도 같았기 때문에 상품이 등장했다가 사라지는 과정은 경제계의 관심을 끌지 못했다. 선택의 문제는 매우 중요한 문제임에도 불구하고 바로 이러한 이유 때문에 널리 논의된 자유 시장의 다른 문제점에 비해 경제 분야에서 상대적으로 덜 중요하게 다루어졌다. 선택의 문제가 시장의 존재 자체를 위협할 수 있는 잠재력을 인식하려면, 그 존재조차 제대로 인식하지 못했던 경제 분야의 조용한 개를 찾아내야 한다.

이를 위해 이런 생각을 한번 해보자. 우선 꼭 필요하다고 생각되는데 존재하지 않는 보험상품을 몇 가지 생각해 보라. 만약 그것이 어떤 보험사에 의해 출시된다면, 그 상품은 머지않아 심한 적자에 시달리게 될 것이다. 보험사는 스카이에게 제안한 네이선 디트로이트의 내기 제의를 덥석 받아들인 것과 다름없는 결정을 한 것이다.

이제 우리가 가진 경제적 마인드로 생각해 보자. 우리의 생각은 민간 보험사가 해고에 대비한 보험상품을 운용해주면 좋겠다는 것이다. 그런데 미국에서는 매월 수백만 명의 새로운 실업자가 발생한다. 실업자에 대해서 정부가 일정한 규모의 지원을 해주기는 하지만, 일자리를 통해 얻는 수입과 정부가 실업자에게 지원해 주는 금액은 차이가 크다. 그 차이를 메워주는 보험상품을 민간 보험사가 내놓으면 좋을 것이다.

우리 말고도 이런 생각을 하는 사람은 꽤 많을 것이다. 그리고 보험사도 기업 등의 구조조정으로부터 실업자를 보호하는 보험상품을 설계하면 어떨까? 하는 검토를 안 해본 것은 아니었을 것이다. 하지만 어느 정도 검토해 본 결과, 사업 전망이 매우 부정적이라는 점을 이내 알아차렸을 것이다.

한때 세이프티넷SafetyNet 이라는 보험사가 가입자가 실직한 후 구직활동을 하는 동안 최대 9천 달러까지 보험금을 지급하는 실업보험을 운용한 적이 있지만, 지금은 폐지했다. 한때 이 보험에 가입한 적이 있었던 로저 카민이라는 사람은 한 지역 뉴스 방송과의 인터뷰에서 "나는 위기에 대비한 안전판을 마련해 놓고 싶었다."라고 말했다. 카민은 당시 한 직장에서 11년째 근무하고 있었기 때문에 자신이 비교적 든든한 직장에 다닌다고 생각했지만, 안전판 마련에 대한 필요성을 느낀 것은 훗날 그의 고용주가 아무런 사전 경고 없이 그를 해고하기 몇 년 전부터였다. 그는 세이프티넷 덕분에 실직할 경우 정부에서 나오는 실업 보조금과 생계를 위해 필수적으로 지출해야 하는 액수 사이의 차이를 메울 수 있었다.

세이프티넷 측도 선택의 결과로 발생할 수 있는 위험성을 분명히 인식하고 있었다. 자신이 어떤 이유 때문에 아주 가까운 시일 내에 해고될 것이 분명하다는 것을 알고 있는 노동자가 해고되기 직전에 이 보험상품에 가입하는 일이 얼마든지 일어날 수 있다. 그래서 보험사는 약관에 유예 기간을 명시했다. 보험 계약 후 6개월이 지나 해고되어야 보험금을 지급하기로 한 것이다. 인컴어슈어러IncomeAssure와 페이체크 가디언Paycheck Guardian 이라는 유사한 보험상품도 출시됐지만, 역시 지금은 사라졌다. 6개월의 유예 기간을 설정하면 노동자가 소속 회사의 새로운 경영전략으로 인해 자신이 불필요한 인력으로 분류되거나 해고의 대상이 된 것을 알아차리고 보험에 가입하는 것을 방지하기에 충분할 것이라고 생각했었다. 인컴어슈어러를 출시한 스털링리스크SterlingRisk의 CEO인 데이비드 스털링은 2016년 뉴욕타임스의 론 리버와의 인터뷰에서 이렇게 말했다. "자신이 6개월 후에 해고된다는 것을 예측할 수 있는 사람이 어디에 있겠어요? 나는 이 보험의 성공을 확신했어요. 나는 이 상품의 성공 가능성을 생각하니까 마치 복권에 당첨되거나 아니면 스톡옵션 같은 것을 새로 받는 것 같은 느낌이었어요."

우리는 스털링이 자신을 인터뷰했던 론 리버가 2009년에 실업보험에 대해 쓴 글을 읽었어야 한다고 생각한다. 그는 우연히 보스턴 출신인 잭슨이라는 사람의 글을 읽게 되었다. "나는 내가 해고되기 6개월 전에 이런 보험이 없는지 찾아보았다. 나는 한 직장에 8년이나 근무했기 때문에 그곳에서 서서히 피어나는 피 냄새를 미리 감지할 수 있었다." 그런가 하면, 스털링이 뉴욕타임스와 인터뷰 했던 거의 비슷한 시기에 릴렉스드_미트Relaxed_Meat 라는 닉네임을 쓰는 레딧Reddit; 소셜미디어의 하나 - 역자 주 사용자는 자신의 회사가 다른 지방으로 이전한다는 장기 계획을 가지고 있기 때문에 인컴어슈어러 보험 가입에 아주, 아주 관심이 많다며 먼저 가입한 사람들의 조언을 구한다는 글을 올리기도 했다. 릴렉스드_미트는 "회사로부터 아직 공식적인 통지를 받은 것은 아니지만, 이러한 일이 1년 이내에 일어날 가능성은 99% 이상"이라고 말했다. 그는 "인컴어슈어러 같은 보험이 존재한다는 사실을 믿을 수가 없다. 너무 좋은 보험상품이어서 도저히 믿을 수가 없다."라고 덧붙였다. 2년 후 스털링리스크는 인컴인슈어러를 폐지했다. 현실에서 존재하기에는 너무 좋은 보험이었던 것이 분명했다.

러브 스토리

우리는 어떤 이유로든 사라져 버린 보험시장이 더 있는지 찾아보기 위해, 동료 경제학자들을 대상으로 "있었으면 하고 바라지만, 존재하지 않는 보험"은 어떤 것이 있는지 물어보는 간단한 설문조사를 했다. 수십 가지나 되는 답변들을 여기서 열거하지는 않겠지만, 주택시장 붕괴 같은 위기에 대비하는 보험이 있었으면 좋겠다는 매우 진지한 의견도 있었고, 첫 데이트의 결과에 따른 보상을 해주는 보험이 있어야 한다는 상대적으로 덜 중요해 보이는 제안도 있었다. 종신 교수직을 받지 못했을 경우에 대비한 보험은 동료 경제학자들의 직업 환경을 반영하는 제안이었다. 그러나 가장 많은 학자로부터 나온 응답은 이혼에 대비하는 보험이었다.

이혼보험이 있으면 무엇이 좋을까? 결혼식 당일의 부부만큼 자신들의 미래를 낙관하는 사람들은 없지만, 사람을 둘러싼 환경은 물론 사람 자체도 변한다. 사람과 사람의 관계라는 것이 늘 끝까지 원만하게 유지될 수도 있지만, 어떤 이유로든 원수처럼 서로 잡아먹을 듯 으르렁거리며 끝날 수도 있다. 결혼도 마찬가지여서 부부 관계가 돌이킬 수 없을 정도로 아주 험악하게 끝날 수도 있다.반대로 놀라울 정도로 화기애애한 관계가 유지될 수도 있다. 어쨌든 이혼은 누구나 마주칠 수 있는 현실이고, 미국의 경우 그로 인한 경제적인 타격은 이루 말할 수 없을 정도로 크다. 각각의 주마다 다르기는 하지만, 법정에서 부부가 서로 갈라서기 위한 절차를 밟는데 드는 행정비용은 기껏해야 몇백 달러 정도이다. 그러나 일단 양측이 변호사를 고용하여 다투기라도 하면, 그것만으로도 보통 1만 5천 달러를 훌쩍 넘기게 된다.

물론 변호사 없이 이혼 당사자끼리 결혼을 정리하는 조건에 합의하는 경우도 있지만, 부부가 헤어질 수밖에 없는 상황에서 발생하는 높은 비용에 대비한 보험이 있다면 이혼 절차를 밟는 데 도움이 될 것이다. 이미 마음에 큰 상처를 입고 이혼 절차를 진행하면서 무려 다섯 자리에 달하는 변호사 비용으로 재정적인 상처를 입는 엎친 데 덮친 것 같은 고통을 덜 수 있다면 얼마나 다행한 일인가?

실제로 존 로건이라는 사업가는 결혼 생활을 하는 사람들에게 마음의 평화를 제공한다며 2010년에 '세이프가드 개런티SafeGuard Guaranty'라는 이혼보험만을 운용하는 보험 스타트업 기업을 창업했었다. 이혼도 시장이라면, 시장의 규모는 엄청나게 커 보였고, 지금도 그러하다. 미국에서만 매년 약 200만 쌍의 남녀가 새로 결혼하고 있다. 이들 가운데 1/20에 해당하는 부부가 만일의 상황에 대비해 이혼보험에 가입한다고 가정하면 매년 10만 명의 고객이 새로 유입되는 것이 아닌가? 존 로건의 사업이 계획대로만 되었다면 그는 초대박을 터뜨렸을지도 모른다.

그러나 사업은 생각대로 되지 않았다. 선택의 문제에 결정적인 발목을 잡혔다. 실제로 결혼 생활이 많이 불안정하거나 여러모로 상대에 대한 신뢰가 깨진 부부들만이 주로 이 보험에 관심을 보였다. 그 결과 예상치 못하게 서로 멀어져 결혼이 파탄 났을 때를 대비하여 경제적 위험의 일부를 덜어주는 기능을 해야 할 보험회사가 먼저 파탄 날 위기에 처한 것이다.

로건도 이런 위험이 있을 수도 있다는 것을 모를 정도로 아주 순진한 사람은 아니었다. 앞서 살펴본 해고 보험을 출시했다가 실패했던 사람들과 비슷한 전략을 도입했다. 48개월의 지급 유예 기간을 둔 것이다. 즉 세이프가드 보험의 가입자가 가입 후 4년 이내에 이혼할 경우 보험금을 한 푼도 받을 수 없도록 했다. 4년의 유예 기간을 둔 것은 이미 결혼 초창기부터 부부 관계가 좋지 않아 언제 이혼할지 모르는 부부의 가입을 방지하기 위한 것이었다. 심지어 적지 않은 보험금을 타낼 목적으로 단기간의 위장 결혼을 하는 커플도 없지 않을 것이다. 앞으로 4장에서 자세히 보겠지만, 지급 유예 기간 설정은 선택의 결과로 나타나는 위험을 회피하기 위해 보험사가 즐겨 사용하는 흔한 보험상품 운용 기법이다. 실제로 유예 기간 제도는 보험시장이 건강하게 유지되는 데 상당히 기여하고 있다. 그러나 실업보험이나 이혼보험은 경영상의 위험을 회피할 수 있는 수단인 유예 기간을 적용했음에도 불구하고 실패로 돌아간 대표적인 사례이다.

로건은 보험료나 유예 기간 등을 정하는 과정에서 자신이 직접 모든 숫자를 챙겨 들여다보았다고 주장했고, 실제로 그랬던 것으로 확인되었다. 그러나 세이프가드의 주력 상품인 웨드록WedLock 보험은 출시된 지 불과 2년 만에 없어졌다. 4년의 유예 기간을 감안하면 단 한 건의 보험금 지급도 못 한 채 사라진 것이다.

웨드록 보험의 구체적인 내용을 살펴보면 비극적인 운명을 맞게 된 이유를 쉽게 알 수 있다. 우선 보험료가 모두 터무니없이 높았다. 매년 커플당 1,900달러를 조금 넘는 보험료를 내는 경우를 생각해 보자. 보험 가입 후 4년이 경과한 후에 이혼하면 일단 12,500달러의 보험금을 받게 된다. 그러나 4년이 경과한 후에 이혼하게 되면 4년이 경과하고 결혼 생활을 유지한 햇수만큼 매년 2,500달러의 보험금이 추가된다. 그러나 이 기간에도 그들은 매년 1,900달러의 보험금을 납부하고 있다. 만일 보험 가입 후 10년 후에 이혼한 부부가 있다면 그들은 27,500달러를 보험금으로 받게 되는데 이 금액은 대개의 이혼소송에서 발생하는 변호사 비용을 충분히 감당하고도 남을 액수이다. 결과적으로 10년간 19,000 달러를 납부하고 27,500달러를 보험금으로 받는 셈이다.

이 보험금은 높은 보험료에 비해 그리 많아 보이지 않는다. 뉴욕 타임스는 웨드록 보험에 관하여 다루면서 보험 가입 10년 만에 이혼 한 부부라면 매년 보험금을 납부하는 대신 같은 액수의 돈을 은행에 예금하면 10년 후의 원금과 이자는 보험금보다는 확실히 수익성이 적 겠지만, 보통 이혼할 때 드는 변호사비보다 조금 모자란 정도이기 때 문에 꼭 이 보험을 들지 않더라도 재정적 타격이 치명적이지는 않다 고 분석했다. 반면 이혼을 하지 않고 결혼 상태가 상당히 오래 유지되 는 경우에는 결혼 기간이 길면 길수록 보험을 들어 놓는 것보다 은행 에 예금하고 이자 수익을 노리는 것이 더 유리하다는 것이 당시 뉴욕 타임스의 분석이었다. 결국 웨드록 보험은 보험 계약에 명시된 유예 기간만 경과하면 바로 이혼할 것이 확실할 정도로 결혼하는 그날부터 관계가 냉랭한 경우에만 쓸모가 있는 보험이었다. 예를 들자면 일곱 번 결혼하고 모든 결혼 생활을 몇 년 후 이혼으로 끝낸 여배우 엘리자 베스 테일러나 그녀의 불운했던 남편들에게나 매력적인 보험이었다 는 이야기다.

그렇다면 로간은 왜 보험료를 그렇게 높게 책정했을까? 그는 보험 료를 책정하기 위해 고민하면서, 이 보험에 관심을 가지고 계약까지 하는 사람들이라면, 사회의 평균보다 이혼 위험성이 훨씬 높은 커플 들일 것이라는 점을 충분히 알고 있었다. 그러므로 보험료를 낮추면, 도저히 수지를 맞출 수 없다고 판단했을 것이다.

크고 작은 모든 생명체를 위한 비싼 보험

웨드록 보험의 경우는 보험료가 너무 높아서 오래 버티지 못하고 사라진 경우였다. 그런가 하면, 선택의 결과로 지나칠 정도로 높은 가격이 형성되었지만, 시장이 사라지지 않는 경우도 있다. 경제학자들을 대상으로 한 꼭 있었으면 좋겠지만 존재하지 않는 보험 설문조사에서 두 번째로 많이 나온 응답은 반려동물보험이었다. 지금은 이러한 보험이 꽤 있지만, 그 설문조사를 했던 몇 년 전만 해도 반려동물보험은 거의 없었다. 당시 보험업계는 보험 가입자들이 키우는 동물들의 상태를 확인할 수 있는 정보를 입수하는 것이 매우 어렵기 때문에 이런 보험상품은 위험부담이 크다고 보았다.

그러나 최근에는 많이 바뀌었다. 반려동물을 키우는 사람들을 위한 반려동물 건강보험이 지금은 존재한다. 그러나 아직도 꽤 비싼 편이고 모든 종류의 반려동물에게 다 적용되지는 않는다.

전문가들의 연구에 따르면, 반려동물보험이 보험업계에 처음 등장한 것은 1981년 경이었고 영리보다는 동물 복지에 관심이 많았던 잭 스티븐스라는 수의사에 의해서 였다고 한다. 그는 이 보험이 병원비가 엄두가 안 나서 사랑했던 동물을 눈물을 머금고 안락사해야 했던 반려동물 애호가들로부터 크게 환영을 받을 것이라고 전망했다.

많은 보험업계 종사자들이 부정적으로만 생각했던 영역에서 가능성을 확신하고 사업화에 앞장섰던 스티븐스는 분명히 이 분야의 선구자였다. 그리고 현재 반려동물보험 시장은 15억 달러 규모로 성장했다. 그러나 그도 선택의 문제를 완전하게 해결하지는 못했고, 반려동물보험업계는 지금도 선택의 문제를 풀기 위해 애를 쓰고 있다. 그리고 아직도 우리 사회에서 보험에 가입되어 있는 반려동물은 1~2%에 불과하다.

반려동물보험의 가장 큰 문제 가운데 하나는 적어도 보통 사람이 보기에는 보험료가 너무 비싸다는 것이다. 7살 정도 되는 닥스훈트의 경우를 보면, 펫플랜Petplan은 매월 100달러의 보험료를 책정하고 있다. 대신 병원 치료비의 80%에 해당하는 보험금을 받을 수 있지만, 총액은 1년에 15,000달러를 넘을 수 없다. 그런데 좀 더 자세히 살펴보면, 만일 사람을 위한 건강보험이었다면 당연히 포함되어 있었을 일상적인 의료적 돌봄 행위는 보험금 지급 대상에서 제외되어 있다. 게다가 사랑하는 반려동물이 노쇠해 지면 상황은 더 심각해진다. 예를 들어서 15살 된 닥스훈트인 로버의 경우 매월 650달러의 보험료를 내야 하지만, 치료비의 70%만 보상받을 수 있다. 여전히 연간 15,000달러를 넘을 수 없고, 일상적인 의료적 돌봄 행위는 보험금 지급 대상에서 제외되고, 그 밖에도 약관에 의해 보험금 지급이 거절되는 질병이 꽤 많다. 어쨌든 1년에 최대 15,000달러의 보험금 지원을 받기 위해 매년 8천 달러 정도의 거액의 보험금을 납부해야 한다.

반려동물보험의 보험료가 높은 이유가 선택의 문제 때문이라고 단정지어 말하기는 어렵지만, 보험사들이 고객을 가려 받는 것은 사실이지만 그렇게 생각할 이유는 충분하다. 펫플랜과는 달리 15살 된 닥스훈트인 로버처럼 노쇠한 동물에 대해서는 아예 보험 가입을 거절하는 보험사도 많다. 보험사는 경험적으로 나이가 많은 개들은 머지않아 죽을 것이고 그 과정에서 굉장한 돈이 들 것이라는 점을 알고 있기 때문이다.

그래서 상대적으로 어떤 주인들은 결국 비용을 감당하지 못해 안락사를 택하기도 한다. 그러므로 보험사들은 나이 많은 개들의 보험 가입을 받아들이면 영업상의 위험부담이 매우 커진다고 생각한다.

반려동물보험을 운용하는 보험사가 고민하는 두 번째 선택의 문제는 가입자, 즉 반려동물 주인의 성향을 파악하기 어렵다는 것이다. 자신이 기르는 개나 고양이, 햄스터 등이 병에 걸릴 경우 마치 친자식처럼 생각하여 아무리 큰 비용을 치르더라도 반드시 치료하고 살려야 한다고 생각하는 사람이 있는가 하면, 그 정도는 아닌 사람도 있다. 보험사는 도마뱀을 키우는 사람들을 위한 보험상품을 설계하면서 가입자들이 마치 자신의 할머니를 간병하듯 도마뱀을 간병하며 아무리 많은 돈이 들더라도 반드시 살려야 한다고 생각할지도 모른다고 우려할 수 있다. 그 결과 보험료는 크게 올라가고, 결국 상대적으로 동물에 대한 애착이 그 정도까지는 아닌 사람은 이 보험에 가입하지 않게 된다.

멀리 갈 것도 없이, 이 책의 공저자인 리란의 아내인 쉬리트도 네 살 난 강아지인 쇼코를 키우고 있었는데, 그녀는 평소 예금 잔고가 바닥나는 한이 있어도 이 강아지를 건강하게 키워야 한다는 신념을 가지고 있는 사람이었다. 반면 리란은 그 정도까지는 아니다. 그러던 중 실제로 쇼코가 자가 면역 계통의 질환에 걸려서 치료를 위해 엄청난 재정 지출이 필요한 상황이 되자, 아내가 어떻게 하는지 보고 반려동물보험에 가입하기로 결심했다. 그러나 막상 보험 약관을 자세히 들여다보니 보험료는 굉장히 비싼데도 불구하고 쇼코가 이미 걸려 고생하고 있는 질병에 대해서는 보험금을 받을 수 없도록 되어 있었다. 사람의 경우도 계약

전에 이미 발생한 문제에 관해서는 보험금 지급이 거절될 것이다. 보험사가 이러한 제한 규정을 두는 이유에 관해서는 5장에서 다루어 볼 것이다. 어쨌든 이러한 원칙은 사람에게나 동물에게나 똑같이 적용된다. 실제로 보험 계약일 기준으로 '최근 몇 년간 특정한 약물이나 음식을 복용하거나 섭취한 경우' 보험 계약이 거절되는 경우도 있다.

어쨌든 이혼보험시장은 붕괴되어 사라졌다. 그러나 반려동물보험시장은 고비용이라는 비판은 있지만, 아직 유지되고 있다. 하나는 사라지고, 하나는 살아남은 이유는 무엇인가?

앞에서 살펴본 것처럼, 그 원인은 정보의 편중, 즉 한쪽이 분명히 알고 있는 것을 상대방은 모르고 있는 현상이 과한 정도에서 찾아볼 수 있다. 만일 새로 결혼하면서 보험에 가입한 가입자가 장차 자신들의 결혼 생활이 얼마나 불행할지, 혹은 행복할지 전혀 예측할 수 없다면, 정보의 편중성은 나타나지 않을 것이다. 보험사나 가입자가 결혼 생활을 전망하기 위해 똑같은 마법의 수정구슬을 들여다보고 있고, 그 결과로 가입자의 결혼 생활을 대충이라도 예측할 수 있다면, 그 예측에 따라서 그들의 보험료나 보험금을 책정하면 된다.[2]

정보의 양과 질이 똑같지 않고 구매자가 판매자보다 정보 경쟁에서 앞서더라도 그 차이가 크지 않다면 문제도 크지 않을 것이다. 조건을 약간만 손질하면, 크지 않은 차이는 극복할 수 있다. 양쪽이 가지고 있는 정보의 양과 질이 똑같다고 가정할 때보다 보험료를 조금만 높이면 해결된다. 물론 너무 많이 높이면 계약 자체가 깨질 수 있으므로 주의해야 한다. 보험은 위험이 실제로 발생하지 않더라도 위험의 발생 시에 대비한 심리적 안전판 역할도 해주기 때문에 보험료가 약간 올라가는 것은 큰 문제가 안 된다. 그래서 실제로 많은 이들은 보험료가 약간 비싸 보이더라도 보험에 가입하려고 한다.

보험시장의 존속 여부는 고객의 사적 정보가 만들어내는 선택의 문제에도 불구하고 계속해서 보험시장을 존속하게 해주는 고객의 개인정보와 고객이 추구하는 가치의 힘 사이의 팽팽한 줄다리기에 의해 결정된다고 생각할 수 있다. 개인정보의 불평등으로 인해 오는 불확실성은 보험료를 올리면 해결된다. 그러나 가격이 오르면 오를수록 시장은 생사의 갈림길에 놓이게 된다. 만약에 서비스 지출 비용이 크지 않을 것으로 예상되는 양질의 고객들만 가려 받을 수 있다면, 시장은 별 탈 없이 유지될 것이다.

이혼보험처럼 결국 붕괴된 시장이나 노쇠한 닥스훈트에 대한 보험처럼 보험상품이 존재하기는 하지만 만족스럽게 기능을 발휘하지 못하는 경우에서 보듯이, 고객이 아무리 많은 가치를 누릴 수 있다 하더라도 정보의 불평등은 시장의 존재를 위협할 수밖에 없다.

어린 강아지를 위한 보험은 그런대로 안정적으로 유지되기는 하지만, 선택으로 인하여 생겨나는 문제는 여전히 시장에 영향을 미친다. 선택의 문제에 대비하다 보면, 보험료는 올라갈 수밖에 없고, 보험 서비스의 질은 떨어질 수밖에 없다. 반려동물보험이 다른 보험상품에 비해서 서비스의 질이 매우 떨어진다고 느껴지는 것은 이 때문이다. 실제로 이 보험에는 보험사가 가입자에게 지급할 보험금의 상한선을 엄격하게 정해 놓은 것은 말할 것도 없고, 보험금 지급에 관한 상당한 예외 조항과 배제 조항 등이 존재한다. 이는 전적으로 보험사가 보험상품을 설계하면서 집어넣은 여러 가지 정책 사항들 때문이다. 그 결과 보험상품의 효용성은 떨어졌지만, 시장 자체가 와해될 위험도 함께 줄었다. 그러나 선택의 문제가 보험시장을 붕괴시키지는 않을지는 모르지만, 흔히 떠도는 속설과는 달리 시장을 강화하는 것도 아니다.

근근이 살아남은 보험시장

치아보험에 관해서 생각해 보면, 해주는 게 이렇게 없는 보험이 또 있을까 하는 생각마저 든다. 이 책의 저자 중 한 사람인 레이는 치아의 상태가 별로 좋지 않은 사람이기 때문에 종합적인 치아보험이 자신에게 큰 도움이 될 것이라고 생각했다. 그는 치열이 너무 고르지 않아서 사과 하나도 제대로 씹지 못한 채로 수십 년을 살아왔다. 15년쯤 전, 그는 자신의 치과 주치의로부터 아랫니들 가운데 절반쯤을 뽑고 임플란트 시술을 하는 것이 좋겠다는 권고를 받았다고 한다. 비록 자기 치아를 뽑고 의치를 끼워 넣는 일이기는 하지만, 사과나 땅콩, 그밖에 그가 먹고 싶은 많은 음식을 맘 편하게 먹을 수 있다는 것이다. 의사는 시간이 갈수록 치아를 붙들고 있는 뼈가 부식될 것이기 때문에 미루면 미룰수록 손해라는 말도 덧붙였다. 게다가 뼈의 부식 상태가 심하면 심할수록 임플란트 시술 비용도 크게 오를 것이고 수술도 복잡해질 것이라고 경고했다. 지금 당장 임플란트 시술을 받는다고 해도 비록 보급형이기는 하지만 BMW 승용차를 한 대 구입할 수 있는 정도의 비용이 필요하니, 이미 복잡하고 비싼 수술을 해야 하는 상황이었다.

레이는 의사로부터 이런 암울한 진단을 받기 전까지는 한번도 치아보험에 가입한 적이 없었다. 그러나 이때를 계기로 치아보험에 굉장한 관심을 갖게 되었다. 게다가 당시 그는 용역 계약에 의해 한 보험사와 일하고 있었고 그 회사도 치아보험 상품을 판매하고 있었다. 그는 처음에는 보통의 건강보험이 상당히 많은 질병에 대해서 보험금을 지급해 주듯이 치아보험도 그러할 것이라고 지레 짐작했었다고 한다. 보통 건강보험의 경우, 연중 아무 때나 가입할 수 있고, 이듬해부터 보험금을 지급받을 수 있다. 그래서 그는 의사의 판단에 의해 행해진 임플란트 시술에 대해서도 보험금이 지급되는 보험에 지금쯤 가입하고, 몇 개월 후에 임플란트 시술을 받으면 상당한 돈이 절약될 것이고, 그 돈으로 롤렉스 금시계나 스포츠카 정도는 구입할 수도 있겠다고 생각했다.

그러나 레이의 계획은 큰 문제에 부닥쳤다. 일단 보험사가 임플란트 시술에 대해서는 보험금을 지급하지 않는다는 사실을 알게 된 것이다. 임플란트뿐 아니라, 사람들로 하여금 치아보험을 들고 싶게 만드는 비싼 치과 치료들 대부분에 대해 보험금을 지급하지 않는다는 것이다. 당시 레이는 컬럼비아대학교에서 학생들을 가르치고 있었기 때문에 학교에서 제공하는 의료 지원 프로그램의 도움을 받을 수 있을지 살펴본 결과 수천 달러나 드는 임플란트 시술은 지원 항목에 들어 있지 않았다. 사실 컬럼비아대학교의 의료 지원 프로그램에서 치과 지원 프로그램은 보험이라고 부르기에는 너무 보잘것없었다. 한 사람이 매년 지원받을 수 있는 상한선이 1,000달러로 제한되어 있었기 때문에 아주 간단한 몇 가지를 제외한 웬만큼 돈이 들어가는 치과 진료 비용은 각자가 알아서 해결하는 수밖에 없었다.

치아보험의 서비스가 이렇게 빈약한 이유는 바로 레이처럼 보험 시장에서 자신이 투자한 것보다 더 많은 것을 얻으려는 사람이 많기 때문이다. 레이처럼 치과 치료를 곧 받게 될 것이 확실한 가운데 보험에 가입하여 치료비를 크게 줄이겠다는 당사자에게는 실례되는 말이지만 다소 치사한 계획을 세우고 보험 계약을 하려는 사람들 때문에 컬럼비아대학교에서든 어느 다른 보험에서든 치과 치료에 대한 보험금 지급은 크게 제한될 수밖에 없는 것이다. 보험사가 살아남고 보험시장이 유지되기 위해서는 레이처럼 당장 받아야 할 커다란 수술을 몇 달 미루고 보험에 드는 악성 고객들에게 보험금 지급을 제한하는 장치를 만들어 둘 수밖에 없다.

치아보험에 대한 이야기를 하려면 경제학자인 마리카 카브랄 Marika Cabral의 연구 업적을 빼놓을 수 없다. 그녀는 세계적인 알루미늄 생산 기업인 알코아 Alcoa 로부터 모든 임직원의 치과 관련 데이터를 얻었다. 데이터를 기반으로 보건 경제학 분야를 연구해온 경제학자인 카브랄은 직원들을 위한 알코아의 치아 건강 프로그램을 보고 마치 꿈이 현실로 이루어진 것 같은 느낌을 받았다고 한다. 알코아에 입사하는 모든 임직원은 매년 최대 1,000달러의 보험금 지원을 받을 수 있는 기본적인 치아건강보험 프로그램에 가입해야 한다. 그러나 조금 더 많은 지원을 받고 있는 사람은 연간 최대 2,000달러까지 지원을 받을 수 있는 프로그램에 가입할 수 있다. 대신 그 차액에 해당하는 보험료는 개인이 납부해야 한다. 그 외의 다른 부분은 차이가 없다. 알코아의 직원들은 1년에 한 차례 보험 서비스를 변경할 수 있었는데, 카브랄은 조금 더 많은 지원을 받을 수 있도록 자신의 보험 프로그램을 업그레이드한 직원들을 관찰하면서 선택의 문제가 어떤 결과를 만들어내는지 살펴보았다. 즉, 보험 프로그램을 업그레이드한 후 얼마 지나지 않아 바로 비용이 많이 드는 치과 진료를 받기 위해 병원을 찾는 사람이 얼마나 있는지를 점검해 본 것이다. 답은 분명했다. 업그레이드 후 1개월 안에 비싼 진료를 받는 직원들이 꽤 있었다. 그들에게 지원된 병원비는 전년에 비해 60% 정도 늘어났고, 총지출은 6개월 동안 꾸준히 늘어났다.

그들이 업그레이드한 내용과 시점도 많은 사실을 알려주고 있다. 한 해 동안 허용된 상한선에 거의 근접하거나 넘긴 의료 서비스를 이용한 직원들은 이듬해 1월이 되어 지원받을 수 있는 상한선이 새로 설정되자 보험 급여 청구도 늘어났다. 그리고 지출이 늘어난 원인을 살펴보니 크라운 치료나 부분 틀니 등 긴급하지 않은 항목에서 많이 늘어난 반면, 치아 근관치료 등 긴급한 항목에서는 별로 늘어나지 않았다. 특히 해가 바뀌고 한두 달 안에 이런 현상이 분명했다.

레이만 특별히 그런 사람은 아니었던 셈이다. 보험 프로그램 업그레이드가 가능할 때, 머지않은 장래에 일어날 수 있는 고비용 치료에 대비하여 프로그램을 업그레이드하는 사람도 많이 있을 것이다. 그리고 모든 사람들이 이 서비스를 이용해 보험 업그레이드 제도의 혜택을 누리려고 하는 것을 확인하면서, 보험사들 대부분은 꼭 필요한 부분에 대한 보험 서비스마저 제공할 필요가 없다고 생각한다. 이렇게 선택의 문제로 나타나는 부작용을 해결할 방법을 찾지 못하면, 우리를 둘러싼 상황은 더 나빠진다. 불행하게도 치아의 상태가 좋지 않은 사람은 가계를 뒤흔들 정도로 높은 치과 비용을 스스로의 힘으로 해결해야 하고, 보험사는 고객들의 불량치아 문제로 인한 위기를 관리함으로써 돈을 벌 기회를 놓치는 것이다.

이혼보험과 하버드대학교 - 사례와 증거들

보험시장에서 이기적으로 행동하여 큰 이익을 보려는 사람이 레이 한 사람만은 아니라는 것을 알게 된 것 말고도, 카브랄의 연구는 우리에게 또 다른 여러 가지를 알려주었다. 경영상의 잘못이나 보험료 할인 등이 아닌 대중의 선택이 치아보험의 보험료는 올리고 서비스는 부실하게 만드는 원인임을 입증하는 직접적인 증거를 제시한 것이다. 반대로, 웨드록이나 인컴어슈어러, 그리고 페이체크 가디언 등을 살펴보면서, 이들 보험회사나 상품이 소멸한 이유를 추측할 수 있었다. 물론 이들 보험사의 실패 원인이 딱 하나만은 아닐 것이고, 선택의 문제를 잘못 다룬 때문이라고 단정지어 말할 수는 없지만, 중요한 원인일 가능성이 높다고 이야기해 볼 수 있다. 이혼보험의 경우는 처음부터 제대로 된 정보를 확보할 수 없다는 점에서 한계가 있었다. 지금 막 새로 결혼하는 커플들은 누구나 자신들의 결혼 기간은 최소한 평균보다는 훨씬 길 것이라고 확신하고, 얼마 지나지 않아 이혼하는 일은 결코 없을 것이라고 자신한다. 또한 결혼한 직후, 심지어 결혼하기 전에, 만일에 대비한다며 이혼하게 될 경우에 대해서 미리 대화를 나누고, 어떤 합의까지 미리 도출하는 것은 정말 어색한 일이다. 물론 혼전 합의를 해둔다면 실제로 이혼 상황이 발생했을 때 서로 간의 논란을 조금 줄여줄 것이 단원의 나머지 부분에서도 우리는 보험업계에서 발생하는 많은 문제가 선택으로 인해 야기 된다는 점을 확인하기 위해 노력할 것이다. 그리고 또 선택의 결과로 높아진 보험료가 악성 고객을 불러 모으고, 다시 보험료를 높이는 악순환의 고리를 살펴볼 것이다. 그러한 악순환이 발생하면 보험시장이라는 공간에서 쉽게 돈을 벌어 보겠다는 꿈을 꾸고 뛰어든 어설픈 창업자들만 피해를 보는 것은 아니다. 나름 미국 사회에서 가장 존경받고 명성을 누리고 있는 기관, 대표적으로 하버드대학교도 피해자였다.

하버드의 실패담을 여기서 소개하는 이유는 정보가 한쪽으로 기울어 발생한 정보의 불균형이 어떻게 시장 자체를 없애버리는지 정확하게 이해하는 데 도움이 되기 때문이다. 게다가 당사자가 하버드대학교라면, 다른 사람들보다 훨씬 똑똑하고 뭔가를 더 많이 알고 있을 것 같은 사람조차 선택의 결과로 일어나는 부작용을 제대로 인식하지 못할 수도 있다는 교훈을 덤으로 얻게 된다. 그리고 마지막으로 역선택 이론이라는 위대한 학문적 업적으로 이어진다. 버클리대학교의 경제학자인 조지 애커로프가 1970년에 발표한 〈레몬〉 논문은 선택적 시장에 관한 논문이었다. 그는 여기서 역선택이라는 '죽음의 소용돌이'의 가능성을 경고했다. 이 논문은 하버드대학교가 직원들에게 제공한 건강보험 프로그램을 둘러싸고 일어난 현상을 통해 그 위험성을 아주 잘 설명했다.

우리는 문제가 발생했던 1990년대 당시 하버드대학교 학생이던 사라 레버로부터 당시 하버드대학교의 보험 설계를 둘러싼 참담한 실패담을 자세히 들을 수 있었다. 그녀가 학부 졸업 논문의 주제를 무엇으로 할지 고민하고 있던 당시, 학교 측은 쉽게 돈을 절약할 수 있는 방법이라고 여겼던 제도를 발표했다. 그녀는 하버드대학교가 죽음의 나선 소용돌이에 빠져 허우적거리는 동안 그것을 아주 가까이서 관찰하면서 치명적이기까지 한 논문을 완성했다.

레버가 하버드에서 공부하는 동안 학교 측은 직원 복지 예산에서 적자를 보고 있었다. 그 때문에 학교는 엄청난 누적 손실을 조금이라도 줄여야 한다는 압박에 시달리고 있었다. 적자의 가장 큰 원인은 직원 건강보험 프로그램으로 인한 지출 증가였다. 학교 측은 직원들의 보험 급여 청구로 인해 의외로 많은 비용을 지출하는 반면, 그보다 훨씬 적은 보험료를 직원들로부터 거둬들이고 있었다.

비용이 수입을 크게 상회한다면 보통 어떻게 이 문제를 해결해야 하는가? 보험료를 올려야 한다. 하버드대학교도 당연히 보험료를 올렸다. 그러나 선택의 결과가 어떠할지 충분하게 검토하지 못했다.

하버드가 왜 보험료 인상이라는 선택을 했는지, 그리고 왜 선택의 결과를 제대로 예측하지 못했다는 이야기를 들을 수밖에 없는지를 이해하려면, 먼저 우선 하버드 측이 직원들의 복지를 위한 보험료를 어떻게 책정했는지에 대해서 알아볼 필요가 있다. 다른 대개의 직장들이 그러하듯, 하버드도 직원들에게 몇 가지의 건강보험 모델을 제시하고 그 가운데 선택을 하도록 했다. 우리가 〈좀 더 관대한more generous 보험〉이라고 부르는 보험상품은 직원이 어딘가 아플 때 갈 수 있는 병원이나 찾아갈 수 있는 의사에 대해서 제한을 크게 두지 않았다. 당연히 이런 보험은 〈덜 관대한less generous 보험〉에 비해서 더 많은 보험료를 받아야 한다.

다른 많은 직장과 마찬가지로 하버드도 직원들의 건강보험의 상당 부분을 학교가 부담하고 있었고, 직원은 전체 보험료의 아주 작은 부분에 대해서만 자비로 부담하게 되어 있었다. 그러나 하버드는 비용 지출을 줄이고, 적자를 메우기 위해 〈좀 더 관대한 보험〉 서비스를 받기를 원하는 직원들의 보험료 자기 부담률을 크게 올렸다.

〈좀 더 관대한 보험〉의 보험료는 그렇지 않은 보험에 비해 매년 800달러 정도 비쌌지만 개인이 부담하는 보험료는 280달러에 불과했고, 나머지는 학교 측이 내고 있었다.

그러나 1995년에 새로운 시스템이 도입되면서 학교 측은 직원들이 어떤 보험상품에 가입하든 상관없이 동일한 액수의 보험료만 지원해 주었다. 그 결과 〈좀 더 관대한 보험〉에 가입한 직원들은 차액인 800달러를 모두 자신이 부담해야 했다. 이는 그전까지 부담했던 280달러의 세 배가 넘는 금액이니, 개인부담금이 부담스러울 정도로 크게 인상된 셈이다.

새로운 정책이 그 전의 시스템에 비해서 훨씬 경제적이고, 공정해 보이는 것은 분명했다. 더 많은 혜택을 원하는 직원이 있다면 그만큼 더 부담하라는 것은 전혀 이상한 일이 아니지 않은가? 세상에는 공짜가 없다는 말도 있다. 하버드대학교가 직원들의 건강보험료에 필요 이상으로 지출하는 대신, 자금의 여유가 있다면, 직원들의 급여를 그만큼 올려주는 것이 좋을 것이다. 직원들의 급여를 인상해 주고, 인상된 액수만큼의 돈을 더 좋은 보험을 가입하는 데 쓸지, 아니면 TV를 더 좋은 것으로 바꾸거나, 휴가를 즐기는 데 쓸지는 직원 스스로 알아서 결정하도록 하는 게 더 낫지 않았을까? 더 비싼 보험에 가입하기를 원하는 직원에게만 추가 자금 지원을 해주는 것은 형평에도 어긋나는 일이 아닌가? 후에 바로 잡혔다고는 하지만, 선택의 잘못으로 인해서 경제가 더 나쁜 모습으로 변했던 하나의 사례였다.

하버드대학교의 새로운 방침에 의해서 〈좀 더 관대한 보험〉에 가입하기를 원하는 직원들은 더 많은 보험료를 부담하게 되었고, 비싼 보험에 가입하려는 직원의 수는 급격하게 줄어들었다. 경제학에 관한 기초지식만 있어도 예측할 수 있는 일이었다. 선택의 경제학에서 이야기하는 것처럼, 보험료의 자기 부담 액수가 크게 올라가자 좀 더 싼 보험으로 갈아탄 대다수의 직원과 그러함에도 불구하고 여전히 많은 보험료를 스스로 부담하더라도 더 많은 혜택을 누릴 수 있는 보험을 고수한 직원들 사이에는 분명한 차이가 존재했다. 전자에 속한 사람들은 건강보험에 가능한 한 적은 돈을 지출하고 싶은 사람들일 것이고, 후자에 속한 사람들은 다소 많은 돈을 쓰더라도 더 많은 건강보험 혜택을 누리고 싶어 하는 사람들이다. 예를 들자면, 비싼 개인 부담금에도 불구하고 여전히 더 많은 혜택을 누릴 수 있는 보험을 유지하는 사람들은 그렇지 않은 사람들에 비해서 그 전 연도의 보험금 청구액이 더 많은 사람들일 가능성이 있다. 그들은 또 싼 보험으로 갈아탄 사람들에 비해서 평균연령이 높을 가능성도 있다. 실제로 평균 4살 정도 높았다. 그들은 매년 높은 보험료를 지출하겠지만, 앞으로 점점 병원에 갈 일이 많아질 것이라고 전망하고 있을 것이다.

그 후 하버드대학교의 상황이 어떻게 전개되었는지는 독자 여러분들도 쉽게 추측할 수 있을 것이다. 혜택이 많은 보험의 경우, 가입자가 부담해야 하는 비용도 올랐지만, 보험금 지출도 크게 올라버렸다. 여전히 악순환의 굴레에서 헤매고 있음을 확인한 것이다. 또다시 데자뷔가 되어 나타난 것이다.

하버드의 결정은 죽음의 소용돌이를 멈추게 할 수 없는 참담한 결정인 것으로 뒤에 드러났다. 보험료가 높아지니, 자주 병원을 이용하지 않고 많은 보험금을 청구하지도 않을 것처럼 보이는 건강한 고객들이 또다시 이탈했고, 그 이탈로 말미암아 보험료를 또다시 인상하지 않을 수 없는 악순환이 벌어진 것이다. 결국 하버드는 실패를 인정하고 〈좀 더 관대한 보험〉 자체를 폐지하고 나서야 상황은 마무리되었다. 하버드는 직원이 어떤 보험상품에 가입하든 학교 측은 보험금을 동일하게 지원하는 방법으로 적자를 줄이려고 했다. 그러나 그 결과는 보험상품 자체가 폐지되는 원치 않는 결과를 가져 왔다.

하버드에서 벌어진 상황은 조지 애커로프가 죽음의 소용돌이를 이론화하고, 그 가능성을 경고하는 논문을 쓰는 계기가 되었다. 그러나 하버드의 행정 책임자들을 혹평하며 한심하게 여길 필요는 없다. 이런 실수를 저지른 대학교가 하버드 하나만은 아니기 때문이다. 거의 비슷한 시기에 캘리포니아대학교 행정당국도 직원 건강보험 부문에서 비용 절감을 위해 비슷한 대책을 내놓았다가 죽음의 소용돌이에 말려들었다. 심지어 바로 버클리대학교에 재직 중인 경제학자인 조지 애커로프가 이런 상황이 벌어질 가능성을 경고한 논문을 발표한 후에 바로 그 학교에서 우려했던 사태가 발생했다는 점에서 더욱 충격적이다. 캘리포니아대학교 계열의 9개 학교 모두 고급 보험의 보험료를 올린 것은 1990년대 말의 일이었다. 비교적 건강에 자신이 있었던 직원들은 일제히 서비스 범위가 조금 축소되더라도 보험료가 더 싼 보험으로 갈아탔고, 애커로프도 이 대열에 동참했다. 그로부터 그리 긴 시간이 지나지 않아, 대학 당국은 서비스 내용은 좋지만 보험료도 더 비싼 보험상품의 운용을 중단하고 말았다.

하버드나 버클리를 포함한 여러 대학교가 죽음의 소용돌이를 끝내기 위해 실패를 인정하고 아예 해당 보험상품 자체를 폐지할 수밖에 없었던 이유를 알려면 두 가지 사항을 살펴보아야 한다. 첫째로 대학 당국은 비용을 절감하고 적자를 축소하여 보험상품을 건강하게 유지하자는 좋은 의도로 정책을 변경했다. 또 모든 직원에게 동일한그리고 공평한 지원을 한다는 생각도 나쁘지 않았다. 그러나 두 번째로, 대학들은 그러한 변경된 정책에 따라서 직원들이 어떤 선택을 하고, 그 선택이 자신들의 선의를 얼마나 엉망으로 만들어버릴지 세밀하게 예측하지 못했다는 것이다.

나는 당신이 모르는 것을 알고 있다 - 생명보험

치아보험이나 건강보험의 경우, 우리는 고객들이 보험사보다 정보의 우위에 설 수밖에 없다는 점을 확인했다. 그래서 치아보험의 경우 진료 항목에 따라서 몇 개월, 심하면 몇 년씩 유예 기간을 두기도 한다. 하버드대학교는 직원 건강보험을 설계하고 보험료를 책정할 때 직원들 각자의 건강 상태를 고려하지 않았다.이 문제에 관해서는 이 책의 7장에서 자세히 다룰 것이다. 또 〈좀 더 관대한 보험〉에 악성 고객이 가입하는 것을 막을 수도 없었다. 지금부터 다뤄볼 이야기는 보험사가 고객에 관한 정보를 상당히 가지고 있어 보험사가 고객에게 보험금을 얼마나 지출하게 될지 확률적으로 어느 정도 예측할 수 있는 경우이다. 문제는 이 경우에도 여전히 고객은 자신에 대해 보험사보다는 많은 것을 알고 있다는 것이다.

생명보험이 바로 그런 경우이다. 생명보험은 보험사가 어떤 고객의 가입을 허용하고, 어떤 고객의 가입을 거부해야 할지, 그리고 가입을 허용한다면 보험료는 어느 정도 수준으로 책정해야 할지를 비교적 제대로 계산해 낼 수 있는 보험상품이다. 보험사는 여러 가지 방법으로 고객을 평가할 수 있다. 필요하다면 실제로 신체 능력을 테스트해볼 수도 있고, 의료 기록을 통해 당사자와 가족의 병력을 확인해 볼 수도 있다. 이러한 여러 가지 통계자료와 축적된 분석 기법과 경험을 활용하면 어떤 보험 가입자가 앞으로 얼마나 더 살다가 사망하게 될지, 대충은 짐작할 수 있고, 수십 년간 살아남을 가능성이 높은 사람들을 구별해 낼 수 있을 거라고 누구나 짐작할 수 있다. 독자 여러분도 그렇게 생각할 것이다. 하지만 그렇게 생각했다면 여러분들의 생각은 틀렸다.

생명보험은 대략 16세기쯤 등장해서 지금까지 유지되는 보험상품이다. 생명보험의 역사를 살펴보면 보험사나 보험업자들이 많은 실수와 시행착오를 거듭하면서 새로운 것을 배우며 서서히 발전해 왔다는 것을 확인할 수 있다. 그러함에도 불구하고 여전히 보험사는 정보의 양과 질에 있어 고객보다 우위를 점하지 못하고 있다.

이제 생명보험에 관해서 기본적인 것을 공부해보자. 다시 뮤지컬아가씨와 건달들의 이야기로 잠시 돌아가 보자. 스카이 매스터슨이 민디의 치즈케이크의 매출과 관련한 내기를 거절했던 것과 마찬가지로, 당신이 보험업 종사자라면, 혹시 누군가가 앞으로 12개월 후를 만기로 하는 생명보험을 자신에게 팔라고 제의한다면 받아들여서는 안 된다. 그들은 당신이 원하는 유형의 고객이 아니다. 생명보험의 초창기에는 이 정도의 지혜나 영업 노하우도 쌓이지 않은 상황이었기 때문에 의외로 단명하는 고객들로 인해 사기에 가까운 피해를 당하는 보험 중개인들이 적지 않았다.

초창기의 생명보험 사업은 오늘날과는 많이 달라서, 언제 들이닥칠지 모르는 저승사자를 상대하는 도박 같은 사업이었고, 가장의 소득 감소에 대비하기 위한 보험이었다. 1500년대 후반에, 리처드 마틴은 윌리엄 기븐스라는 사람이 12개월 안에 사망하면 383.3파운드의 보험금을 받는 조건으로 30.6파운드를 내는 계약을 체결했다.[3] 이 계약서는 후에 보험금을 지급받을 경우 각각 25파운드에서 50파운드씩 나누어 갖기로 한 16명의 투자자에게 인수되었는데, 이 보험의 효력은 1583년 6월 18일부터 개시되게 되어 있었다. 그런데 기븐스가 이듬해 5월 29일에 사망했다. 계약 만료일을 3주 남겨 놓은 시점이었다. 덕분에 마틴은 1,250퍼센트의 수익을 올렸다.

아마도 마틴은 기븐스의 건강 상태나 일상 활동에 관한 자신만의 정보를 가지고 있었을 것이다. 아니면 계약 만기일이 다가올 무렵 그의 죽음을 돕기 위한 모종의 역할을 했을지도 모르겠다.[4] 어쨌든 마틴은 보험사의 입장에서는 별로 환영받기 어려운 고객이었던 것은 분명하다. 변호사들은 교묘하게 계약 내용을 왜곡하여 그럴듯한 이유로 1개월은 28일을 의미하며 기븐스는 계약 발효 이후 28일씩 12차례 이상 생존했기 때문에, 계약 발효일인 1583년 6월 18일 이후 1년 이상 생존해 있었다고 주장했다. 그러나 법원은 마틴의 편을 들어 보험사에 보험금을 지급하라고 판결했다.

자신이 사망할 경우 그의 상속자에게 보험금을 지급하는 보험이 등장한 것은 그로부터 수십 년 후였다. 1622년 당시의 상법 법전을 뒤적거려 보면, 마스터 오브 민트Master of Mint라고 불렸던 19살 난 소년의 이야기가 나온다. 그는 1년 안에 사망하면 300파운드를 받는 조건으로 75파운드의 보험료를 냈다고 하는데, 다시 한번, 상황은 보험사에 불리한 방향으로 흘러갔다. "그는 계약 후 1년도 안 돼서 세상을 떠났고, 보험업자는 약속한 보험금을 지급해야 했다."라고 기록되어 있다. 불과 몇십 년 전, 윌리엄 기브스의 사망으로 이익을 취했던 리처드 마틴의 사례가 똑같이 재연되었다고 한 역사가는 말했다.

세월이 더 흘러 런던의 도서 판매상인 존 하틀리는, 1706년에 영구 보험사무소 우호협회Amicable Society for a Perpetual Assurance office 라는 세계 최초의 생명보험사를 설립했다. 그는 2천 명의 우호협회 회원들로부터 1구좌 당 매년 6파운드 4실링의 돈을 걷었는데, 회원은 최대 3구좌까지 가입할 수 있었다. 대신 회원이 사망하면 사망한 회원이 지정한 수익자는 약 150파운드의 보험금을 받게 되어 있었다. 역사가 조 프리 클락은 우호협회의 명단을 보면 많은 회원들이 생계를 책임지는 자신이 사망할 경우에 대비하여 가족들의 생계 대책 마련을 위해 이 보험에 가입한 것을 알 수 있으며, 이를 근거로 영구 보험사무소 우호협회를 세계 최초의 생명보험회사라고 볼 수 있다고 말했다.

이후 생명보험 사업을 벌인 하틀리의 후예들은 얼마 지나지 않아 별다른 자본 없이도 사업을 영위하기 위한 몇 가지 기본적인 원칙을 터득했다. 일단 가입 가능한 연령대를 12~55세로 정했다. 협회의 이사들은 예비 회원들이 지병을 가졌는지 확인하기 위해 직접 조사를 벌이거나, 조사 결과를 통보받았다. 런던에서 어느 정도 이상 떨어진 곳에 사는 사람들에 대해서는 협회가 직접 조사하는 대신 개인의 건강 상태와 음주 정도 등에 대한 권위 있는 기관의 의견서로 대신했다. 그러나 우호협회 이사들이 특정인의 건강 상태를 확인하는 능력은 리처드 마틴이 가입했던 보험의 보험사보다는 훌륭할지 모르지만, 개인의 과거의 병력까지 확인하기는 어려웠다.

오늘날은 계약서를 통해 가입자의 건강 상태를 보다 확실하게 파악할 수 있을 정도로 그 내용이 정교해 졌고, 가입자에 관한 정보를 과거와는 비교할 수 없을 정도로 정밀하게 수집할 수 있기 때문에, 보험사와 보험사의 영업조직은 가입자의 건강에 대한 훨씬 더 나은 정보를 확인할 수 있게 되었다. 또 위험을 회피하기 위해 2년 이상의 지급 유예 기간과 2년 이상의 의무 계약 기간을 설정하고 있기 때문에 리처드 마틴이 단기간에 횡재를 한 것과 같은 방식의 계약은 불가능해 졌다. 앞에서 살펴본, 이혼보험 스타트업을 창업한 로건도 이런 안전장치를 도입한 사람이었다. 다만 로건은 유예 기간을 4년으로 늘려 설정했다. 그러므로 오늘날 고객이 보험사와의 밀고 당기기에서 승리하려면 보다 멀리 내다보고 예측할 수 있어야 한다.

자신이 2년 이상은 생존하지만 5년 이상은 생존하지 못할 확률이 어느 정도라고 생각하는가? 10년 또는 20년 이내에 사망할 확률을 예측할 수 있을까? 사람이 살아가다 보면, 도저히 셀 수 없을 정도로 수많은 우발적 상황에 직면하기 때문에 그것을 제대로 과학적으로 예측해 내는 것은 불가능하다. 혹시 각각의 우발적인 상황과 질병이 발생할 가능성을 미리 알 수 있다고 가정하더라도, 기대수명을 계산해 내는 일은 보통 사람들의 머리로는 암산은 불가능하고, 종이에 온갖 수식을 다 써서 필산을 하더라도 계산해 내기 어렵다.

당신이 무엇을 알고 있는지는 중요하지 않다. 문제는 당신이 보험사보다 당신에 대해 더 많이 알고 있느냐 하는 것이다. 당신에게 어쩌면 고혈압이 있을지도 모르고, 당신의 어머니는 젊은 나이에 폐암으로 돌아가시고, 아버지는 심장병으로 일찍 돌아가셨을 수도 있다. 예전과 달라서 보험 가입 전에 실시하는 건강검진과 상당히 광범위한 문진을 통해서, 보험사도 그 정도는 파악하고 당신과 보험 계약을 한다.

뿐만 아니라, 보험사들은 이제는 당신의 가족들이 얼마나 오래 살았는지, 당신이나 가족들과 유사한 병력을 가진 사람들의 기대수명이 어느 정도인지 그리고 심지어 당신의 수입과 거주 지역, 그리고 신용도와 기대수명 사이의 연관 관계 등 당신이 미처 생각하지도 못했던 정보와 방법을 동원하여 당신이 앞으로 10년 이상 생존할 확률 등을 계산해 낸다. 게다가 당신은 자신의 기대수명을 추측해 보기 위해 기껏해야 종이 위에 펜을 끄적여 계산하겠지만, 보험사는 어떤 조건을 가진 사람이 얼마나 살 수 있을지를 계산해 내는 방법만 연구하는 통계학 박사 등을 주축으로 구성된 전담조직을 운영하고 있다.

우리가 여기서 강조하고자 하는 것은, 보험사는 보험사대로 계리사들을 동원해서 당신 자신도 미처 몰랐던 당신에 관한 무언가를 알아낼 것이기 때문에, 정보에 있어 우위를 점하기 위한 경쟁에서 이기려면, 당신도 자신의 삶과 죽음에 영향을 미칠 수 있는, 그러나 보험사는 알지 못하는 나만 알고 있는 정보로 무장해야 한다는 것이다. 정보의 경쟁에서 보험사와 대등한 경쟁을 하려면 보험의 구매자는 여전히 나만 알고 있는 비밀을 몇 개 정도 가지고 있어야 한다.

그런데 이 책의 공동 저자들조차도 놀랄 수밖에 없는 사실은 보험을 설계하고 서비스를 제공해 주는 보험사보다 여전히 고객들이 자신들이 얼마나 생존할지에 대해 더 잘 알고 있다는 것이다. 우리가 이렇게 단언하는 것은 경제학자인 다이펑 허Daifeng He의 연구 덕분이다. 그녀는 자신의 연구를 통해서 고객들이 보험사의 예측력을 앞지르고 있음을 입증해 냈다. 그녀의 연구 내용을 간단히 설명하자면 이렇다. 그녀는 관찰 대상이 되는 사람들을 생명보험에 가입한 사람들로 이루어진 그룹과 아직 생명보험에 가입하지 않은 그룹으로 나누었다. 그리고 그녀는 이 두 그룹에 속한 사람들이 각각 몇 살에 사망하는지를 확인했다.

허 박사의 연구는 다음과 같은 점에 착안하여 진행되었다. 우선 고객은 자신이 앞으로 십여 년쯤 더 살 수 있을 가능성에 대해 다른 사람은 모르는 정보를 가지고 있다고 생각해 보자. 만일 그렇다면, 자신이 앞으로 꽤 오래 살 것이라고 생각하지 않는 사람일수록 대체로 생명보험에 가입하고자 하는 의지가 강할 것이라고 가정한 것이다. 실제로 허 박사가 두 집단에 속한 사람들의 사망 시점을 추적해 보니, 실제로 생명보험에 가입한 사람들이 그렇지 않은 사람들보다 일찍 사망한다는 통계를 접할 수 있었다. 적지 않은 사람들이 자신이 오래 살지 못할 것이라고 보았고, 그 판단이 어느 정도 맞았다는 사실을 알 수 있었다. 역설적으로, 보험사는 보험 가입 의사가 별로 크지 않은 사람을 선호할 수밖에 없다. 보험 가입을 망설이지 않는 사람은 가입을 꺼리는 사람들보다 상대적으로 일찍 사망할 그러므로 비용을 많이 지출해야 할 고객일 가능성이 크기 때문이다.

어떤 보험이든, 그동안 보험사가 고객에게 보험금을 지급한 통계가 있기 때문에, 고객 한 사람당 얼마나 많은 비용이 지출될지 대충 추측할 수 있다. 그러나 고객이 아닌 사람들이 고객으로 편입된다면 비용 지출이 어떻게 바뀔지는 계산해 내기 쉽지 않다.

허 박사의 생각은 생명보험 업계에서는 어떤 고객이 보험에 가입한 후 얼마나 빨리 사망하는가, 아니면 반대로 오래 생존하는가에 따라서 그 고객이 비싼 고객으로, 또는 싼 고객으로 분류된다는 것이다. 오래 생존한 사람은 자신이 사망하기 전까지 사망 후 받게 될 보험금보다 많은 보험료를 많이 납부할 것이기 때문에 싼 고객이 된다. 반면 일찍 사망한 고객은 보험회사의 입장에서는 피했어야 하는 고객이었다. 그들은 짧은 기간 동안 사망 후 받게 될 보험금보다 훨씬 적은 보험료를 납부한 채 세상을 떠난다. 그리고 자동차 사고나 주택의 화재와는 다르게, 사망 정보는 보험에 가입된 사람이든 그렇지 않은 사람이든 대체로 정확하게 정리되어 있다.

허 박사는 50세 이상의 사람들을 조사 대상으로 삼고 수십 년 동안 꾸준히 그들과 접촉하며 설문조사를 실시했다. 약 2년마다 설문조사원들이 이들과 접촉하며 조사 대상자들을 상대로 그들의 직업, 자녀들, 결혼, 건강, 식사나 운동 습관, 심지어 다른 보험 가입 여부까지 반복해서 조사했다. 만일 조사 대상자가 사망하여 더 이상 조사를 시행할 수 없을 때는 그것을 기록했다. 허 박사는 그 조사 결과를 관찰하면서 처음에는 생명보험에 가입하지 않았으나 후에 가입한 사람들과 끝까지 가입하지 않은 사람들의 설문 결과를 비교해 보았다. 그녀는 특히 흡연 여부, 당뇨 여부, 그들의 부모의 생존 여부_{사망했다면 사망 여부} 등 보통 보험사들이 흔히 조사하는 항목에 관해서 보험 가입자 그룹과 비가입자 그룹을 비교해 보았다. 다른 말로 이야기하자면, 그녀는 스스로 보험사의 위치에 서서 보험사가 고객에 대해서 알 수 있는 모든 정보를 확보한 상태에서 보험 가입자와 비가입자의 살아가는 모습을 파악할 수 있었다.

그녀는 이 연구를 통해 놀라운 것들을 발견했다. 12년간 꾸준히 관찰한 결과, 조사원들이 질문한 다양한 항목에 관하여 대체로 비슷하게 답변한 사람들 가운데 사망한 사람들의 보험 가입률이 생존한 사람들의 보험 가입률보다 약 20% 높았던 것이다. 다른 말로 이야기하자면, 보험료를 오랫동안 납부할 가능성이 20%쯤 낮아진다는 것이다. 그 말은 보험사의 입장에서 보면 악성 고객들이 여전히 보험에 가입하고 있으며, 좋은 고객_{건강하고 오래 사는 고객}들일수록은 여전히 보험을 멀리하고 있다는 의미이다.

어떻게 이런 일이 일어났을까? 왜 보험사가 고용한 전문가들의 예측능력이 고객을 능가하지 못하는가? 우선 사람들은 누구나 자기 건강에 관하여 좋은 평가를 받기 위해 자신을 포장한다고 생각할 수 있다. 보험사를 향해, 우리 모두는 100세 이상을 산 할머니들처럼 체육관에 다니면서 운동을 하고, 아몬드를 챙겨 먹고, 흡연을 하지 않는다고 주장할 수 있다.[5]

가입자들은 보험사에 거짓말을 하려는 유혹에 빠지기 쉽다. 무엇보다도 보험사들은 가입 신청자들의 아주 시시콜콜한 사항까지 조사하는 것을 당연하게 생각한다. 그것은 놀랍게도 고객을 다루는 기만술이다. 애매한 표현으로 가득찬 보험 가입 신청서 어딘가에는 진술한 내용이 혹시라도 사실과 다르거나 애매할 경우에는 보험금 지급이 거절될 수 있다는 경고문이 적혀 있을 것이다. 보험사는 보험금을 지급해야 할 상황이 발생하면 팩트 체크 전담 직원을 투입하여 고객이 가입 신청서에 기재한 내용의 진위 여부를 세밀하게 파악한다. 당신은 그저 무력하게 당신의 진술이 진실하다는 판정이 내려지기만 기다릴 수밖에 없다.

그렇다면 노골적인 거짓말을 하는 것 말고, 고위험군에 속한 생명보험 가입자가 보험사를 상대하여 어떤 비밀을 숨길 수 있을까? 자신이 스쿠버다이빙이나 번지점프, 또는 행글라이딩 애호가라는 사실을 스스로 밝힐 필요는 없는 것 아닌가? 어림없는 일이다. 보험사도 그 정도의 함정은 피해갈 줄 안다. 거의 대부분의 보험 가입 신청서에는 이와 같은 모험적인 스포츠 활동을 하는지 확인하는 문항이 있다. 혹시 휴가 기간에 내전이 벌어지는 곳이나 우범지대를 방문하는 계획을 세우거나, 자신의 일터 자체가 그런 곳에 있다는 사실은 보험사에 알리지 않을 수도 있지 않을까? 보험사는 해외여행 등에 관해서도 상세히 묻고 가입을 받는다. 고속도로에서 좀 과속하는 운전 습관을 보험사에 숨길 수 있을까? 보험사는 과거 당신의 과속 운전 벌금 납부 내역까지 확인한다. 심지어 최근 일정 기간 내에 음주운전으로 적발된 사실이 확인되면 보험 가입 자체를 거부당한다.

과연 자신의 생존 가능성에 큰 영향을 미칠만한 어떤 사실을 보험 계약서에 솔직하게 기재하지 않고, 혼자서만 간직할 사람이 있을까 의심스럽다. 물론 지금도 리처드 마틴과 비슷한 사람들이 꽤 있기는 하지만, 보험사는 가입자의 정보를 철저하게 확보할 수 있기 때문에 보험시장이 유지되고 번창하는 것이다. 그러나 이러한 사적 정보들로 인해서 오히려 생명보험 시장에서 일부 부정적인 선택을 초래할 수 있는 점은 당혹스러운 일이다. 우리는 몇몇 학자들의 연구 덕분에 마지막으로 살펴볼 사례를 통해, 사람들이 자신만의 비밀로 가지고 있는 것이 어떤 것인지 그 일부나마 확인할 것이다.

헌팅턴병

헌팅턴병Huntington's disease 이라는 유전성 뇌 질환이 있다. 이 병의 진행은 거스를 수 없고, 환자에게는 치명적이며 치료비는 엄청나게 비싸서 보험사들은 이 병을 책임지는 보험상품을 내놓을 엄두도 낼 수 없다. 특히 이 병에 걸린 사람을 집에서 돌보거나 요양원에 위탁하여 돌보려면 장기요양보험을 들어 둘 필요가 있다. 딱히 치료 방법도 없고, 서서히 진행되며, 수십 년 동안 누군가의 보살핌을 받아야 하기 때문에 간병비만 해도 수십만 달러를 어렵지 않게 넘어선다.

헌팅턴병은 움직임과 행동뿐만 아니라 인지능력에도 영향을 준다. 이 병은 4번 염색체에 뭔가 결함이 있는 단일 유전자가 비정상적으로 발현하는 데서 시작된다. 1993년, 단백질에 관한 정보를 전달하는 기능을 하는 IT15라는 이름이 붙여진 이 유전자가 헌팅턴병과 관

런이 있다는 사실이 확인되었고, 헌팅턴huntingtin 단백질이라는 이름
이 붙었다. 철자가 잘못된 것은 아니다. '헌팅틴'은 정상적으로, 혹은 비정상적으로 기능하는 단
백질을 가리키는 용어이고, '헌팅턴'은 헌팅틴 단백질의 비정상적인 발현의 결과로 발생하는 질병
을 지칭하는 용어이다, 헌팅틴 단백질의 기능은 아직 확실하게 규명되지 않았다.

헌팅틴 단백질을 옮기는 유전자는 매우 강력하다. 그 말은 누군가
가 4번 염색체의 두 복사본 중 하나에 이 유전자를 가지고 있다면, 헌
팅턴병으로 고통을 받을 수밖에 없다는 이야기이다. 만일 부모 중 한
사람이 이 유전자를 가지고 있다면 그 자녀가 이 병에 걸릴 확률은 반
반이다. 자녀는 부모 중 한 사람으로부터 4번 염색체의 두 복사본 모
두를 물려받을 것이기 때문이다. 그러나 헌팅턴병은 일단 발병하면
수십 년에 걸쳐서 서서히 악화하지만, 빨라야 중년의 나이에 발병할
정도로 매우 늦게 발병하는 병이다. 그러므로 부모 중 누군가에게 증
상이 나타나기 전까지는 자녀들에게 이 병이 발견할 가능성을 전혀
예측할 수 없다. 이 병은 환자가 정상 생활을 할 수 없게 만들 정도로 어려운 질병이며 이 병
을 가진 사람과의 결혼을 피함으로써 자녀에게 이 질병이 전해지는 것을 막을 수도 없다. 이 병은
대개 생식 후에야 발병한다.

이 병의 이름은 1870년대 이스트 햄턴East Hampton에서 거주하던
내과의사 조지 헌팅턴Geroge Huntington의 이름을 따서 붙였다. 그는 치
매나 비자발적인 행동 장애 증상이 나타나는 환자들 가운데 같은 증
세가 종종 그들의 가족들에게도 나타나는 것에 주목했다. 그보다 훨
씬 오래전, 이와 같은 증상으로 고생했던 환자들은 귀신이 들렸다는
누명까지 뒤집어써야 했을 것이다. 1600년대의 악명 높은 마녀재판
에 의해 화형대에서 희생된 불쌍한 영혼들 가운데는 이 병에 걸린 환

자들도 꽤 있었을 것이다. 이 병은 메이플라워호를 타고 온 어떤 이민자에 의해서 미국 땅으로 들어온 것으로 추측한다.

헌팅턴이 이 병의 존재를 처음으로 주장한 뒤, 현대의학이 이 병을 정확하게 이해하고 진단하게 되기까지 약 100년이나 걸렸다. 미국의 포크 음악 가수인 우디 거스리도 이 병을 앓았지만, 처음 몇 년 동안은 병명을 제대로 알 수 없었다고 한다. 그는 오랫동안 알코올 중독과 편집적 정신분열 증세로 고생하다가 1954년에는 급기야 부랑자 수용병원에 강제 수용되었고, 그곳에서 비로소 헌팅턴병이라는 진단을 받았다. 그는 그레이스톤 정신병원으로 옮겨져 치료를 받았으나 차도 없이 서서히 악화되었다. 그의 딸 노라에 의하면 마지막에는 접시에 있는 음식을 집어 먹는 것 같은 아주 기본적인 동작조차 마음대로 할 수 없었다고 한다. "아버지가 음식을 손으로 집어 드시려 해도, 손가락조차 마음대로 움직일 수 없었어요. 이미 절반은 마비되었던 거죠." 그의 인지능력과 신체 능력은 그레이스톤 병원에 입원한 이래 1967년에 사망할 때까지 십여 년에 걸쳐서 아주 서서히, 그러나 꾸준히 악화하였다.

과학자들은 우디의 사망 이후 헌팅턴병과 관련된 기초 생물학적인 사항들을 많이 규명해 냈다. 이제 우리는 그 병이 유전적인 질병이라는 사실을 알고 있다. 헌팅턴병에 걸린 부모 밑에서 성장한 사람이라면, 장차 자신도 이 병에 걸릴 확률은 반반이며, 만일 걸리게 되면 엄청난 돈이 들 것이 분명하다. 헌팅턴병의 증상은 빠르면 성인기에 접어든 초창기에 나타나지만, 그것으로 인한 신경학적 퇴화 현상은 점진적으로 나타난다. 환자는 특별한 일이 없다면 발병 후에도 수십 년간 생존할 것이고, 요양원에서 생활하거나 따로 돌보미를 고용하는 등 시간이 지날수록 누군가로부터 점점 더 많은 조력을 받아야 할 것이고 그만큼 비용도 늘어날 것이다. 장기요양보험은 필요한 경우 집안에 돌보미를 고용하거나 요양원에 거주하는데 필요한 비용을 지급해 주는 보험이기 때문에, 이런 유형의 질병으로 인한 과도한 비용 부담을 덜어줄 수 있다.

선택의 문제를 연구하는 입장에서 보면, 헌팅턴병은 유행성 질병이 아니라 무작위로 나타나는 질병이다. 역선택의 이론에 의하면 전형적인 보통 사람들보다는 자신의 부모 가운데 한 사람 이상이 헌팅턴병에 걸린 것이 확인된 사람들이 그래서 자신도 이 병에 걸릴 확률이 50%인 사람들이 훨씬 더 장기요양보험에 가입하려고 할 것이 틀림없다. 그들은 자신이 장기간의 특별한 간병이 필요한 삶을 살게 될 가능성이 보통 사람들보다 높다는 사실을 알고 있다. 이 사례는 보험의 잠재적인 고객이 핵심적인 개인정보를 확실히 알고 있는 경우이다.

경제학자인 에밀리 오스터Emily Oster는 의사들 몇 사람과 함께 연구팀을 구성하여 부모 중 한쪽 이상이 헌팅턴병을 앓고 있고, 그들 자신도 이 병을 앓게 될 가능성이 높은 사람들 1천 명가량을 대상으로 연구를 진행했다. 연구팀은 주기적으로 연구 대상자들의 상황을 조사하여, 이 병을 더 잘 이해하고 주기별로 대상자들이 이 질병에 맞서서 어떤 결정을 내리는지를 확인하였다. 주기적으로 대상자들에게 주어지는 질문들 가운데는 그들이 장기요양보험에 가입되어 있는지 확인하는 문항도 있었다.

오스터의 연구팀은 이러한 설문을 통해서 헌팅턴병에 걸릴 위험이 큰 사람들 가운데 장기요양보험에 가입한 사람들의 비율을 확인할 수 있었다. 그리고 그 비율을 조사 대상자들과 수입, 연령대, 결혼 여부 등 생활 환경이 비슷한 보통의 미국 사람들을 무작위로 추출한 집단의 장기요양보험 가입 비율과 비교하여 보았다. 당연히 예상했던 것처럼, 헌팅턴병 발병 위험이 큰 집단이 미국의 보통 사람들을 무작위로 추출한 집단에 비해서 보험 가입 비율이 매우 높았다. 각각 27퍼센트와 10퍼센트였다.

연구자들은 위험도가 높은 그룹에 속한 사람들을 더 구체적으로 관찰해보았다. 1993년 이후에는 과학과 기술의 발달에 힘입어 유전자 검사를 통해서 특정인의 헌팅턴병 발병 가능성을 상당히 정확하게 예측할 수 있게 되었다. 발병 위험이 높은 사람들이라고 해서 모두 이 검사를 받지는 않는다. 우디의 아들이며, 그 자신도 상당히 유명한 포크 음악 가수였던 아를로도 이 검사를 받지 않았다. 아를로 말고도 헌팅턴병을 앓았던 사람들의 자녀들 가운데 이 검사를 받지 않은 사람들은 많았다. 어떤 이들은 어쩌면 자신에게도 닥칠지 모를 암울한 미래를 생각조차 하기 싫었을 것이다. 실제로 오스터 연구팀의 연구 결과를 보면, 유전자 검사를 받지 않은 사람들은 자신이 질병을 부모로부터 물려받지 않은 운 좋은 50%에 속할 것이라고 애써 낙관적으로 생각하고 있었다.

연구자들은 또 유전자 검사를 받은 사람들 가운데 장기요양보험에 가입한 사람들을 음성 판정을 받은 사람과 양성 판정을 받은 사람으로 나누어 살펴보았다. 이들 두 그룹에 속한 사람들은 모두 모두 부모 중 한 명은 헌팅턴병에 걸린 사람들이고, 그들이 이 병에 걸릴 가능성은 반반인 사람들이다. 그래서 그들은 유전자 검사를 받기로 했고, 그 결과 어떤 사람들은 음성 판정이라는 복권에 당첨되었고, 다른 사람들은 양성 판정을 받았다. 양성 판정을 받은 사람들의 장기요양보험 가입 비율은 음성 판정을 받은 사람들보다 두 배쯤 높았고, 미국 전체 평균보다는 다섯 배나 높았다.

헌팅턴병과 관련된 연구 결과는 여러 가지 면에서 흥미롭다. 이 연구는 장기요양보험 가입 여부를 결정하는데 자신에 대하여 자신만이 알고 있는 정보를 활용했고, 그 결과 보험사의 지출 부담이 늘어난 대표적인 사례를 보여준다. 헌팅턴병이 발병할 가능성이 높은 사람들은 무작위로 추출한 미국인들보다 장기요양보험에 훨씬 많이 가입했고, 가능성이 높은 사람들이라 하더라도 양성 판정을 받은 사람들이 음성 판정을 받은 사람들보다 훨씬 많이 가입했다. 어떤 경우든 무작위로 추출한 미국 사람들이 가입했을 때보다는 보험사의 보험금 지출이 훨씬 많을 것은 분명하다.

진단 기술의 발달 덕분에 이런 연구를 수행할 수 있었지만, 동시에 골치 아픈 윤리적 이슈와 법적인 이슈도 생겨났다. 보험사와 고객이 어떤 정보를 공유할 수 있고 공유해야 하는가 하는 문제와, 공유하는 시점에 관한 논쟁이다. 우리는 7장에서 정부 정책이 선택적 시장에 미치는 영향을 살피면서 법적인 논쟁에 대해서도 다루어 볼 것이다. 다만 여기서는 오늘날 미국의 많은 주에서 장기요양보험 상품을 운용하는 보험사가 보험금 지급 범위와 보험료 책정에 유전자 정보를 이용하는 것을 법적으로 허용하고 있지만, 아직 대부분의 보험사는 그렇게 하지 않고 있다는 점만 밝혀 둔다.

우리는 지금까지 살펴본 내용을 토대로 당연히 이런 질문을 던질 수 있다. 간단한 유전자 검사만으로 특정인이 헌팅턴병에 걸릴 가능성을 알 수 있게 된 지 이미 수십 년이 지났는데도 불구하고, 왜 보험사는 가입 희망자가 헌팅턴병에 걸릴 가능성을 미리 알아내 보험료를 차등 부과하든지, 아니면, 보험 가입을 거절하는 등의 방법을 사용하지 않고 있는가? 오스터 연구팀이 확인한 바에 의하면 요즘에는 장기요양보험 상품을 운용하는 보험사는 가입자에게 많은 다양한 사항에 대해 물어보면서, 그들이 헌팅턴병 진단을 받은 적이 있는지도 물어본다. 물론, 그 질문에 대해 '그렇다'고 답변하면 보험 가입이 거절될 수도 있다는 단서도 명문화되어 있다. 그러나 연구진들은 한 10년만 거슬러 올라가도 이 질병과 관련한 가족력이나 발병 위험에 대해 물어보는 보험사는 거의 없었다는 사실을 확인했다. 보험사들은 이런 문제에 관하여 가입자들에게 자세히 따져 묻지도 않았고, 사실 따져 물어볼 수도 없었다. 여러 주에서 장기요양보험을 운용하는 보험사가 유전적 위험에 대해서까지 가입자에게 물어보는 것을 금지했고, 또 주법을 포함해서 외부로부터 제약이 가해지지 않는 경우에도 보험사는 그러한 질문을 자제했던 것으로 보인다. 잠재적 고객의 유전적 위험성에 대해서 아예 묻지도 않는 보험사의 전략이 이해가 가지 않는 것은 독자 여러분들만은 아니다. 우리는 4장에서 보험사가 자신들이 확보할 수 있고 활용할 수 있는 정보를 의도적으로 활용하지 않는 이유를 알아볼 것이다.

보험사의 입장에서는 물어보지 않는 한 알 수 없는 가입자의 사적 정보가 유전 정보 말고도 많이 있다. 또 유전 정보로 알 수 있는 것이 헌팅턴병 발병 가능성만은 아니다. 유방암, 결장암, 파킨슨병, 알츠하이머병 등 다양한 병과 관련된 정보를 유전자 검사를 통해 알 수 있다. 그리고 그 방법과 절차는 매우 간단하다.

속담에서 보듯, 길고 짧은 것은 대보아야 안다. 한쪽이 알고 있는 것을 반대쪽은 정확하게 알지 못하는 경우가 있다. 그러나 이 장에서 살펴보았듯이, 다양한 종류의 보험시장또는 시장 바깥에서 나온 증거들은 분명한 사실을 이야기해 주고 있다. 보험 가입자들은 보험사가 알지 못하는 것을 알고 있다.

———

우리는 이 단원에서 우화나 설화에서부터 최신 학술 연구 결과에 이르기까지, 선택의 결과로 인해 보험시장에 많은 피해가 발생한다는 증거를 확인해 보았다. 이제 대부분의 독자 여러분들도 충분히 알고 있고, 관심을 가져볼 가치가 있다고 생각하고 있을 선택의 문제에 대해 정부의 정책 입안자들이나 업계가 어떻게 대응하고 있으며, 어떤 제도를 도입해야 하는지 살펴보기 전에, 우리는 먼저 한 걸음 물러서서 특정 보험시장의 수천 년 동안의 역사를 살펴볼 것이다. 보험영업이 인류의 역사상 가장 오래된 직업이라고는 장담할 수 없지만, 가장 오래된 여러 직업 가운데 하나인 것은 분명하다. 그 결과 우리는 지금까지 생각해 낸 많은 아이디어들과 깨달은 바를 다시 한번 생각해 볼 수 있는 기회를 갖게 될 것이고, 역사상 위대한 사람들 가운데 일부가 이러한 깨달음과 아이디어들을 제대로 알거나 실천하지 못하여, 시장에 혼란을 초래하고 때로는 정부 자체가 전면적으로 붕괴했던 사례도 알아볼 것이다.

3장
연금, 요절에 배팅하다

"연금을 받을 수 있는 사람은 영원히 사는 것이다."

- 제인 오스틴의 《이성과 감성Sense and Sensibility》-

잔느 칼망Jeanne Calment 이라는 여성이 1997년 8월 4일, 프랑스의 아를에서 사망했다. 사망했던 날은 그녀가 태어난 지 무려 122년하고도 164일이 지난 날이었으며, 이는 공식으로 검증된 인류 역사상 최고령 생존 기록이다. 사망할 무렵에는 십 대의 어린 시절에 빈센트 반 고흐를 만났던 일을 추억했다고 한다. 그때 고흐의 인상은 아주 별로였다고 한다. 그는 매우 거만했고, 술을 너무 많이 마셨다고 한다. 그녀의 남편은 버찌를 잘못 먹고 식중독에 걸려 73세에 사망했으니 남편보다 무려 반세기를 더 산 셈이다.

1965년에 잔느 칼망은 안드레 프랑소아 라프레Andre Francois Raffray 라는 변호사와 함께 프로방살에 아파트를 계약했는데, 이때 이미 그녀의 나이는 90세였다. 당시 체결한 계약에 따르면 칼망은 라프레로부터 매월 2,500프랑당시 환율로는 미화 500달러을 평생 지급받고, 사망할 때까지 그 아파트에 살 수 있었다. 대신 그녀가 사망하면 아파트의 소유권은 라프레에게 넘어가도록 되어 있었다.

그 변호사가 정확하게 무슨 생각을 하고 그런 계약을 했는지 알 수 없지만, 아마도 늙고 가난하고 순진한 노파에게 몇 푼 지원해 주고 아파트를 한 채 얻을 수 있다는 심산이었을 것이다. 그가 정확하게 무슨 생각을 했는지 이제는 그에게 물어볼 수도 없다. 그는 1995년, 그러니까 칼망보다도 2년이나 먼저 죽었다. 그때까지 그가 칼망에게 매월 지급한 연금 비슷한 돈을 모두 합치면 아파트 가격의 두 배가 넘지만, 그는 생전에 그 아파트를 손에 넣지 못했다. 칼망도 자주 이 거래를 떠올리면서, "살다 보면 누구나 가끔은 참 어리석은 도박을 하곤 해."라고 말했다고 한다.

살다 보면 그럴 수도 있다고 말할 수 있다. 만일 당신이 그러한 잘못된 도박을 했다면, 그 실패의 원인은 그저 운이 나빴기 때문일 수도 2장에서 우리가 살펴본 사례에 등장하는 스카이 매스터슨 아버지의 충고를 무시했기 때문일 수도 있다.

라프레는 불운했던 경우이다. 보험사에서 가지고 있는 통계를 봐도 90세의 노인의 남은 수명은 고작 몇 개월 정도일 테니, 자신에게 확실히 유리해 보이는 계약을 맺은 것이 분명했다.

반면 칼망은 칼망대로 자신은 보통 사람과는 다르다고 확신했을지도 모른다. 그녀가 라프레와 계약을 체결하고도 한참 뒤, 그러니까 인생의 말년에 했던 많은 인터뷰에서 자신은 20세 이후에 그 흔한 감기조차 한번 걸려본 적이 없다고 말했다. 사실 그녀는 계약에 서명했던 90살 때에도 자전거를 타고 아를의 이곳저곳을 돌아다녔을 정도였고, 100번째 생일이 지날 무렵에도 자전거를 타고 다닐 정도로 건강했다. 아마 라프레조차도 설마 그녀가 이렇게 비정상적으로 건강하다고는 생각 못 했을 것이다.

결과적으로 라프레가 아주 그른 결정을 내린 것은 분명하다. 그는 요즘 선택적 시장에서 판매자가 조심해야 할 문제라고 부르는 것들에 충분히 주의를 기울이며 대비하지 못했다. 라프레가 이 책의 2장을 읽었거나, 정보경제학에 관한 기초적인 수준의 공부를 했더라면, 자신의 유불리가 상대방이 얼마나 오래 사는가에 따라 결정되는 계약에 서명하기 전에 한번쯤 더 생각할 기회를 가졌을지도 모른다.

그러나 공식적으로 세계에서 가장 오래 살았다고 알려진 노파와 불운했던 변호사의 계약이라는, 정상적으로 기능하는 시장에서는 좀처럼 일어나지 않는 아주 예외적이고 소설 같은 사례를 가지고 시장이 제대로 작동하지 않는다거나 시장의 규칙이 잘못되었다고 말할 수는 없지 않은가? 이 사례는 아주 독특한 사례이고, 가장 특이하고 불행한 실패 사례이기 때문에 소개된 것이다. 역사상 가장 오래 산 사람으로 기록된 사람과 보험 계약을 체결했다가 손해를 본 억세게 운이 나쁜 보험사 또는 보험업자는 이제 없다.

프랑스는 물론 세계 각처에서 많은 사람이 머지않아 사망할 것으로 여겨지는 노인들과 이와 비슷한 계약을 맺었을 것이고, 어쩌면 라프레는 다른 노인들과도 비슷한 계약을 했을지도 모른다. 대개의 경우 그들은 꽤 많은 수익을 올렸을 것이다. 라프레와 칼망 사이의 계약은 워낙 유명해서 이를 다룬 문헌은 꽤 많이 있지만, 우리는 라프레가 이 계약을 체결하면서 다른 혹시라도 닥칠 원하지 않는 상황에 대해 충분히 검토하고 준비했다는 흔적을 찾을 수는 없었다. 어쩌면 라프레가 보험 분야에 충분한 경험이 없어서 상대의 속임수에 넘어간 것일 수도 있다.[6] 만일 영리를 목적으로 운영되는 회사가 라프레와 똑같이 행동했다고 해도 사업 자체가 위기를 맞을 정도로 잘못했다고는 결코 말할 수 없을 것이다.

그러나 실은 그렇지 않았다. 칼망과 라프레의 사례는 단순히 일회성 해프닝 이상의 의미가 있는 것으로 밝혀졌다. 바로 이 점 때문에 우리는 이 사례를 여기서 다루고 있는 것이다.

라프레의 선택 방식은 라프레 같은 프랑스의 일개 변호사보다는 훨씬 체계적이고 정교하게 일할 것이 분명한 영리를 목적으로 운영하는 기업들에게도 불리하게 작용할 것으로 추측된다. 그 결과 잠재적으로 매우 가치 있어 보이는 보험시장의 규모는 훨씬 작게, 가격은 훨씬 높게 형성된다.

이번 장의 나머지 부분에서 우리는 이 보험시장의 이야기를 다시 시작하려고 한다. 시간을 수천 년 전의 로마제국 시대로 거슬러 올라가 보자. 선택으로 인한 문제는 당시의 사회를 어지럽혔고, 그것은 지금도 마찬가지다. 우리는 어떻게 개인이나 기업, 심지어 정부까지 선택의 문제를 잘못 다루어 속수무책으로 파산에 이르게 되었는지를 살펴볼 것이다.

우리는 역사 속의 몇몇 장면을 따라가면서 지금은 연금이라고 부르는 칼망과 라프레와의 계약과 비슷한 유형의 계약과 그로 인해 벌어진 사건을 살펴볼 것이다. 라프레는 칼망이 살아 있는 동안 매월 일정한 금액을 지금의 연금 비슷한 개념으로 지급하는 대신 그녀가 거주하는 아파트라는 이미 정해진 규모의 수입을 얻게 되어 있었다. 보통 연금 계약의 경우, 사람들은 종신토록 연금을 받는 조건으로 아파트를 내놓는 대신에 돈을 지불하기로 하고, 일찍 사망하지 않는다면 일정한 금액을 먼저 납입한다. 그들이 집을 내놓든 돈을 내든 기본 개념은 같다. 대개는 은퇴 생활자일 가능성이 많은 계약자는 자신이 가지고 있는 여유 자금을 보험사에 내는 대신, 사망할 때까지 매월 일정 금액을 연금으로 받기로 약속하는 것이다. 이때 이 은퇴 생활자는 보험사로부터 매월 사망할 때까지 일정 금액을 수령하며, 골프도 치고, 손자들과 놀기도 하며 편안한 여생을 오랫동안 누리는 꿈을 꾼다. 그들은 이 연금이 늙어서 수입이 없어지더라도 돈이 떨어져서 고생할 걱정을 덜게 해주는 안전판이라고 생각하기 때문에, 안락한 노후 생활을 즐길 수 있다고 생각한다. 이 안도감은 연금으로부터 얻을 수 있는 또 하나의 가치이다.

반면에 보험사는 가입자에게 연금을 오래 지급하기를 원하지 않는다. 칼망의 경우에는 90세 노인의 평균 생존 기간인 4년을 훨씬 넘겨 무려 32년을 더 살았다. 라프레의 입장에서 보면 그녀는 '악성' 고객이었던 셈이다. 보험사 입장에서 연금 지급 기간이 긴 고객은 악성 고객이다. 이 장의 첫머리에서 본 제인 오스틴의 말처럼, 그런 종류의 고객들이 연금보험 판매자들을 찾아온다.

그렇다면 장수할 가능성이 높은, 그래서 비용이 많이 드는 고객들이 연금 계약에 몰릴 것이 명백해 보인다고 하더라도, 그것이 연금을 발행하여 전쟁에 필요한 재정을 보충하고, 재원을 확충하려던 정부를 파산시킬 정도인지는 확실하지 않다. 현대사회에서는 선택의 문제가 연금보험 시장 자체를 사라지게 할 정도로 심각하지는 않다. 그러나 연금에는 자신의 예상보다 오래 살 만큼 운이 좋다면, 빈곤에 시달리지 않고 노년기를 보내고 싶어 하는 보통의 은퇴자들에게는 실행 불가능한 옵션이 붙어 있다.

나는 영원히 살 것이다

연금은 보험이라는 것이 세상에 등장했을 때부터 존재했으니 그 역사는 매우 길다. 로마제국 시대의 사람인 도미티우스 울피아누스 Domitius Ulpianus는 역사상 최초의 연금 판매자라고 할 수 있다. 그는 나름대로 근거를 가지고 '사망 예상표'를 만들었는데 이 표에 의하면, 예를 들어서 이미 35년을 산 로마 사람이라면 앞으로 20년을 더 살 것으로 예측되었다. 이 표는 현대 보험계리인이 사용하는 표보다는 좀 정밀하지 못해서 5년 또는 10년씩의 연령대를 하나의 구간으로 묶어서 작성되었다. 게다가 당시에는 연금에 가입한 사람과 보통 사람의 기대수명이 다를 것이라는 생각도 하지 못했던 것 같다. 이러한 실수는 그 후 거의 1천 년 이상 계속되었다.

연금 제도는 로마제국이 망한 이후에도 계속해서 존재하면서 고리대금에 대한 가톨릭의 반대와 금지를 피하는 최후의 수단 역할도 했다. 그러나 연금에는 몇 가지 허점이 있었다. 현금이 필요한 사람들 가운데 어떤 이들은 누군가로부터 돈을 빌린 뒤, 매월 일정액의 원리금을 장기간에 걸쳐 상환하는 정상적인 대출을 받는 대신, 연금을 팔았다. 연금 가입자로부터 일정 규모의 목돈을 먼저 받고, 그가 사망할 때까지 매월 정해진 금액을 지급하기로 한 것이다. 이 두 가지의 방식의 거래는 하나는 대출금이 상환되면 모든 거래가 끝나는 반면, 다른 하나는 연금 가입자가 사망할 때까지 상환이 계속된다는 점만 빼면 별 차이가 없었다.[7] 연금은 채무자가 고리대금에 시달리는 일을 막기 위해 당시에도 존재했고, 지금도 돈을 가진 사람이 이자 상한선을 넘는 이자 수입을 올릴 수도 있는 기회를 제공해 준다. 실제로 영국의 예를 들면, 1714년 당시 5% 이상의 대출 이자를 받는 것은 불법이었다. 그러다 보니 불법을 저지르지 않으면서도 이자 상한선보다 높은 수입을 얻기 위한 다양하고 기발한 금융기법이 생겨났다. 그 가운데 하나인 연금은 연금 사업자가 가입자에게 매월 일정 금액씩 상환하는 행위가 언제 끝날지 알 수 없는 불확실성으로 인해 예상할 수 없는 함정이 발생했다. 연금 가입자가 얻게 될 수익이 5%가 될지 20%가 될지 누가 예상할 수 있겠는가? 그것은 오로지 가입자가 얼마나 오래 사는가에 달려 있다. 18세기 무렵, 영국의 판사였던 로드 하드위크는 이렇게 말했다. "99%의 연금은 고리대금업 금지 규정을 회피하기 위한 우회 대출이라고 믿는다."

　정부도 필요한 자금을 조달하기 위한 목적으로 오늘날 발행되는 국채와 비슷한 연금을 운용했다. 연금 판매를 통해 조성된 재원은 도시를 방어하기 위한 돌과 벽돌을 사들이는 등 지역의 공공기반시설에 투자되었고, 긴급한 군사적인 활동을 위한 자금 마련은 물론, 군주들의 사치스러운 생활을 유지하는 데도 사용되었다. 1554년, 네덜란드는 프랑스와의 전쟁을 치르기 위한 자금을 마련하기 위해 연금을 발행했다. 영국도 100년쯤 후에 프랑스와 전쟁에 필요한 자금을 조달하기 위해 '백만법Million Act'을 제정하고 비슷한 일을 했다. 프랑스도 1600년대 후반, 다른 유럽 국가와 연합하여 네덜란드와 벌인 전쟁인 '9년 전쟁'을 수행하기 위해 연금을 판매했다. 루이 14세는 자신과 왕실의 사치스러운 생활을 유지하기 위해 연금을 발행했고, 일부 역사학자들은 이것이 프랑스혁명과 마리 앙투아네트 처형의 원인이 되었다고 주장하고 있다.

연금의 방만한 운용으로 인한 부채로 인해 파산한 권력자는 루이 14세만은 아니다. 1300년대 플랑드르의 겐트에서도 비슷한 일이 일어났다. 그 외에도 많은 도시국가들이 비슷한 일로 심각한 어려움을 겪었다. 1400년대 후반, '미남왕'이라는 별명으로 유명한 부르고뉴 공작 필립은 엄청난 채무불이행 사태를 피하기 위해 네덜란드의 각 지역에 대한 연금 지급을 중단시켰다. 그러나 암스테르담이나 하를럼 같은 도시는 위기를 잘 넘기고 수십 년 내에 도시 총수입의 절반 이상을 연금으로 지급했다.

부채의 문제가 전적으로 선택의 결과로 인해 발생하는 것은 아니었다. 신용이 다소 불확실하고 낭비벽이 심한 통치자들은 구매자들이 충분히 구미를 느낄 만큼 채권 가격을 매력적으로 매길 필요가 있었다. 그런 통치자들은 구매자들이 기꺼이 연금 상품에 가입하도록 유인하기 위해 지급액을 상당히 높일 수밖에 없었다. 프랑스의 루이 14세와 그를 돕는 재정 관리자들도 미래에 어떤 대가를 치르든 간에 당장 필요한 자금을 투자자들로부터 끌어들이는 데 급급하여 다양한 계획을 세웠다.[8]

정부가 연금으로 인해 어려움을 겪은 데는 연금 가격을 책정하는 일, 결국 선택으로 인해 벌어질 문제들을 전혀 고려하지 않은 것이 일정 부분 영향을 미쳤다는 점을 입증할 만한 충분한 증거가 있다. 반면 연금 가입자들은 정부가 제공하는 연금을 어떤 식으로 활용하는 것이 최선인가에 대해서 제대로 판단하고 있었음을 역사의 기록을 통해 알 수 있다.

초창기의 연금은 오늘날과는 달리 가입자가 연금 수익자를 따로 지명할 수 있었고, 수익자의 생존 여부에 따라 연금 지급이 계속되기 때문에 연금 재정은 훨씬 쉽게 악화하였다. 예를 들어서 가입자는 자신의 손녀딸을 수익자로 지명할 수도 있었고, 할머니를 지명할 수도 있었다. 가까이 사는 어느 이웃의 할머니를 지명할 수도 있었고, 심지어 조용한 프랑스 마을에서 평온하고 스트레스 없는 삶을 살고 있어, 상당히 장수할 것으로 예상되는 낯선 누군가를 지명할 수도 있었다. 초창기의 연금 제도는 나이도 고려하지도 않았다. 수익자가 할머니든 영유아든 매년 지급하는 연금 지급액은 같았다.

영리한 투자자들은 시골 구석구석까지 뒤져서 건강한 어린아이를 찾아내 명목상의 수익자로 지명하고 그들의 건강을 관리하는 데 투자했다. 1500년대 후반, 암스테르담에서 정부가 연금 형태로 자금을 조달했을 때, 연금 수익자로 지명된 사람들의 절반 이상은 10세 미만이었고, 80%는 20세 미만이었다. 그로부터 2세기쯤 후에, 프랑스도 연령 제한이 없는 종신연금 형태의 채권rentes viageres을 발행한 결과 연금 수익자로 지명된 사람은 주로 5세에서 10세 사이의 소녀들이었고, 그들의 부모들은 건강 상태가 매우 양호했다. 게다가 소녀들은 모두 천연두에서 살아남은 유전적으로 우월한 아이들이어서 투자자들은 와일드카드를 들고 있는 것이나 마찬가지였다. 몇몇 스위스의 투자자들은 이 연금 채권을 구입한 뒤 소녀들을 제네바로 데리고 급히 데리고 갔는데, 그곳은 공기가 매우 좋은 곳이었고, 소녀들의 생존에 투자의 성패가 달려 있던 투자자들은 이 소녀들을 면밀하게 관찰했다.[9] 결과적으로 그것은 매우 수익성 높은 투자였다. 역사가 조지 테일러가 말한 것처럼, 이 연금 채권 덕분에 투기꾼이 배를 불리는 동안 나라는 망해갔다.

1672년 암스테르담 정부는 과거의 실수를 발판 삼아 또다시 연금 판매에 도전했다. 이전과는 달리 젊은 수익자에게는 연금 지급 액수를 낮춘 것이다. 예상대로 가입자가 10세 미만의 어린아이를 연금 수익자로 지명하는 사례가 크게 줄어들었다. 1700년대 후반에는 많은 정부가 어린 수익자들은 물론, 남성보다는 평균 기대수명이 높다는 이유로 여성들에 대해서도 지급액을 줄였다.

수익자의 나이와 성별 등에 따라 연금의 지급액을 다르게 한 결과, 수익자 지명이라는 연금시장에서 벌어지는 게임에서 가입자가 손쉽게 승리할 수 있는 방법 하나가 사라졌다. 그러나 요령 있는 투자자 집단들은 다른 선택을 통해서 수익을 극대화할 수 있었다. 1829년, 영국의 연금 제도가 건강한 노인들에게 많은 연금을 지급하는 방향으로 설계되자 이번에는 투자자들이 건강한 노인을 찾아 나섰다. 당시 제도에 따르면 연금 수익자로 지명된 사람이 2년간 생존하면 투자자들은 초기 투자액에 34%를 더하여 돌려받을 수 있고, 3년간 생존한다면 원금은 두 배로 불어나게 되어 있었다. 스코틀랜드는 활기찬 팔순 노인들이 많은 고장이라고 생각되었고, 투기꾼들은 연금 투자에 적합한 후보자를 찾아내기 위해 로먼드호의 아름다운 모래톱 주변을 뒤지고 다녔다.[10] 프랑스에서 연금 수혜자로 지명되었던 어린아이들과 마찬가지로, 영국에서 선택된 시골 노인들도 누구도 부럽지 않은 보살핌을 받았다.

19세기에 활동했던 한 연대기 작가는 생명보험에 관하여 다음과 같이 말했다. "시골에 살던 사람들은 갑자기 들이닥친 연금 투자자들이 동네의 노인들에게 지나치게 관심을 보이자 놀랐다. 만일 아픈 노인이 있으면 상당한 돈을 받은 의사들의 돌봄을 받을 수 있었고, 가난한 노인들은 안락한 노년을 보장받을 수 있었다." 이 역사가는 한 투자자가 자신이 수혜자로 지명한 사람을 돌보기 위해, "그의 생명을 유지해 주는 하는 조건으로, 의사에게 매년 금화 25기니를 지불"하기로 한 사례도 있었다고 말했다.

시대를 막론하고 해당 분야의 최고의 과학자들이 적정한 연금 가격 산출을 위한 문제를 해결하기 위해 매달렸음에도 불구하고 연금보험에서 발견되는 결함은 해소되지 않았다. 핼리 혜성으로 일반 대중에게도 널리 알려진 에드먼드 핼리를 포함하여 당대의 최고의 학자들이 이 문제를 풀어내기 위해 골몰했음에도 말이다.[11]

핼리는 처음으로 체계적인 연금 가격 산정을 담당한 사람이었다. 그는 독일의 브레슬라우에서 많은 노력을 들여 수입한 출생 및 사망 통계표를 기반으로 보험료를 산정하였고, 그 내용을 1693년에 〈인류의 사망 위험도 추정An Estimate of the Degrees of Mortality of Mankind〉이라는 제목으로 발표하였다. 그러나 보험사들이 핼리의 접근법을 실무에서 활용하려면 기본적인 계산기조차 없던 당시로서는 엄청나게 복잡한 계산을 해야 했다. 그러자 위대한 수학자인 아브라함 드 무아브르도 적절한 연금 가격을 책정하는데 뛰어들었고, 대수 공식을 이용해 대략적인 연금 가격을 계산하는 실용적인 방법을 개발해 냈다.[12]

안타깝게도 핼리와 드 무아브르는 훌륭한 과학자이기는 했지만, 훌륭한 사회과학자는 아니었다. 그들도 몇 세기 후에 조지 애커로프가 그랬던 것처럼, 훗날 선택의 문제를 반영하지 못한 자신들의 계산법을 실무에 활용한 보험사들이 파산할 것이라고는 생각하지 않았다. 조금 더 너그럽게 이야기하자면, 그들이 이 문제를 이해하고 있었다 하더라도 별수 없었을 것이다. 지금도 그렇지만, 당시에도 전문가들의 의견이 현장에서 무시당하는 경우가 많았다. 17세기의 네덜란드의 수학자이자 정치가인 얀 드 위트는 정부가 영국과의 전쟁 자금을 모으기에 급급하여 연금을 너무 싸게 팔고 있다고 지적했으나, 그의 동료 의원들은 그의 말을 무시했다.

수학자들도 수익자의 나이에 따라 연금 지급 액수에 차등을 두어야 할 필요성은 깨달았으나 그들의 계산도 상당히 거칠고 어설펐다. 예를 들어서 얀 드 위트는 54세 미만의 모든 사람을 하나로 묶어서 계산했다. 연령대를 세분화하면 계산이 지나치게 복잡해져서 부담스러워질 것이라는 이유 때문이었다. 당시에는 10년 단위로 연금 수익자를 구분하는 것이 매우 흔했기 때문에, 40세의 수익자와 49세의 수익자의 계약 내용이 같았다. 독자들도 알다시피 요즘 보험사들은 가입자와 수익자의 나이를 1년 단위로 구분하여 연금 지급액을 설정한다.

요즘은 다른 사람을 수익자로 지정하여 연금보험에 가입하는 것이 불가능하다. 그 덕분에 보험사들은 잠재 고객들이 극단적인 편법을 동원할 가능성을 더 이상 고민하지 않게 되었다. 1700년대 당시의 가장 영리한 투자자였던 제네바의 은행가들은 연금 판매자들이 어떤 규칙을 정하든, 때로는 프랑스의 어린 소녀들을 동원하고, 때로는 스코틀랜드의 80대 노인들을 이용하기도 하면서 늘 유리한 게임을 펼쳤다. 그러나 현대에 들어서 타인의 기대수명을 놓고 도박을 거는 것이 금지되자 연금은 더 이상 다섯 살짜리 아이의 건강 지속 여부를 놓고 벌이는 복권이나 도박이 아니라, 90대 이상 고령자들의 품위 있는 생활 유지를 위한 보험에 가까워졌다.

이렇게 연금의 성격이 바뀐 것은 보험이 다른 사업과 마찬가지로 지난 몇 세기 동안 훨씬 정교하게 다듬어졌기 때문일 것이다. 이제 우리의 관심사는 돈을 끌어들이기에 급급했던 루이 14세의 단기적인 안목이나, 18세기 연금 계약의 명백한 오류나 중요한 것을 간과한 어리석음이 아니다. 이제 우리는 21세기의 연금시장에서 선택이 미치는 영향이 얼마나 큰 것인지 이야기하고 싶다.

오늘날 연금을 운용하는 보험사들도 르네상스 시대의 금융상품이 겪었던 것과 비슷한 문제로 고통받고 있을까?

미리 답부터 이야기하자면, 그들도 마찬가지로 그렇다. 이것은 사실이지만, 놀랄 일이 아니다. 우리는 앞에서 선택의 문제가 현대의 생명보험 시장을 얼마나 괴롭히는지 살펴보았다. 연금보험이라고 해서 다를 리가 있겠는가? 보험사 입장에서는 하나는 장수에 배팅을 하는 것이고, 하나는 요절에 배팅을 하는 것일 뿐이다. 똑같은 인간의 생명을 놓고 정반대의 모양으로 도박을 하고 있을 뿐이다.

오늘날의 연금 이야기

오늘날 연금시장은 놀라울 정도로 작다. 놀랍게도 연금 제도는 많은 퇴직자가 직면한 딜레마를 해결할 수 있는 아주 매력적인 수단이다. 예를 들어서 40년 동안 열심히 일하면서 은퇴에 대비해 약간의 저축도 한 여성을 예로 들어보자. 지금 막 은퇴한 그녀는 얼마나 빨리^또 _{는 천천히} 저축해 놓은 돈을 찾아 써야 할까?, "먹고, 마시고, 즐겨라."라는 외침에 귀를 기울여야 할까? 아니면 만일의 경우를 대비해 최대한 아끼라는 진부하고 상투적인 격언에 귀를 기울여야 할까?

그녀가 잔느 칼망 만큼이나 오래 살고, 자신의 노후에 대비하여 상당한 액수의 잔고를 유지하고 있다고 가정해 보자. 물론 그녀도 호화로운 유람선 여행을 즐기고 손자들에게 상당한 액수의 선물을 해줄 수 있는 돈을 남겨 놓고 일찍 세상을 떠날 수도 있고, 반대로 퇴직 후에도 꽤 오래 살 수도 있다. 그러나 만일 그녀의 노후 생활이 길어진다면 아무리 많은 돈을 저축해 놓았다고 해도, 그것이 고갈될 가능성이 있다. 이쯤 되면, 장수는 축복이야!라는 말이 좀 무색해진다. 돈이 없어서 당장 내일 먹고 마실 일을 걱정해야 한다면 더욱 그렇다.

연금은 이러한 해결 곤란한 딜레마에서 벗어날 수 있는 길을 열어주는 수단이고, 은퇴자들이 높은 수준의 은퇴 생활을 즐기기에 이보다 더 나은 방법이 없어 보인다. 연금은 미래에 우연히 발생할 수 있는 불확실성을 제거해줌으로써 그것을 가능하게 한다. 불확실성 제거는 보험이 해야 할 일이다. 연금은 그녀가 살아 있는 한 매달 일정한 수입을 보장해 준다. 연금이 꾸준하고 일정한 수입을 보장해 주기 때문에, "너무 오래 살면 어떻게 하지?"라며 고민할 필요가 없다. 그러나 퇴직자들이 재산이나 자금의 대부분을 연금에 투자한다는 것은 쉬운 일은 아니다.

그러함에도 불구하고 사람들은 경제학자들의 이야기를 귀담아듣지 않는다. 그런 사람은 아주 적다. 사람들은 연금보험에 가입하는 대신 각자 자신들의 방법으로 자신의 노후를 해결해 보려고 한다. 사실 연금을 이해시키기 위한 많은 경제학 논문들이 이미 발표됐다. 경제학자들은 노후를 위해 무엇을 어떻게 해야 하는지를 이야기하고 있다. 그러함에도 사람들은 왜 그 이론을 따르지 않고, 가지고 있는 자금을 연금에 투자하지 않는가? 적어도, 경제학자들이 스스로 학문적 호기심을 풀기 위해 애쓴 결과 연금은 오늘날의 모습을 갖추게 되었다.

연금이 왜 이토록 인기가 없는지는 이 책의 주요한 관심사인 선택의 문제를 포함하여 여러 가지 이유로 설명할 수 있다. 만약 젊은 독자들이 부모님들께 물어본다면, 혹은 당신이 부모 세대에 속한다면 자신에게 물어보라. 많은 사람들이 애써 모아놓은 돈을 연금에 투자한 다음 '의외로 빨리' 사망한다면 자식들에게 아무것도 남겨줄 수 없다는 점을 걱정하고 있다는 것을 알게 될 것이다. 또한 노인이나 은퇴자들을 대상으로 하는 모든 상품은 재정적으로 그렇게 정교하게 설계되어 있지 않아서 결과적으로 재정적으로 풍족한 노인들의 돈을 갈취하는 수단으로 악용되고 있다고 상상한다. 실제로 FBI는 노인들을 위한 사기 방지 전용 웹사이트를 운영하고 있고, 여기서 노인들이 사기꾼들의 표적이 되는 다양한 이유를 열거하고 실제 사례를 설명하고 있다.

개인적으로 연금에 가입하는 사람이 적은 또 다른 이유는 그들이 싫든 좋든 이미 연금을 가지고 있기 때문이다. 독자 여러분의 직장 고용주가 직원들을 위해 확정급여형 연금 제도에 가입했다면, 여러분은 은퇴 후 사망할 때까지 매년 정해진 금액의 돈을 받게 됨을 의미한다. 결국 미국의 노동자들은 자신도 모르게 연금에 가입되어 있는 것이다. 미국에서 일정 규모 이상의 사업을 운영하는 고용주에게 고용된 직장인 누구나 미국 정부가 제공하는 연금에 가입하고 있는 것이나 마찬가지다. 앞서 1장에서 언급한 것처럼 미국 정부는 소셜 시큐리티라고 불리는 거대한 복지제도를 통해 거의 모든 이들에게 명칭은 다르지만 사실상 연금을 제공하고 있다. 실제로 미국인들은 월 급여 명세표에 예외 없이 사회보장세Social Security Tax 라는 항목이 있음을 확인할 수 있다. 그것은 미국인들이 장차 정부로부터 연금을 받기 위하여 이번 달에 납부한 것이다. 그 대가로 당신이 은퇴 후 정해진 연령을 넘기면 은퇴급여를 신청할 수 있고, 그때부터 정부는 당신이 사망할 때까지 매달 정해진 액수의 수표를 보내줄 것이다. 이것이 우리가 말하는 연금이다. 그러나 그것만으로 만족하지 못하는 사람들은 따로 적지 않은 금액을 퇴직 후를 위해 저축하기도 한다.

독자 여러분은 개인연금시장의 규모가 아주 작은 이유가 정부와 고용주에 의해서 어느 정도 연금을 보장받는 현재의 사회보장제도 때문이라는 데에 동의할 수도 있다. 그러나 그 반대로 생각할 수도 있다. 개인연금시장이 제대로 기능을 하지 못하기 때문에 정부와 고용주가 나설 수밖에 없다고 생각할 수도 있는 것이다. 그렇다면 민간시장이 제대로 작동하지 않는 이유는 무엇인가? 뒤에서 자세히 살펴보겠지만, 이 역시 선택의 문제를 극복하기 위해 보험사가 연금보험의 가격을 보통의 퇴직자들이 가입할 엄두가 나지 않을 정도로 높였기 때문이다.

버지니아, 그곳에도 선택의 문제가 있다.

잠시 2장으로 돌아가서 허 다이펑이 생명보험 분야에서 선택의 문제를 어떻게 다루었는지 생각해 보자. 그녀는 생명보험에 가입한 사람들이 자신과 여러모로 비슷한 삶을 살지만 생명보험에 가입하지 않은 사람들보다 일찍 사망하는 경향이 있다는 것을 알아냈다. 연금보험도 똑같은 개념으로 생각할 수 있다, 물론 방향은 반대가 될 것이다. 생명보험회사들이 보험에 가입하자마자 사망할 가능성이 큰 사람을 피하고 싶은 것처럼, 연금보험을 운용하는 기업들은 건강하게 장수할 가능성이 큰 사람의 가입을 피하고 싶어 한다. 이를 위해 회사가 할 수 있는 일은 인구 전체의 연령별 생존율과 연금에 가입한 집단의 연령별 생존율을 관찰하는 것이다.

아주 오래전으로 거슬러 올라가면, 이것은 매우 어려운 일이었다. 계몽주의 시대를 살았던 에드먼드 핼리는 오로지 손 계산으로 연령별 사망률 표를 만들어야 했고, 그것도 개인의 출생과 사망을 세심하게 기록하고 관리했던 독일의 한 마을의 데이터만을 기반으로 만들어야 했다.

오늘날, 미국 정부는 거의 모든 미국인의 출생과 사망을 꼼꼼하게 기록하여 저장하고 있고, 그 통계는 인터넷에만 연결할 수 있다면 누구나 제공받을 수 있다. 예를 들어서 현재 75세인 노인이 앞으로 몇 년이나 더 생존할 수 있을까? 지금 75세 생일을 맞은 사람이 76세 생일까지 생존할 가능성은 어느 정도인가? 이 정도 질문에 대한 해답은 사회보장국Social Security Administration의 연례 보고서만 봐도 다 나온다.

그러나 사회보장국도 이러한 예측을 정확하게 하는 것에 여전히 많은 어려움이 있다. 현재 미국 정부가 사회보장 정책의 일환으로 모든 사람에게 연금을 제공하고 있다는 사실을 기억하라. 연금보험을 운용하는 사기업이 연금 지급을 위해 지출하는 비용이 고객이 얼마나 오래 생존하느냐에 따라 결정되는 것과 마찬가지로, 연방정부의 지출은 미국인들 전체가 얼마나 오래 사는지 이에 따라서 어느 정도를 지급하느냐에 따라 크게 달라지는데, 2019년을 기준으로 보면 사회보장 예산은 전체 연방정부 예산 4조 4천억 달러 중 거의 1/4을 차지한다.

그렇기 때문에 정부는 전체 인구를 연령, 성별 등으로 세분하여 각각의 경우에 대한 예상 사망 시기를 상세하게 도표화하고 있다. 미국도 사적인 연금보험 상품에 가입하는 사람들은 매우 적기 때문에, 미국 정부가 가지고 있는 예상 사망 시기에 관한 데이터는 미국의 연금보험 상품 비가입자들에 대한 사망 전망과 대체로 같다고 생각할 수 있다. 보험계리사협회Society of Actuaries는 연금에 가입하는 사람들의 성별이나 연령대별로 기대되는 생존 기간 등 사적 연금보험에 가입하는 소수의 사람에 대해 보험회사들이 필요한 다양하고 유용한 수치 데이터들을 제공해 주고 있다. 보험계리사협회와 정부를 통해 입수한 데이터들은 보험사들이 연금보험료를 책정하는 데 큰 도움이 될 것이다. 이 데이터들이 있기 때문에, 보험사들은 핼리가 17세기에 분석해 내놓은 원시적인 자료들에 더 이상 의존할 필요가 없게 되었다.

사적 연금에 가입하는 사람들과 다른 사람들의 연령별 기대수명을 비교해 보면 예상했던 대로 연금시장이 고객들의 선택의 결과로 상당한 불리할 수밖에 없음을 알 수 있다. 연금 가입자들이 일정 연령까지 사망하지 않고 생존하는 확률은 일반 대중들의 평균보다 확실히 높았다. 다른 말로 하면, 연금보험을 운용하는 회사가 기피하는 사람들이 주로 연금보험에 가입하고 있는 것이다.

경제학자인 짐 포터바Jim Poterba와 아담 솔로몬Adam Solomon의 분석에 따르면 65세인 남성 연금 가입자가 1년 안에 사망할 확률은 같은 나이의 보통 사람이 1년 안에 사망할 확률의 절반 정도였다. 95세의 고연령대까지 비교해 봐도 정도의 차이는 있지만, 연금 가입자의 생존 가능성은 확실히 그렇지 않은 보통 사람보다 높았다. 연금 가입자인 95세 남성들의 경우, 1년 안에 사망할 확률이 그렇지 않은 95세 남성의 1/4에 불과했다.

생각해 보면 이는 다소 놀라운 결과이다. 100세에 가까운 노인들은 아무리 현대의학이 발전했다고 해도 언제 어떤 방식으로 사망할지 모르는 사망이 임박한 연령대이다. 그들은 누가 봐도 오래 살 수 없는 사람들이다. 이유가 무엇이든, 연금 수급자의 생존확률이 높다는 것은 보험사의 입장에서는 연금 가입자들의 여생을 보장하는 연금 지급에 드는 비용이, 가입하지 않은 사람들에게 여생을 보장하기 위해 연금을 지급한다고 가정할 때 드는 비용보다 높다고 단언할 수 있는 것

이다.[13]

결과적으로 보험사는 가장 건강한 사람들만이 보험에 가입하려 한다는 보수적인 관점에서 보험료를 책정할 필요가 있다. 이런 선택의 결과로 보험료가 크게 오르는 현상을 여기서도 확인할 수 있다. 그것은 연금보험에 가입하는 행위가 평균적인 은퇴자에게는 매우 나쁜 거래가 된다는 의미이다. 그것이 얼마나 나쁜 거래인지를 계산해 내는 것은 연금 수급자와 비수급자의 생존율을 비교하는 것보다는 조금 더 복잡한 작업이다. 분명한 것은 수급자가 오래 생존할수록 보험사는 더 많은 비용을 연금으로 지출해야 하고, 따라서 오래 생존하는 수급자에게 연금을 지급하는 일은 비용이 더 많이 드는 일이라는 사실이다. 여기에 더하여 고객에게 지급되는 비용은 이자율에 따라서 달라진다.[14]

포터바와 솔로몬은 보험사가 가입자로부터 받는 보험료 대비 어느 정도의 연금을 지급하는 것이 적정한가를 계산하는 어려운 작업을 수행했다. 그들은 자신들의 연구를 통해서 2020년의 경우, 보험사가 연금보험 고객들을 상대로 약 8% 정도의 이익을 냈다고 추정했다. 보험사가 보험료를 계산하여 책정하고, 판매하고, 관리하는데 드는 비용을 고려한 추정치이다. 그러나 연금보험 가입자들보다 훨씬 덜 건강한 사람들이 연금에 가입했다면 가입자 전체의 평균 기대수명은 훨씬 짧아지고, 보험사의 수익률은 20%로, 두 배 이상 늘어날 것으로 추정되었다.

이러한 연구 결과와 현상들을 보면, 왜 우리의 부모님들그리고 그들과 비슷한 연령대의 사람들 이 연금보험 가입을 꺼리는지 어느 정도 이해할 수 있다. 당신이 평균치에 해당하는 보통 사람이라면 연금보험에 가입하는 것은 나쁜 거래를 하는 것이다. 반면 당신이 예외적으로 특별하게 건강한 사람이 아니라면, 당신이 연금보험에 가입하는 것은 보험사 입장에서는 꽤 만족스러운 거래를 하는 것이다.

———

　지금까지 대부분의 보험사들은 시장에서 다소 수동적이고, 심지어 아무것도 모르는 방관자처럼 여겨졌고, 영리한 고객들에게 끌려다녔다. 그러나 이익을 내고 싶다는 욕망, 그리고 최소한 적자는 면해야 한다는 위기감은 고객의 개인정보를 제대로 파악하지 못해서 일어나는 문제를 해결하기 위한 보다 나은 방법을 찾아 나서는 강력한 동기가 되었다. 그리고 보험사들은 꾸준히 이 문제를 해결하기 위해 노력해 왔다. 우리는 4장과 5장에서 이 문제를 극복하기 위한 보험사들의 대표적인 전략을 살펴볼 것이다. 우리는 커피숍에서 주고받는 잡담들에서부터 빅 데이터에 이르기까지 온갖 정보들을 활용하여 잠재 고객들에게 지출될 비용을 예측하고, 고객이 자신만 알고 있는 비밀을 드러내지 않을 수 없도록 계약 내용을 설계하는 등 보험사들이 동원하는 무수한 창의적인 방법들에 대해서도 설명할 것이다.

　선택의 문제를 관리하는 것은 기업만의 문제는 아니다. 시장이 실패하면 정부가 시장을 구한다는 명분으로 시장에 개입할 여지가 커진다. 우리는 책의 마지막 부분에서 정책 입안자들이 무엇을 생각해 냈는지, 그리고 그것이 정부가 고안한 규칙을 준수하도록 요구받는 고객과 기업에게 무엇을 의미하는지 살펴볼 것이다.

2부

선택에 관한 많은 논쟁

4장
왜곡된 가격

기록으로 남아 있는 역사상 최초의 교통사고 사망자는 브리지트 드리스콜이라는 여성이다. 그녀는 런던의 크리스탈 팰리스에서 시험 운행 중이던 로저 벤츠Roger-Benz; 벤츠는 1880년대 무렵, 차량을 상품화하는 과정에서 프랑스의 자전거 제조업체인 에밀 로저Emile Roger와 협력 관계를 맺고 있었다. - 역자 주에 치어 사망했다. 당시 사건의 목격자 한 사람은 차량이 "마치 소방차처럼 빠른 속도로 질주하고 있었다."고 증언했다. 원래 이 차의 최고 속도는 시속 8마일이었으나, 안전을 고려하여 시속 4.5마일을 넘지 않도록 개조된 차였다.

최초의 자동차보험 계약은 이보다 조금 늦어서, 드리스콜이 사망한 지 3개월 후에 처음 체결되었다.[15] 초창기의 자동차는 말이 끄는 운송수단만큼이나 안전했다. 그러나 자동차의 운송 거리가 크게 늘어나고, 자동차가 흔한 교통수단이 되는 20세기 초에 들어서면서 차량 사고 관련 사망자가 급격히 증가했다. 미국의 경우 1900년 한 해 동안 자동차 사고 사망자는 36명이었지만, 1920년경에는 1만 2천 명 이상으로 급증했다. 운전자보다는 행인들이 부상당하거나 사망하는 경우가 많았고, 피해자가 할 수 있는 일은 형사재판에서 유죄 판결을 받은 사람을 상대로 소송을 제기하여 신체적 고통과 생활고, 또는 사망에 대한 손해 배상을 요구하는 것뿐이었다. 운전자들도 예상치 못한 사고로 인한 경제적 지출과 피해자들에 대한 보상 등에 대비한 보험의 필요성을 느끼고 있었다.

미국 최초의 자동차보험 계약은 1897년, 트레블러스 손해보험 Traveler's Property Casualty 이라는 보험사와 매사추세츠주 웨스트 필드에 사는 길버트 루미스라는 사람 사이에 체결되었다. 보험 대상 차량은 루미스가 직접 자신의 손으로 제작한 것이었다고 한다. 루미스는 차량을 운전하는 도중 자신의 과실로 부상, 사망 또는 타인의 재산에 손실이 발생했을 경우 최고 1,000달러를 보상받는 조건으로 매월 7.5달러를 납부하기로 했다. 트레블러스사는 본격적으로 자동차보험 사업을 벌이기 시작하면서 마력이라는 단위로 나타나는 대상 차량의 엔진 출력을 기준으로 보험료를 산정하기로 했다.

생명보험이나 연금과 비교하면, 자동차보험의 역사에 대한 연구는 매우 부족하다. 때문에 확실하게 말할 수는 없지만, 자동차보험의 경우도 생명보험이나 연금과 상황이 비슷하지 않을까 추측할 수 있다. 최악의 운전자들일수록 가장 관대한 서비스를 베풀어주는 보험에 가입하려 할 것이고, 고객의 이러한 움직임이 높은 보험금 지출로 이어졌으며 그로 인한 손실을 만회하기 위해 보험료를 인상하는 악순환이 벌어졌을 것으로 보인다. 루미스 자신도 처음부터 이러한 악순환에 일조했을지도 모른다. 그의 차량은 자신이 직접 경영하는 루미스

오토모빌Loomis Automobile Company에서 제조한 것이었는데, 이 자동차 회사는 생산된 차량이 너무 위험하다는 이유로 앤드류 카네기가 투자를 포기할 정도로 악명 높은 회사였다.

오늘날에 들어서, 운전자 보험사업은 훨씬 더 복잡해졌다. 독자들이 직접 주요 보험사의 웹 사이트를 방문하여 자신에 맞는 견적을 내보면 그 말뜻을 이해할 것이다. 첫째로 운전자는 다양한 유형의 위험에 대해서 어느 부분의 책임을 스스로 감당하고 어느 부분을 보험사의 지원에 의존할지를 조절할 수 있는 상당한 재량권을 부여받는다. 소송으로 인한 과도한 비용 지출을 피하고 싶다면 운전자는 보험료를 소송으로 발생하는 비용보다는 훨씬 적은 액수만큼 더 내는 대신 보상 범위의 상한 액수를 원래보다 더 높이도록 계약 내용을 변경할 수 있다. 사고 발생 시 과실의 원인이 누구에게 있는가에 따른 운전자 본인 의료비의 보험사 부담범위 그리고 차량 파손과 신체 상해 발생 시 보험사의 부담 범위 등을 어디까지로 하는가에 따라 보험료는 크게 달라진다.

선택의 폭이 넓다는 것은 좋은 것이다! 고객은 회사로부터 받은 여러 가지 제안들 가운데 각각의 상황에 적절하게 맞춰 자신의 이익을 극대화하기 위한 선택을 할 수 있는 행복한 상황에 놓여 있으므로 다른 보험사를 찾을 필요가 없는 것이다.

맞는 이야기이다. 그러나 여러 가지 선택 방안이 있다는 것은 선택의 기회가 많다는 뜻이기도 하다. 모든 운전자는 피해자나 사랑하는 사람, 즉 '제3자'의 피해를 보상하는 보험만이라도 의무적으로 가입해야 한다. 그렇다면 고객 자신의 부상이나 보험 계약자의 차량 파손 등에 대한 보상 범위를 어느 정도로 할지가 선택사항으로 남는다. 앞의 사례를 통해 우리는 악성 혹은 비용이 많이 드는 고객일수록 생명보험이나 연금 가입률이 높고, 좋은 고객일수록 가입을 기피하는 경향이 있다는 것을 확인한 바 있다. 자동차보험의 경우도 다혈질이거나 주의력이 산만한 사람들, 즉 보험사 입장에서는 악성 고객으로 보이는 사람일수록 더 많은 보험 혜택을 받고 싶어 하는 반면, 조심성이 크거나 운전을 그리 자주 하지 않는 사람들은 제3자의 신체와 차량 등의 피해만 보상해 주는 최소한의 상품에 가입하려 한다는 것이다.

그렇다면 보험사는 어떻게 해야 할까? 우리는 앞으로 두 개의 장에서 이 질문에 대한 답을 찾아볼 것이다. 미리 결론을 슬쩍 이야기하자면, 보험사는 '올바른' 보험료를 산정하기 위해 더 많이 노력할 것이고, 나쁜 고객들보다는 좋은 고객들을 유인할 수 있도록 계약서의 내용을 손질하려고 할 것이다.

이번 장에서 우리는 보험사가 '올바른' 보험료를 책정하는 것이 가능한지 여부에 초점을 맞춰 이야기를 풀어나갈 것이다. 보험사들은 어떤 고객이 다른 고객보다 사고를 낼 가능성이 높은지 미리 알아낼 수 있을까? 이것이 가능하다면, 보험사는 그 가능성에 맞춰서 고객 각자에 맞는 보험료를 책정할 수 있을 것이고, 고객들은 자신이 사고를 낼 가능성을 제대로 반영한 보험에 계약할 수 있을 것이다.

결국 자동차보험의 경우도 보다 나은 정보를 확보해야만 시장이 유지되고 발전할 수 있다. 많은 정보를 확보하면, 보험사는 적절한 가격을 책정할 수 있고, 시장 자체가 모두에게 유익한 방향으로 작동할 것이다.

이는 자동차보험 가입 신청서를 작성할 때 마주치게 될 두 번째 문제로 이어진다. 계약 내용과 관계가 없어 보이는 당신 자신에 관한 수많은 질문들에 답을 해야 한다는 것이다. 보험사들은 계약을 체결하기 전에 고객에 관한 의미 있고 세부적인 정보를 가능한 한 많이 수집하기 위해 노력을 기울일 것이고, 앞에서 언급한 것처럼, 고객의 신용과 관련된 정보를 열람하는 것을 동의해 달라고 요청하기도 한다. 누가 비용이 많이 드는 고객인지를 정확하게 파악해서 그들에게는 더 높은 보험료를 부과하고, 반대로 '덜 비싼' 고객들에게는 낮은 가격으로 포괄적인 서비스를 제공할 수 있을 것이다.

우리는 보험사가 실제로 어떤 종류의 정보를 수집하는지, 그리고 이를 통해서 선택의 폭과 오차가 얼마나 줄어드는지를 알아볼 것이다. 그러나 이러한 접근 방식도 한계가 있다는 것을 알게 될 것이다. 어떤 정보들은 수집하기가 매우 어려우며, 경우에 따라서는 보험사 스스로 보험료가 적절하지 않게 산정되는 경우가 있다 하더라도, 고객에게 들어갈 비용을 예측하기 위해 활용할 수 있는 모든 정보를 활용하는 것이 올바르지 못한 비즈니스 방식이라고 판단하기도 한다.

분명히 말하자면, 우리는 보험에 관하여 이야기를 풀어나가면서 보험사의 경영진이나 주주의 유불리는 중요하게 생각하지 않는다. 우리가 이 책에서 생각해 볼 주제들을 어떻게 다루는가에 따라 그들이 억만장자도 될 수 있고, 파산할 수도 있다. 우리의 관심사는 보험업계가 최소한 흑자를 유지하여 수백만 명의 고객들이 보험이 보장해 주는 안전판으로 인해 마음의 평화를 지속적으로 이어가도록 하는 것이다. 그들이 지난 세월 동안 어떻게 일해 왔는지 알아보기 위해, 우리는 다시 한번 보험사업의 초창기로 돌아갈 수 있다. 우리는 과거 해상보험업자들이 선택의 결과로 빚어지는 고질적인 문제들 속에서 사업을 유지하기 위해, 필요한 정보를 확보하는 데 어떤 노력을 기울였는지 살펴보기 시작할 것이다. 17세기 무렵 해양 정책에 관해 가장 궁금했을 사람들은 누구인가? 거의 알코올 중독 수준의 술꾼인 선장들에 의해 운행되는 목재 선체가 썩을 대로 썩은 배를 소유한 선주들이 아니었을까?

좋은 정보가 보험시장을 구한다

잠재적인 보험 고객에 대한 더 나은 정보를 찾기 위한 노력은 자동차가 등장하기 전, 자동차보험이 등장하기 훨씬 전부터 있었다. 아마 보험의 역사만큼이나 오래되었을 것이다. 정보를 얻기 위한 노력의 흔적은 17세기 후반으로 거슬러 올라갈 수 있다. 그즈음, 런던의 타워 스트리트에 훗날 명소로 꼽히게 될 로이드 커피 하우스Lloyd's Coffee House가 문을 열었는데, 이 커피숍은 열자마자 보험업자들이 수시로 둘러앉아 세계 해운업계에서 일어나는 시시콜콜한 이야기들을 주고받는 정보의 사랑방 역할을 하게 되었다.

많은 독자들이 이름에서 짐작하듯, 영국의 거대 보험사인 로이드는 로이드 커피 하우스에서 출발한 것이다. 이름은 많이 들어봤겠지만, 로이드 보험이 실제로는 단일 보험사가 아니라는 사실을 아는 사람은 별로 없을 것이다. 올스테이트Allstate 나 프로그레시브Progressive 같은 보험사들이 만든 표준화된 정책에 따라 출시한 보험상품 유형에는 들어맞지 않는 특수한 위험 사례에 대한 맞춤 보험 서비스를 제공하기 위한 일종의 플랫폼이라고 할 수 있다. 로이드는 대개 보상 규모가 너무 방대하고 보험 대상이 특별하여 일반적인 보험 규정으로는 손쉽게 수치화하기 어려운 불확실성을 가지고 있어 어떤 보험사도 나서려고 하지 않는 위험에 대한 보상을 해주는 보험 서비스를 제공한다. 예를 들자면, 로이드는 1930년대 미녀 아이돌 스타였던 베티 그래이블과 그녀가 다리를 다칠 경우에 대비한 보험 계약을 체결했다. 1970년대에는 유명 록밴드 '키스'의 리더인 진 시몬스의 유별나게 긴 혀가 손상될 경우에 최대 1백만 달러를 보상해 주는 보험 계약을 체결하는가 하면, 가수 톰 존스와는 그의 매력 포인트처럼 여겨졌던 가슴의 털이 손상될 때 최대 500만 달러를 지급하는 보험 계약을 맺기도 했다. 로이드는 닐 암스트롱이 인류의 위대한 발걸음이라 불리는 달 착륙에 성공하기 몇 년 전인 1965년에 이미, 최초의 상업통신 위성인 인텔샛 1호Intelsat I에 대해 850만 달러의 보험 계약을 맺었다.[16]

17세기는 로이드의 지분을 가지고 있는 이들이 하늘이 아닌 바다에 눈을 돌렸던 시기였다. 초창기의 로이드 커피숍은 상인들이나 선원들, 그리고 선주들이 모여서 해상보험 계약을 체결하는 장소로서의 역할을 했다. 일어날 수 있는 위험 가운데 일부는 가능성을 관찰하고 평가하는 것이 어렵지 않았다. 만약 배가 8월에 서인도제도를 통과할 예정이라면, 그보다 몇 달 전에 같은 항로를 항해하거나 아니면 더 북쪽 어느 지방을 통과하는 항해보다 허리케인을 만날 가능성은 높다고 생각할 수 있다. 그래서 보험 계약서에는 선박이 항해할 항로와 항해 시기를 명기했다. 그러나 선박이 폭풍이나 항로 인근의 전쟁, 해적 등과 같은 다른 위험을 통과하여 화물을 목적지까지 안전하게 수송하는 데 성공할 가능성을 판단하기에는 쉽사리 예측하기 어려운 다른 많은 요소들이 존재했다.

경제사학자인 크리스토퍼 킹스턴Christopher Kingston은 현대 해상보험의 발전에 대해서 이렇게 설명했다. "선원들의 수나 숙련도가 부족할 경우나 항해 장비를 제대로 갖추지 못했거나, 선체를 이루는 목재가 썩어서 약해진 경우에는 폭풍 속에서 살아남을 가능성이 적을 것이다." 이는 오늘날 자동차를 운전할 때 운전자의 기술이나 음주 여부가 위험도를 결정하는 중요한 요인이 되는 것과 마찬가지다. 또 킹스턴은 "선장이 무능하거나 알코올 중독자라면, 좌초할 가능성이 발생하거나 위험시 긴급 피난할 육지를 발견하지 못할 가능성이 높다고 지적하며, 바람을 두려워하지 않고 잘 이용할 수 있다면 적선보다 빨리 움직일 가능성이 크다."고 언급했다. 선장의 능력과 음주 습관, 부패 정도, 그리고 그가 부리게 될 선원의 자질 등 모든 사항을 보험사들이 제대로 파악하는 것은 어려운 일이다. 그러나 보험사가 제대로 파악하기 어려운 이 같은 사항을 선주들은 훨씬 잘 알고 있었을 것이다. 킹스턴은 "상인들은 가지고 있는 위험 요소를 잘 알고 있으면서도 보험료를 낮추기 위해 부정적인 정보를 숨기면서 보험 계약을 유리하게 이끌 수 있었다."고 설명했다.

커피 하우스를 열었던 에드워드 로이드는 탁월한 수완을 발휘하여 그곳을 자주 방문하는 해상 무역상들과 보험업계 사람들의 정보

교환을 촉진하는 데 기여했다. 당사자만큼 정보를 많이 가지고 있는 사람은 없다. 해상 무역상들 자신보다 해상 운송의 위험도를 제대로 평가할 수 있는 사람이 어디 있겠는가?

어느 선장이 술을 지나치게 마시는지, 해적들이 먼바다 어디에 주로 잠복하고 있는지 등에 관한 정보는 대부분 보험 고객 당사자들로부터 나왔을 가능성이 크다. 커피 하우스를 드나드는 단골손님들 가운데는 어떤 항해가 위험하고 안전할지를 탁월하게 예측해 내는 사람들도 있었을 것이다. 로이드는 자신이 운영하는 커피 하우스를 이용해서 직접 정보 수집에 나섰다. 그는 가까운 부두를 오가며 최신 항해 정보를 수집하는 정보원들을 고용했고, 다른 항구까지 오가며 그에게 정보를 제공하는 유급 정보원 조직을 만들었다. 그는 커피 하우스 한쪽 끝에 따로 일종의 브리핑 공간을 설치하고 자신이 수집한 정보를 발표했다.

커피 하우스에서 컴퓨터까지

초창기, 커피 하우스에서 오가는 소문에 의존해서 계약을 체결했던 보험업계는 이후 큰 발전을 이루었지만, 그때나 지금이나 적용되는 기본 원칙은 동일하다. 보험사가 고객들이 가진 정보의 우위를 극복하여 위험도가 높은 고객을 미리 가려내지 못한 채 그 결과로 그 고객에 맞춰서 계약 내용을 수정하지 못하고 보험 계약을 체결할 가능성을 줄이기 위해서는 보험사가 가능한 한 고객의 정보를 많이 확보할 수 있어야 한다는 것이다.

자동차보험 업계를 들여다보면 현대의 보험사들이 선택의 결과로 야기되는 문제를 해결하고자 더 나은 데이터를 활용해서 적정한 보험료를 산출하기 위해 어떤 노력을 기울였는지 알 수 있다. 1897년 당시 보험사는 마력으로 표시되는 자동차의 엔진 성능에 근거하여 보험료를 책정했을 뿐, 운전자 개개인의 특성에 대해서는 관심을 두지 않았다. 1908년, 로드아일랜드주는 처음으로 운전자가 도로에서 차를 운전할 능력이 있는지 확인하기 위해 일정한 테스트를 통과한 사람에게만 운전면허증을 발급하는 제도를 도입한 첫 번째 주가 되었다. 그로부터 얼마 지나지 않아, 운전면허를 소지하지 않은 사람은 자동차보험 계약 자체가 불가능하게 되었다. 1950년대 들어서 자동차 소유는 10대 청소년들의 로망이 되었다. 그러나 얼마 지나지 않아 청소년들의 운전 실력이 자동차에 대한 그들의 열정만큼 훌륭하지는 않다는 사실을 알게 되었다. 심지어 1959년에 쓰인 어떤 기사는 자동차를 '청소년들의 흉기'라고 묘사했고, 실제로 같은 해의 통계를 보면, 사망자가 발생한 교통사고 8건 중 1건은 10대 청소년이 한 명 이상 개입되어 있었다. 당연히 10대 청소년들에게 부과되는 보험료는 중년 여성들에 비해 상당히 높게 책정되었다. 다만 당시에는 과정을 이수하면 보험료를 15%까지 감면받을 수 있어 운전자 소양 교육 제도가 상당한 인기를 끌고 있었다.

오늘날은 온라인을 통해 보험에 가입하려면, 상당히 많은 자세한 질문에 답변을 해야만 보험료 견적을 받을 수 있다.

요즘 자동차보험사들은 가입 신청자들이 의무적으로 보험사에 제공하는 정보 덕분에 운전자가 사고를 일으킬 위험도를 매우 정확하게 예측할 수 있다. 빅 데이터 시대가 도래하기 한참 전인 2005년, 비즈니스위크는 지금까지는 가입 신청자들의 데이터만을 기반으로 고객들에게 부과하는 보험료를 3단계로 구분했던 올스테이트사가 이제는 다양한 고객들의 세분화된 특성을 기반으로 보험료를 1,500가지로 구분하고 있다고 보도했다. 이러한 특성들은 속도위반 스티커를 발부받거나 접촉사고를 낸 과거의 기록 못지않게 고객들이 얼마나 신중한지, 혹은 부주의한지, 안전을 얼마나 중시하는지, 아니면 난폭하게 운전하는지를 판단하는 근거가 된다. 물론 보험사가 조사하는 고객의 특성들 가운데는 그들의 신용도처럼 운전의 질과는 관련성이 덜한 것들도 있다. 물론 언론의 과장이 어느 정도 있겠지만, 20세기 초 자동차 엔진의 힘만을 근거로 자동차보험료를 책정할 때보다는 고객들 각자의 특성과 행동 패턴을 분석하여 고객 한 사람 한 사람에 대한 맞춤 보험료를 산정하는 올스테이트사를 비롯한 주요 보험사들의 기법이 훨씬 정교해진 것은 사실이다.

우리는 여러 다른 주에서 자동차보험을 신청해 보았다. 가입 신청서에 상당히 많은 문항의 질문이 있을 것이라고 예상 못 한 것은 아니었지만, 막상 실제로 신청서를 작성하면서 어마어마한 질문의 양과 아주 사소한 것까지 캐묻는 집요함에 크게 놀랐다.

우리가 사고를 당할 가능성이 어느 정도나 되는지를 추측해 보기 위해 우리에게 여러 가지 질문을 던지는 것은 자연스럽고 공정한 게임처럼 보인다. 때문에 그들이 우리의 나이와 성별, 면허증 소지 기간, 그리고 우리가 보유하고 있는 차량에 대한 여러 가지 사항과 차량을 주로 어떤 목적으로 사용하는지, 그리고 그 차량을 함께 사용할 우리 가족들은 어떠한 사람들인지 등을 물어보는 것에는 크게 놀라지 않았다. 또 _{주에 따라 최근 5년 혹은 10년간의} 자동차 사고 이력이나 교통 위반 경력 등을 상세하게 물어보는 것도 그럴 수 있다고 생각했다. 사실 미래에 어떤 일이 일어날 가능성을 추측하는 데 있어서 과거의 행적과 이력은 매우 중요한 자료가 되는 경우가 많다. 지난 몇 년간 속도위반 스티커를 많이 발부받거나 접촉사고를 많이 낸 운전자가 앞으로 몇 년 사이에 사고를 당할 가능성이 높다고 생각하는 것은 자연스럽다.

그러나 질문들 가운데는 가족 가운데 가장 높은 수준의 교육을 받은 사람은 어느 수준까지 학교를 마쳤는가,_{그런데 박사학위를 소지하고 있다는 것이 보험 계약에 그렇게 유리해 보이지 않았던 것은 의아한 일이다.} 거주하고 있는 집이 임대한 것인지 가족 중 누군가의 소유인지 등등 과연 앞으로 교통사고를 낼 가능성을 추정하는 데 무슨 도움이 될지 의아하고 무의미해 보이는 질문들도 많았다. 또 일부 소름 돋는 질문들도 있었다. 스테이트 팜_{State Farm, 미국의 보험사의 하나 - 역자 주} 이 자동차보험의 견적을 내기 위해 최근에 우리가 어떤 교통사고를 당했는지를 알고 싶어 하는 것까지는 이해하겠지만, 왜 그들에게 나의 학창시절 평균학점과 사회보장번호까지 알려주어야 하는가?

보험사들이 이런 것들을 묻는 이유는 당신이 얼마나 비싼 보험에 가입할 수 있는지를 파악하는 데 도움이 되기 때문이다. 보험사가 당신의 운전 이력, 차량의 제조사, 주행거리 등 어떤 정보를 확보하든 간에, 당신이 미래에 보험사에 비용을 얼마나 청구하게 될지를 정확하게 측정하기에는 여전히 많은 불확실성이 존재한다. 그리고 보험사가 주택의 압류나 파산 같은 재정적인 상태, 범죄 기록 심지어 학교 성적 같은 운전과 관련이 없어 보이는 정보를 확보하면 그 불확실성을 줄이는 데 어느 정도 도움이 된다는 것이 정설로 여겨지고 있다. 실제로 우등생이었던 사람들은 그렇지 않은 사람들보다 대체로 미래 지향적이고 신중하다고 여겨지기 때문에 일부 보험사들은 B학점 이상의 평점을 받았던 사람들을 대상으로 '우수학생할인' 서비스를 제공하고 있다.[17]

1990년대 중반 이후, 자동차보험사들은 개인의 신용점수에 관련된 정보를 보험료 책정에 참고하기 시작했다. 물론 주 법률이 이를 허용하는 주에서 가능한 일이었다. 이에 대해서는 뒤에 자세히 살펴볼 것이다. 초창기에는 이런 일은 아주 낯설었고, 이에 대한 거부감도 많았었다. 그래서 과거 운전 경력에 아무런 문제가 없음에도 불구하고 상당히 비싼 보험료를 내야 했던 텍사스에 거주하는 한 여성의 억울한 이야기가 신문에 보도되기도 했다. 알고 보니 그 이유는 이 여성이 8년 전에 '부동산과 관련된 사소한 문제'로 파산신청을 한 적이 있어서였다. 이 기사는 그녀가 파산신청을 한 적은 있지만 실제로 파산한 적이 없었으며, 파산법원의 최종선고가 있기 전까지 그녀에게 날아온, 그래서 그녀가 갚아야 할 각종 청구서를 모두 갚았음에도, 거의 10년 전에 있었던 사소한 오점으로 인해 자동차보험료를 남들보다 많이 내야 하는 것은 부당하다고 지적했다. 보험사는 왜 그녀에게 많은 보험료를 요구했을까? 과거 재정적인 문제를 겪었던 사람들이 그렇지 않은 사람들에 비해 더 많은 자동차보험금을 청구하는 경향이 있다는 통계를 가지고 있기 때문이다. 그렇기 때문에 사고에 직접적인 영향을 미칠 수 있는 운전자의 자질과 재정적 신용도 사이에는 아무런 연관성이 없어 보임에도 불구하고, 신용 관련 기록이 좋지 않으면 자동차보험료가 올라가는 것이다.

효과가 그렇게 좋을까?

독자들도 자동차보험사가 계약자의 과거를 샅샅이 조사하고 관련 정보들을 그들이 특별히 개발한 알고리즘에 입력하면, 계약자가 장차 얼마나 많은 보험금을 청구하게 될지를 계약자 자신만큼이나, 어쩌면 그보다 더 잘 예측할 수 있을 것이라고 상상할지 모른다. 빅 데이터 덕분에 선택으로 인한 문제로 보험시장이 종말을 고할 가능성은 사라졌다고 환호할지도 모른다.

그러나 아직은 아닌 것 같다. 연구자들은 가입자가 보험사에게 자신의 신상정보를 굉장히 많이 제공하고 있고, 보험사 독자적으로 가입자에 대해 많은 별도의 조사 활동을 벌이고 있음에도 불구하고 자동차 보험시장에서 보험사에 불리한 선택이 여전히 가능하다는 증거를 발견했다. 이스라엘에서 행해진 연구를 예로 들어보자면, 같은 보험료를 납부하고도 많은 보장을 받을 수 있도록 설계된 보험에 가입한 운전자는 같은 액수의 보험료를 납부하고도 보장을 덜 받는 보험에 가입한 운전자에 비해 사고를 더 많이 낸다는 것이다. 그리고 다른 여러 나라에서도 이와 비슷한 연구 결과가 나왔다.

게다가 독자 여러분들이 스스로 돌아본다면, 경험이 많은 운전자들일수록 자신에게 매우 유리한, 그러나 보험사 입장에서는 매우 불리한 선택을 한다는 것이 전혀 놀라운 일이 아닐 것이다. 초보 운전자들은 일단 거의 모두 훌륭한 운전자가 아니다. 그리고 더 중요한 것은 그들은 경험도 많지 않아서 자신이 다른 초보 운전자들과 비교해서 보험의 조건이 더 좋은지 나쁜지 확인할 여유조차 없었다는 것이다.

그렇다고 해서 수많은 문항에 응답하여 얻어진 데이터가 쓸데없다는 이야기는 아니다. 실제로 이스라엘에서의 연구에 의하면, 보다 많은 보상을 받을 수 있도록 계약한 사람들은 덜 관대한 보험을 선택한 사람들에 비해 보험 청구액이 세 배나 많았지만, 보험사가 운전자들과 그들의 차량에 관한 정보를 바탕으로 보험료를 조정한 후에는 그 격차가 90% 가까이 줄어들었다는 사실이 확인되었다. 결국 충분하고 구체적인 데이터를 확보하고 잘 개발된 가격 책정 프로그램을 운영함으로써 선택의 결과로 발생하는 부작용을 상당 부분 제거할 수 있었다. 그러함에도 불구하고 여전히 선택으로 인해 문제가 발생할 여지는 남아 있다. 심지어 과거의 운전 관련 기록이 동일한 서로 다른 두 사람 가운데 어떤 이는 자신의 거친 운전 스타일에도 불구하고 사소한 사고도 없었던 것은 그저 운이 좋았을 뿐이라고 생각하여 더 많은 혜택을 주는 보험상품에 가입하는 반면, 스스로 자신이 신중하다고 생각하며 사고가 발생한 것은 그저 운이 나빴기 때문이라고 생각하는 사람은 상대적으로 혜택이 적은 보험에 가입한다.

즉, 데이터 과학 덕분에 보험사는 과거에 비해 많은 이점을 누리고 있지만, 가입 신청자들은 보험사가 모르는, 그러나 자신은 알고 있는 비밀을 여전히 가지고 있다는 말이다. 예를 들어서 이 책의 저자 가운데 한 사람인 에이미는 대학원생 시절 이미 10년째 아무런 흠도 없는 완벽한 운전기록을 가지고 있었다. 덕분에 20대 후반에 처음으로 자신의 차를 장만하고 보험에 가입할 때는 우수한 운전자로 인정받아, 낮은 보험료로 보험에 가입할 수 있었다. 그러나 사실 그녀는 형편없는 운전자였고, 이는 그녀를 아는 사람들은 물론 그녀 자신도 인정하는 바였다. 보험사는 모르지만, 그녀는 그녀 자신에 대해서 알고 있는 것이 있었다. 맨해튼에 살던 그녀가 운전면허증을 취득한 이유는 일종의 신분증으로 활용하기 위해서라도 면허증을 따라는 어머니의 요구에 따른 것이었고, 평행 주차나 방향지시등 조작 등 면허증 취득에 꼭 필요한 몇 가지만 배워서 면허시험에 통과했다. 어머니가 시키는 대로 면허를 따기는 했지만, 10년 동안 거의 운전을 하지 않았고, 평행 주차와 비스듬한 주차가 어떻게 다른지조차 기억이 희미할 정도였고, 실제로 해보라고 하면 제대로 할 수 있을지조차 장담하기 어려울 정도였다. 하여간 기왕 자동차를 구입한 만큼 별 탈 없이 운전하기를 기도해야 하는 수준이었다.

에이미는 보험사가 예측했던 것보다는 훨씬 위험한 고객이었고, 보험사 입장에서는 매우 불운한 경우에 해당한다. 그러나 개인정보가 보험 계약에 반대의 영향을 주는 경우도 있다. 리란은 그녀의 큰 아들인 쉴리가 집에서 자동차로 약 10분 정도 떨어진 곳인 스탠포드에 있는 대학에 입학했음에도 가족들을 위한 자동차보험료가 내려가지 않는다고 크게 불만을 터뜨렸다. 쉴리가 가족들이 함께 사용하는 차를 운전하는 일은 절대로 없을 것이니 운전자가 한 사람 줄어든 만큼 보험료도 내려가야 한다는 것이다. 실제로 가족회의를 통해 차남인 얄리만 가족들이 함께 사용하는 차를 운전하기로 굳게 합의를 봤다는 것이다. 그러나 보험사의 내부 규정은 자녀가 대학에 진학하더라도 학교와 집 사이의 거리가 100마일 이내라면 여전히 운전자의 한 사람으로 간주해야 한다는 것이었다. 때문에 리란은 두 명의 십 대 청소년 아들 가운데 가족 소유의 자동차를 운전하는 사람은 한 사람뿐이지만, 실제로는 두 명 모두 운전한다는 가정 아래 산정된 보험료를 납부하는 수밖에 없었다.

에이미와 리란의 이야기는 다소 특별한 사례일 수는 있다. 그러나 우리 모두에게는 자신만의 특별한 점이 있기 마련 아닌가? 보험사들이 가입 희망자들의 운전 이력 속에서 그 사람만의 특이한 점을 찾아내기는 어렵다. 에이미의 운전 기록은 흠잡을 데가 없었다. 문제는 그녀가 10년 동안 운전한 거리가 몇 마일이나 되는지를 기록을 통해서 확인할 방법이 없다는 것이다. 그렇다고 지금까지 운전한 거리가 어느 정도 되느냐고 묻는다고 해도 누가 그걸 기억하고 있겠는가? 심지어 뉴욕 같은 대도시에 살면서 면허증을 소지하고도 10년씩이나 운전하지 않는 괴상한 사람이 있으리라고 누군들 생각했겠는가?

예를 들어서 당신이 보험사를 올스테이트에서 프로그레시브로 바꿔 가입한다고 해도 자동차 보험료율이 백지상태에서 책정되지는 않는다. 공공기관에서 당신의 사고 기록을 관리하고 있기 때문이다. 프로그레시브 측은 당신의 사고 이력을 쉽게 확인할 수 있고, 만일 당신이 관련된 사항을 거짓으로 답변했다면 금방 알 수 있다. 경제학자인 알마 코헨Alma Cohen은 우리에게 공공기관이 관리하는 이러한 기록이 얼마나 중요한지 알려준 인물이다. 그는 이스라엘 정부가 정부 차원에서 교통사고 기록을 관리하기 전에 이스라엘의 자동차보험 가입자들이 어떻게 행동했는지를 살펴보았다. 고의가 아닌 자연스러운 기억의 오류 탓인지, 선택적인 거짓 진술 탓인지는 알 수 없으나 보험 가입자들은 과거 사고 경력을 실제의 75% 정도로 축소해서 진술했다. 그들은 현재의 보험사가 자신의 사고 이력을 알고 있기 때문에, 새로운 보험사를 찾아서 처음부터 다시 시작하고 싶어 했다. 이는 실제로 있었던 일이다. 코헨이 조사한 바에 따르면 과거 보험금 청구 이력이 많은 사람들, 즉 사고를 자주 일으킨 사람일수록 자신의 이러한 이력을 알고 있을 리 없는 새로운 보험사를 찾아 보험을 계약하려는 경향이 있다는 사실을 확인했다. 즉 다른 보험사를 찾아서 '기록으로부터의 도피'를 시도한 것이다.

그러나 공공기관에서 사고 기록을 통합해서 관리하는 미국 같은 나라의 경우 보험사는 이 기록들을 이용해 운전의 위험도와 관련된 고객의 특성을 파악하여, 그가 사고를 낼 위험성이 얼마나 높은지 90% 정도는 예측할 수 있다. 그러나 고객이 자신만 알고 있는 무언가를 바탕으로 한 선택에 의해 예상치 못한 상황이 발생할 가능성은 여전히 존재한다.

보험 계약이 거부되는 경우

보험사는 고객들의 의도된 선택으로 인한 예기치 못한 손해를 입을 가능성을 제거하기 위해 고객들에 관한 많은 정보를 입수하려 노력하지만, 충분한 정보를 입수하는 데 실패한 경우, 아예 보험 가입을 거부하기도 한다. 실제로 많은 신청자들이 보험사로부터 보험 가입을 거부당한다. 다른 말로 하면, 보험시장은 모두에게 열려 있는 시장이 아니라는 것이다. 실제로 상당히 많은 사람들은 아무리 많은 보험료를 내겠다고 해도 보험 가입을 거부당한다.

보험 가입 자체를 거부당할 만큼 좋지 않은 조건을 갖춘 사람이 얼마나 되는지 계산해 내는 것은 별로 어렵지 않을 것이라고 생각하는 사람들도 있겠지만, 실제로는 그렇지 않다. 보험 가입 신청 건수 대비 계약 체결 건수를 살펴보면 간단할 것이라고 생각하겠지만, 자신이 가입 신청을 해도 거부될 것이 뻔하다고 생각하여, 아예 가입 신청조차 포기한 사람들이 얼마나 되는지 알 수 없기 때문이다.

경제학자인 네이선 헨드렌Nathan Hendren은 이 문제를 풀어낼 방법을 논문으로 발표해서 박사학위를 받았다. 그는 여러 보험사들이 종신보험이나 장애보험, 장기요양보험 신청자들의 가입을 거절할지를 또는 포기를 종용할지 결정하는데 사용하는 지침서를 입수했다. 이들 지침서에 따르면 뇌졸중 경력자는 자동적으로 생명보험이나 장기요양보험 가입을 거절당하게 되어 있었다. 과거 이미 요양원에 거주했던 적이 있는 사람도 장기요양보험 가입을 거부당하게 되어 있었다. 또 특정 질병을 앓았던 경험이 있다면 경우에 따라서 보장 가능 범위가 제한되기도 했다. 식도암의 경우에는 마지막 치료일로부터 4년 이상 경과했다면 아무런 문제가 되지 않는다. 또 보험영업 담당자나 자문 의사의 재량에 맡기는 경우도 있었다. 예를 들어서 식도암의 경우, 지난 한 달 또는 1년 동안 체중이 감소했다면 그 원인이 무엇인지 정확하게 파악되지 않아도 담당자 재량으로 가입을 거부할 수 있었다.

헨드렌은 55세 이상의 수천 명의 미국인을 대상으로 설문조사를 벌여 어느 정도 나이가 든 미국인들의 건강에 관한 상세한 내용을 파악하고, 이들에 대해 이미 확보한 보험사들의 가입 거부 기준을 적용해 보았다. 조사 대상자 각자가 진술한 건강 정보를 근거로 보험 가입을 거부당할 것이 확실해 보이는 사람, 가입하는 데 문제가 없을 것으로 보이는 사람, 그리고 경계선상에 놓여 판단이 애매한 사람들로 분류해 본 것이다. 이런 분석 결과를 바탕으로 헨드렌은 보험에 가입하고 싶어도 가입을 거부당할 미국인들이 무시할 수 없을 정도로 많다는 결론에 도달했다. 그는 조사 대상으로 삼은 사람들에 대한 결과를 가지고 30% 정도는 장기요양보험 가입 부적격자이며, 20% 정도는 생명보험 가입을 거부당할 것으로 추측했다. 반대로 장기요양보험 가입을 거부당할 가능성이 거의 없다고 판단되는 비중도 30%였고, 생명보험의 경우도 20%였다. 이러한 결과만으로 판단하자면, 미국인들 가운데 가입이 거부될지, 허용될지 판단하기 애매한, 이른바 경계선 주변에 위치하고 있는 사람들이 엄청나게 많다는 이야기가 된다.

그렇다면, 보험 가입을 거절당하는 것은 드문 일도 아니고 심지어 특별한 일도 아니다. 55세 이상의 미국인들에게는 너무나 흔한 일이다. 이는 사람에게만 국한된 일은 아니었다. 헨드렌이 연구한 것은 아니지만, 우리는 이미 개의 치아가 지나치게 길거나 건강에 특정한 이상이 있다는 이유만으로 반려동물보험 가입을 거절당하는 경우를 흔하게 보아 왔다.

이런 현상에 대해서 독자 여러분은 "그거야 당연하지! 이미 병든 사람의 보험 가입을 어떻게 받아준단 말인가?"라고 생각할지 모른다. 이에 대해서 이렇게 반문할 수도 있다. 가입을 거부하는 대신 장차 그가 상당히 많은 액수의 보험금을 청구하게 될 것을 충분히 감안하여 보험료를 높이면 어떨까? 사실 뇌졸중을 겪은 사람들이라고 해서 모두 같지는 않다. 어떤 사람은 누군가의 도움 없이 여생을 보낼 수도 있고, 여러 해 동안 양로원에서 보살핌을 받아야 할 경우도 있다. 노년에 장기간 요양원에서 생활하게 되면 엄청난 재정적 부담이 든다. 보험료를 충분히 높여서 이들의 보험 가입을 받아주면 이들도 미래의 재정적 위기를 덜 수 있는 충분한 보험금을 받을 수 있지 않을까?

그러나 그들은 보험 가입 자체를 거부당한다. 보험사는 보험료를 높여서라도 그들의 보험 가입을 받는 방안을 전혀 고려하고 있지 않다.

사실 현대사회에서 보험사가 암 환자나 뇌졸중 환자에게 장차 필요한 의료비를 계산해 내고 그에 맞는 보험료를 책정하는 것은 별로 어려운 일이 아니기 때문에, 보험 가입 자체를 거절당하는 현재의 상황을 납득하기는 어렵다. 빅 데이터 시대에도 이런 문제를 해결하지 못하는 이유가 뭘까? 가입 희망자의 이미 존재하는 조건에 맞춰서 보험을 팔면, 가입자와 보험사 모두 이익이 아닌가? 그러나 연구 결과, 이 골치 아픈 선택의 문제는 보험사가 단순히 환자의 병원 기록을 입수한다고 해서 해결될 일이 아니고, 잠재적 고객의 영혼까지 읽을 수 있어야 한다는 것이 밝혀졌다. 이 말이 언뜻 이해가 가지 않는다면 헨드렌의 연구를 좀 더 자세히 들여다볼 필요가 있다.

우리는 헨드렌의 연구에서 이 의문에 대한 답을 찾을 수 있었다. 그는 생명보험사가 가입자에 관한 온갖 정보들을 수집하고 있지만, 그러함에도 불구하고 건강상의 어려움을 겪고 있는 사람들은 보험사들이 단순한 질병력 확인이나 의학적 검사 정도로는 찾아낼 수 없는 미래의 의료비용에 영향을 미치는 무언가를 알고 있다고 주장했다. 결과적으로 그들의 미래를 돌보는 데 필요한 의료비용은 대개 보험사가 예측한 것보다 늘어나기 마련이고, 보험 가입 당사자는 이 비용이 어느 정도가 될지에 대하여 보험사보다 항상 훨씬 더 많은 것을 알고 있다. 그리고 바로 가입자 자신만 아는 정보는 확인된 조건에 맞춰서 설계된 보험시장에 위협을 주게 된다.

헨드렌의 이론을 이해하기 위해 극단적인 경우를 생각해 보자. 치료하면 병의 진행은 조금이나마 늦추겠지만, 근본적인 치료는 불가능하고 치료 자체가 상당히 고통스럽고 비용도 엄청난 화학요법을 쓸지 말지를 고민하는 말기 암 환자를 생각해 보자. 필자들이 이 경우에 처하게 되면 어떻게 할지 우리도 잘 모르겠다. 건강 상태가 매우 양호한 50대에 속하는 필자들은 그런 상황을 진지하게 생각해 본 적도 없고, 비용 대비 효과가 어느 정도인지 따질 근거도 충분하지 않다. 치료가 얼마나 고통스러울지도 알지 못하고, 병세가 어느 정도일 때 치료를 스스로 포기해야 할지도 깊이 생각해 본 적이 없다.

그러나 현재 암에 걸린 환자라면, 현재 자신이 처한 상황에서 사용할 수 있는 치료법은 어떤 것들이 있고, 치료를 받았을 때 생존 가능성이 얼마나 더 높아지는지 등에 관해 우리보다는 훨씬 많은 것을 알고 있을 것이다. 그들은 많은 생각을 거친 후에 그들 나름대로 각자 다른 결정에 도달할 것이고, 그 결과는 보험금을 지급하기로 동의한 보험사의 재정 지출에 영향을 미친다.

그렇다면 비슷한 진단을 받은 각기 다른 암 환자에게 보험 혜택을 제공해야 하는 보험사가 직면하는 문제를 생각해 보자. 보험사가 가지고 있는 통계자료만 보면 두 사람은 거의 비슷한 상황인 것처럼 보이지만, 자신의 암을 치료하는 문제에 대해서 두 사람의 생각은 크게 다를 수 있다. 어떻게든 가능한 치료를 모두 받고 싶어 하는 사람이 있는 반면, 길고 고통스러울 것으로 예상되는 싸움을 피하고 싶어 하는 사람도 있을 것이다. 그러므로 동일한 병을 앓고 있고, 그 병세가 비슷하다고 해도 사람마다 예상되는 치료비는 크게 달라질 수밖에 없다.

그러므로 보험사가 지출하게 될 비용의 차이는 가입자 각자의 건강 상태보다는 가입자가 치료에 얼마나 적극적인 의지를 가지고 있는가에 달려 있고, 이는 보험사가 관찰하고 예상할 수 있는 것이 아니다. 결과적으로 보험시장은 우리가 2장에서 살펴본 것과 비슷한 상황을 겪게 된다. 보험에 가입한 사람들 가운데서도 가능한 많은 서비스를 받을 수 있도록 설계된 보험에 가입하는 사람일수록 장차 어떤 병에 걸리면 여러 가지 치료를 적극적으로 받으려고 할 것이다. 반면 힘들고 비용이 많이 드는 치료를 거부할 것으로 추정되는 사람은 보험에 가입하지 않거나 제공받을 수 있는 서비스를 줄이더라도 보험료가 낮은 보험에 가입하려고 할 것이다. 그러므로 보험사들은 예상보다 많은 비용을 지출하게 될 것이고, 이로 인해 발생하는 손실을 만회하기 위해 보험료를 올린다면, 결국 앞에서 여러 번 살펴본 악순환에 빠지게 될 것이다.

핸드렌의 주장에는 두 가지 중요한 사항이 있다. 하나는 그가 말한 것처럼 보험사가 건강한 사람을 대하는 방법은 하나이지만, 아픈 사람들 대하는 방법은 사람마다 다르고 매우 다양하다는 것이다. 때문에 암, 심장 질환 등을 치료하는데 얼마나 많은 돈이 들지는 누구도 미리 예측할 수 없고, 보험사가 감당할 수 없는 전혀 예측하지 못했던 상황도 돌발적으로 일어난다. 운이 꽤 좋다면, 심장마비 환자도 약을 잘 복용하고, 식단도 잘 조절하고 규칙적으로 운동을 하는 것만으로도 건강을 충분히 회복하고 병원 신세를 지지 않고 잘 살 수 있다. 그러나 같은 심장마비 환자라도 치료에 상대적으로 덜 성실하게 임하는 사람은 입퇴원을 반복하고, 수술도 여러 번 받게 되고, 결과적으로 수십만 달러에 달하는 치료비를 지출하게 될지도 모른다. 마찬가지로 보험사는 적극적인 치료를 원하지 않는 암 환자에게는 큰 비용을 지출하지 않아도 되지만, 다양한 항암 요법을 받으면서 적극적으로 치료에 임하는 사람에게는 한 달에 수만 달러에 달하는 비용을 지출해야 한다.

두 번째는 심장병이나 암을 앓고 있는 사람들은 자신들에게 들어갈 의료비가 얼마나 될지에 대해서 건강한 사람들보다 훨씬 많이 그리고 정확하게 알고 있다는 점이다. 헨드렌의 모델에 의하면, 환자가 장차 자신에게 얼마나 많은 치료비가 필요할지 명확하게 예측하고 있고, 병원비로 많은 돈을 쓰지 않을 것으로 보이는 사람들이 보험 가입을 외면하게 되면, 보험시장은 흔들리게 된다. 블루 크로스Blue Cross; 미국의 노동자들과 그 가족들을 위한 건강보험조합 – 역자 주가 회원들이 과거에 암에 걸린 적이 있는지는 쉽게 알 수 있지만, 그 사람들이 호스피스에 관심이 많을지, 반대로 집중적인 항암 화학 치료를 적극적으로 받으려 할지는 미리 알아내기 어렵다.

헨드렌이 그의 박사 논문에서 보험 가입 거절에 관한 문제를 이론적으로만 주장한 것은 아니다. 그는 자신의 이론을 아주 영리한 방법으로 검증해 냈다. 그가 설문 대상자들에게 제시한 질문지에는 앞으로 10년 이상 생존할 가능성 등 그들이 자신의 미래를 어떻게 생각하는지를 파악할 수 있는 질문들도 많이 포함되어 있었다.

헨드렌은 설문 대상자들 가운데 이미 지병을 가지고 있어서 보험에 가입하기 어려운즉 거절당할 것이 분명한 사람들도 자신의 미래에 관해서는 의외로 낙관하고 있다는 것을 확인했다. 자기 자신에 대한 그들의 예측은 보험계리사들이 나름대로 예측 모델을 활용하여 예측한 결과와는 많이 달랐다. 보험사들이 자신들이 통계만으로는 읽어낼 수 없는 부분까지 파악하기 위해 사람의 마음까지 읽어낼 수 있는 능력을 가진 사람들을 고용할 수 있다면 모르겠지만, 아직까지는 보험사가 미처 파악하지 못하는 개인정보가 분명히 있기 때문에, 암이나 심장마비 같은 질병력을 가진 사람들의 보험 가입을 받아주기는 어렵다.

여기서 독자들은 어떤 사람들은 아무리 보험료를 많이 낸다 해도 보험 가입 자체를 거부당하는 반면, 어떤 사람들은 보험사의 관점에서 악성 고객들에게도 보험 서비스를 제공하는 보험사를 용케 찾아내서, 상당히 비싼 보험료를 내고 보험에 가입하는 경우도 있다는 것을 알고 의아해할 수 있다. 보험은 고객으로부터 얼마나 많은 보험료를 받아낼 것인가와, 반대로 고객을 위해 얼마나 많은 돈을 지출해야 할 것인가를 놓고 선택을 통해 경마경기 같은 경쟁을 벌이는 것이다. 백혈병 등 일부 질병의 발생을 예측하는 데는 개인정보가 매우 중요하기 때문에, 보험사는 이런 질병은 보험금 지원 대상 질병에서 제외하는 경향이 있다. 반면, 식도암 같은 다른 질병의 경우, 보험사가 고객 각자가 자신만 알고 있는 개인정보에 의존하지 않고도 대체로 발생 가능성을 예측할 수 있다.

당신만의 비밀

빅 데이터로도 결코 밝혀낼 수 없는 비밀들이 있다. 많은 사람이 가지고 있는 기술에 대한 신뢰와 낙관에도 불구하고 기술만으로는 도저히 밝혀낼 수 없는 비밀들이 있다. 낙관론자들은 더 크고 더 나은 컴퓨터와 알고리즘이 개발되면 앞으로는 상당히 내밀한 정보까지도 무료로 혹은 아주 싼 가격에 얻을 수 있다고 주장하기도 한다. 때로는 그들의 예측이 실현되기도 하고, 실제로 많은 사람이 신기술의 미래를 낙관하며 기대를 걸고 있다. 그러나 또 다른 사람들은 신기술의 발전에도 불구하고 신기술이 보험업계에 미치는 영향은 제한적일 것이라 판단하고 보험업계의 문제를 완전하게 극복할 수 없는 만큼 보험료를 조금 많이 내게 될 것이라고 생각한다.

운전 실력은 형편없었지만, 운전 자체를 하지 않았기 때문에 무사고 운전자 대접을 받던 에이미의 비밀로 돌아가 보자. 그녀가 앞으로도 운전은 남편에게 맡기거나 자동차를 타는 대신 자전거만 타고 다닌다면 그녀에게 낮은 보험료를 부과해도 아무 문제가 없을 것이다. 그러나 그녀가 보험 가입 후부터 직접 차를 몰고 통근하기 시작한다면 어떻게 될까? 보험사의 관점에서 에이미는 아직까지 모범적인 운전자이다. 이는 티끌 같은 흠결조차 없이 완전무결한 그녀의 운전 기록이 입증하고 있다. 그러나 에이미는 머지않아 자신이 여러 가지 이유로 보험사에 보험금을 청구하게 될 것이고, 이에 따라 보험료도 달라질 것이라는 것을 알고 있다.

에이미의 위험도를 제대로 판단하지 못하여 일어나는 문제를 해결하기 위해서는 언뜻 보기에는 주행거리에 비례하여 보험료를 책정하는 방법이 그럴듯해 보인다. 이는 결코 새삼스러운 생각은 아니다. 경매 모델에 관한 연구로 노벨 경제학상을 수상한 경제학자인 윌리엄 비클리William Vickrey는 이미 1968년에 마일지리 자동차보험의 이점을 열거하며 그 필요성을 역설한 바 있었다. 당시 그의 주장은 이론적인 설득력은 있었지만, 실제로 보험 현장에서는 잘 사용되지 않았다. 과거에는 마일리지 자동차보험이 현실에 맞지 않았을 수도 있고 주행기록계의 수치를 확인하기 위해 정기적으로 생산사나 공신력 있는 기관의 검증을 받아야 하는 불편함도 있었다. 비용도 많이 들고 번거롭기도 한 일이었다. 아무리 건강이 중요하다지만 매월 건강 진단을 받아야 한다면 느끼게 될 번거로움이나 마찬가지다. 정보를 정확하게 파악할 수는 있지만 비용과 번거로움이 더 컸다.

그렇다면, 예전에는 그럴 수밖에 없었다 하더라도 오늘날도 마일리지 자동차보험이 생각보다 흔하지 않은 것은 어떻게 설명해야 하는가? 지금은 운전 기록 장치를 차량에 설치하고 자동차 안에 장착된 컴퓨터와 연결해서 주행거리뿐 아니라 언제 어디를 지나쳤으며, 얼마나 조심스럽게 운전했는지 알 수 있다. 제한속도를 몇 차례나 초과했는지? 브레이크는 얼마나 자주 밟는지? 주변에 차량이 많기 때문에 충돌이나 접촉사고가 발생할 가능성이 높은 러시아워에 운행했는지, 정오 무렵에 운행했는지? 아니면 졸음운전의 가능성이 있는 새벽 두 시에 운전했는지? 이런 것까지도 확인할 수 있다.[18] 운전 기록 장치를 장착하면 보험사나 운전자 모두가 올바른 선택을 하는 데 도움이 된다. 보험사는 운전 거리가 긴 사람이나 러시아워 시간대에 운전이 많은 사람에게 높은 보험료를 책정하여, 잘못된 선택으로 입을 수 있는 피해를 줄일 수 있고, 운전자는 보험료를 낮추거나 안전을 위해 스스로 감속 운전을 하거나 가급적 붐비지 않는 시간대에 운전하게 될 것이다.[19]

운전 기록 장치는 자동차 사고의 위험 가능성에 영향을 미칠 수 있는 정보를 고객 자신만 알고 있을 가능성을 완전히 제거하지는 못하겠지만, 상당히 줄일 수 있는 매력적인 방법으로 보인다. 그래서 보험사들은 신규 고객들뿐 아니라 기존 고객들까지도 운전 기록 장치를 사용하도록 독려했다. 프로그레시브사는 1998년까지 스냅샷 프로그램Snapshot Program : 특정한 시간이 되면 데이터 저장장치의 상태를 별도의 파일이나 이미지로 저장하는 기술로 에러가 발생하거나 시스템에 문제가 생기면 가장 최근에 저장된 상태로 데이터를 복원할 수 있다. - 역자 주을 사용했다. 이후 모든 주요 보험사들이 앞다투어 프로그레시브를 따라 했다. 그들은 고객이 보험사에 데이터를 제공하는 대가로 보험료를 할인해 주는 서비스를 운영했다. 메트로마일Metromile이나 쿠바Cuvva 같은 기술 스타트업 업체들은 기존의 자동차 보험업계의 요금체계 파괴를 선언하면서 일별, 마일별 요금체계나 무사고 여부를 요금과 연동시키는 새로운 요금체계를 들고 나왔다.

그러함에도 불구하고 업계는 생각만큼 크게 변하지 않았다. 2018년을 기준으로 보면, 주행거나, 운전의 질 등 운전자의 기록을 토대로 보험료를 책정하는 상품이 미국 자동차보험 시장에서 차지하는 비중은 5% 정도였다. 물론 거의 0%에 가까웠던 십여 년 전에 비하면 훨씬 높다고 할 수 있지만, 시장을 지배하고 있다고 보기에는 턱없이 부족한 수치이다.

온라인상의 주요 논평에 따르면, 그 이유는 자신이 그렇게 나쁜 운전자가 아님에도 불구하고, 별것도 아닌 이유로 의외로 높은 보험료가 책정될지 모른다는 걱정을 운전자들이 하기 때문이라는 것이다. 요금 설정 알고리즘으로 인해 상당히 훌륭한 운전자임에도 불구하고 보험료가 높이 책정되는 일이 실제로 벌어지거나, 벌어지지 않는다고 하더라도 사람들이 그런 일이 일어난다고 믿고, 그렇게 소문이 난다면, 적지 않은 운전자들이 이러한 보험금 체계를 꺼릴 수 있다. 즉, 빅 데이터가 우리가 기대했던 것만큼 똑똑하지 않을 수도 있다는 것이다. 이 문제에 관해서 미국의 소셜 미디어 가운데 하나인 레딧에 다양한 의견들이 올라와 있다.

"룸메이트가 프로그레시브사의 자동차보험에 가입하고 나서 보험료가 엄청나게 올랐다. 그는 브레이크를 밟을 때 좀 거칠게 밟았던 것 같고, 그럴 때마다 운전기록 장치에서 경보음이 울렸다. 나는 경보음이 울릴 때마다 보험료 올라가는 소리 들리네?라고 말하며 놀렸고, 우리는 그때마다 웃곤 했었다. 그러나 막상 보험료 청구서를 받고 보니 웃고 넘어갈 상황이 아니었다."

선택과는 무관하지만 더 심각한 문제가 있다. 대부분의 고객이 보험사나 또 다른 누군가가 자신의 일거수일투족을 감시하는 것 같아 소름이 끼친다며 운전 기록 장치를 자신의 차량에 장착하는 것을 꺼린다는 것이다. 두 명의 경제학자들이 미국의 한 주요 보험사의 보험 가입자를 대상으로 행한 연구를 통해 운전 기록 장치를 장착하면 보험료가 7% 절감되는 효과가 있음을 확인했음에도 불구하고, 자동차

보험에 가입한 사람들의 20%만이 이 장치를 차량에 장착한 이유는 그렇게 설명할 수 있다. 2016년에 퓨 리서치 센터Pew Research Center; 미국의 여론조사기관 - 역자 주가 행한 여론조사에 따르면 미국인의 45%는 보험사가 보험료를 할인해 주는 조건으로 운전 기록 장치 장착을 요구한다면 거절하겠다고 답했다. 반면 받아들이겠다고 답한 사람은 37%였는데 이는 최근의 시장점유율 5%보다는 훨씬 높았다. 거절하겠다고 답한 사람 중 일부는 자신의 운전 스타일이 미친 사람처럼 거칠기 때문에 할인 서비스를 오래 받을 수 없을 것 같아 거절할 것이라고 대답한 반면, 대다수는 조지 오웰의 소설《1984년》과 같은 감시를 받는 것 같아서 거부감이 들기 때문이라고 답변했다.

　물론 시간이 갈수록 운전자들은 보다 안전한 사회를 만들기 위한 감시경제surveillance economy 시스템에 익숙해질 것이다. 지금도 구글과 애플을 포함한 몇몇 거대 기업들이나 집단들이 휴대전화 데이터와 연동하여 우리의 움직임을 상당히 깊이 추적할 수 있다. 그렇다면 올스테이트 사가 우리의 행적을 알고 있다고 해서 뭐가 문제인가? 그러나 적어도 현재까지는 고객들이 보험사가 빅 브라더처럼 자신의 운전을 일일이 감시하는 것을 불편해하고 있고, 그 때문에 보험사들은 더 나은 정보를 확보하여 선택과 정보의 불균형에서 오는 문제를 해결하는 데 어려움을 겪고 있다. 아무리 괜찮아 보이는 사업 모델이라도 고객이 받아들이지 못하면, 결국 사업에 도움이 되지 않는다는 말이다. 즉 고객의 행태에 기반을 둔 보험은 아직은 시기상조인 것 같다는 이야기다. 또 기업도 어떤 사업 모델이 사업에 도움이 될 것 같지 않다면, 그것이 선택의 결과로 발생하는 문제를 해결하는 데 도움이 된다고 해도 그것을 채택할 수 없다.

결국 보험사들은 법적인 제약이 없는데도 고객들에 관해 알아낼 수 있는 것을 충분히 알아내고 활용하지 못해, 보지 않아도 될 손해를 볼 수 있다는 의미이다. 또 보험료를 책정하는데 온갖 것들을 다 반영하는 것이 불공정해 보일 수도 있고, 과하게 느껴질 수도 있다. 이런 경우 보험사들은 고객들과의 불편한 관계로 인해 발생하는 비용이 더 많은 정보를 확보하여 선택의 우위에 섬으로써 얻을 수 있는 이익보다 크다고 생각하여 현존하는 선택의 문제가 지속되도록 방치할 수 있다. 따라서 보험사들은 고객에 대해 더 많은 것을 알아낼 수 있더라도, 고객들에게 '섬뜩해하지 마세요'라는 메시지를 주는 것이 사업에 더 나을 것으로 판단하여, 선택으로 인한 문제를 그대로 놔둘 것이기 때문에, 보험사가 겪는 문제는 보험시장에서 상당 기간 계속 존재하게 되는 것이다.

자신만 아는 정보의 제공을 거부하는 것

다시 앞의 에이미의 사례로 돌아가 보자. 만일 에이미가 그녀의 차량 내에 탑재된 컴퓨터를 올스테이트사와 연결하기를 거부한다면 보험사는 그녀가 주행거리가 얼마나 되는지, 브레이크는 얼마나 급하게 밟는지 등을 알아낼 방법이 없다. 이와 반대로 보험사들이 우리 같은 보통 사람을 포함하여 마음만 먹으면 누구나 아무런 법적 제한이 없이 쉽게 접근하고 활용할 수 있는 데이터를 사용하지 않는 경우도 있다.

에이미는 지도교수인 짐 포터바와 함께 이런 사례 중 하나를 연구했다. 그들은 영국의 연금시장과 관련한 자료를 분석해봤다. 이미 3장에서 본 것처럼 연금에 가입한 65세 노인이 1년 안에 사망할 가능성은 연금에 가입하지 않은 같은 나이의 노인이 1년 안에 사망할 가능성의 절반밖에 되지 않는다. 분명히 말하자면 누군가가 1년 이내에 사망할 가능성을 추정하고자 할 때, 우리는 그들의 성별이나 연령 말고도 충분히 많은 자료를 쉽게 얻을 수 있다. 예를 들어서 그들이 암에 걸린 적이 있는지, 담배는 피우는지, 가족 중 심장 질환을 앓은 사람이 있는지 등 많은 사항을 쉽게 알 수 있다.

짐 포터바와 에이미는 자신들이 확보한 데이터에서 이런 것들을 발견했다. 부유하고 교육을 잘 받은 사람들이 더 오래 살고, 교육 수준과 부유한 정도에 따라 함께 어울려 사는 이웃도 다르다는 것은 누구나 쉽게 알고 있는 사실이다. 그러므로 보험사가 연금보험 계약자 이웃들의 교육 수준과 생활 수준을 살펴본다면, 단지 연령과 성별만을 근거로 예측하는 것보다 계약자들의 특정 기한 내 사망 가능성을 더 정확하게 예측할 수 있을 것이다. 예를 들어서 같은 65세의 노인이라 하더라도 고등학교 졸업 이상의 학력을 가진 사람들이 많지 않은 동네에 거주하는 사람은 반대로 교육 수준이 매우 높은 사람들이 사는 동네에서 사는 사람에 비해 1년 안에 사망할 가능성이 높다고 추측할 수 있다는 것이다. 에이미와 짐은 교육 수준이 낮은 동네 출신 가입자에게 보험료를 할인해 주더라도 가입을 유치하는 것이 수백만 파운드 이상의 추가 이익을 창출할 수 있다는 것을 확인했다. 중요한 것은 가입자의 주변 생활 환경은 연금보험 상품을 운용하는 회사가 맘만 먹으면 쉽게 알아낼 수 있는 정보라는 것이다. 일단 연금보험 계약을 하려면 가입자는 자신의 주소를 보험사에 정확히 알려야 한다. 그래야 훗날 연금을 수표로 받을 수 있다. 온라인 송금이 활성화되기 전인 불과 20~30년 전만 해도 미국과 유럽에서는 수표를 우편으로 주고받는 일이 매우 흔했다. - 역자 주 물론 고객의 기대수명을 예측하려 한다면 이웃들의 교육 수준보다 고객 자신의 교육 수준을 아는 것이 더 중요하다고 생각할 수 있다. 그러나 고객이 진술한 고객의 학력은 허위진술의 가능성이 있어 보험사가 검증을 위해 따로 수고해야 한다. 반면 동네의 특성은 특별한 노력 없이 누구나 확인할 수 있기 때문에 에이미와 짐은 보험료 책정에 이웃의 교육 수준을 활용하는 방법에 초점을 맞춰서 연구를 진행했다.

에이미와 짐이 사망률 표를 만들기 위해 사용할 수 있는 정보는 대중에게 이미 공개되어 마음만 먹으면 누구나 얻을 수 있는 정보였다. 연금보험료를 책정하기 위해 고객이 사는 동네에 관한 정보를 활용하는 것에는 법적 제약이 없었다. 더 정교하게 예측하기 위해서 동네보다 더 좁은 단위의 지리적 정보를 활용할 수도 있었다. 그들은 연구를 통해 보험사가 연금을 계약할 때 완전히 합법적이고 쉽게 얻을 수 있는 공개된 정보만 충분히 활용해도 수익을 크게 늘릴 수 있는 점을 확인했다.

그렇다면 왜 보험사는 이렇게 쉽게 얻을 수 있는 정보를 활용하지 않아 스스로 수익성을 낮추었을까? 1700년대로 돌아가면, 지금보다는 정보가 훨씬 부족했고, 계리학은 걸음마 단계였기 때문에, 연금보험료의 책정이나 그 밖의 선택적 시장과 관련된 상품에 위험 요소를 반영하기 어려웠을 것이라고 생각할 수 있다. 실제로 연령별 사망률 예측에 체계적으로 접근한 것은 에드먼드 핼리가 사망률 표를 발표했던 1603년이 처음이었다. 에이미와 짐은 이제는 인터넷에 접속하기만 해도 온갖 정보를 쉽게 접할 수 있기 때문에 보험사가 마음만 먹는다면 이를 활용하여 보험 계약에 반영하고, 보험상품의 수익성을 높일 수 있다고 강조했다.

경제학자들은 비즈니스의 주체들은 자신의 이익을 극대화하기 위해 노력하는 속성이 있다고 전제하는데 이는 비현실적인 가정은 아니다. 그렇다면 그들은 이익을 극대화하기 위해 누군가에게 무엇을 주어야 하는가? 이 질문에 답하려면, 공정한 가격을 책정하기 위해 무엇을 가격에 반영해야 하는가를 생각해 볼 필요가 있다. 앞으로 다루어보겠지만, 만일 윤리적 우려를 극복할 수 있다 해도, 윤리학자가 아니라 경제학자인 우리 연구진은 보험사가 보험료를 책정할 때 가능한 한 모든 요소를 다 반영하라고 요구하지 않을 것 같다. 그 이유는 처음부터 유전적 질병을 가지고 태어났다든가, 너무 젊은 나이에 심장마비가 나타나는 가족력 등으로 인해 발생할 수 있는 위험에 대비하여 보험에 가입하는 것을 불가능하게 할 것이기 때문이다.

공정하지 않은 가격 책정

수 세기 동안, 사람들은 판매자가 자신들의 상품에 공정한 가격을 책정하기 위해 무엇을 얼마나 반영해야 하는지 고심해 왔다. 로마 시대까지 거슬러 올라가 보면 대략 두 가지 쟁점이 있다고 볼 수 있다. 우선 자유주의적 관점에서 보면, 흥정에 자발적으로 참여한 양대 주체인 판매자와 구매자가 모두 동의하는 가격이라면, 그 가격은 공정하다는 것이다. 이는 지금도 경제학자들 대부분이 시장에 대해 가지고 있는 일반적인 생각이다.

두 번째는 '적정 가격'이라는 관점이다. 이 관점은 특정한 상품이나 서비스의 적정한 가치를 반영하여 그에 맞는 가격을 매겨야 하며, 고객이 비싼 돈을 내고라도 구매할 의사가 분명하다 하더라도 적정선 이상 가격을 높여서는 안 된다는 것이다. 13세기 철학자이자 신학자인 토마스 아퀴나스처럼 물건을 그것의 가치 이상의 가격으로 팔거나, 그 가치 이하의 가격으로 사는 것은 그 자체로 부당하고, 불법한 것이라는 생각이다.

고객의 수요만으로 어떤 상품의 근본적 가치를 평가해서는 안 된다는 아퀴나스의 주장은 '무엇이 상품의 가치를 결정하는가'라는 난해한 질문을 던진다. 모든 상품이나 서비스에 내재된 고유의 적정 가격이 있다면, 당신이 한여름에 10달러를 주고 산 눈 치우는 삽을 거센 폭설이 그친 다음 날인 2월의 어느 날, 이웃이 50달러를 지불하고 산 것은 어떻게 설명할 수 있을까?

우리는 여기서 누가 옳고 무엇이 공평하고, 무엇이 공평하지 않은지에 관하여 결론을 내지는 않을 것이다. 그런 질문이 흥미롭지도 않고 중요하지도 않다고 생각하기 때문이 아니다. 그런 문제는 경제학의 비교우위론에서 다뤄볼 문제이다.

공정이란 무엇인가라는 질문에 대해서 우리나 독자들 모두 각자 생각이 있겠지만, 중요한 사실은 사람들은 사업가들이 똑같은 상품의 가격을 상황에 따라 달리 매기는 것을 싫어한다는 것이다. 예를 하나 들자면, 아마존은 한때, 같은 DVD이더라도 고객에 따라 다른 가격을 붙이려고 한 적이 있다. 이를 알아차린 고객들은 상당한 분노를 집단적으로 표명했고, 아마존은 이 실험을 3일 만에 포기했다. CEO인 제프 베이조스는 고객마다 각기 다른 가격을 부과하려고 시도한 것은 실수였다고 분명히 사과했고, 아마존은 비록 고객의 구매 이력과 고객 정보를 상당히 많이 수집하고 관리하는 등 고객 데이터를 상당히 중요하게 여기는 기업이기는 하지만, 온라인 쇼핑 고객을 상대로 개인의 특성에 따라 같은 상품에 대하여 가격을 달리 적용하는 일은 절대 하지 않을 것이라고 약속했다.

이 사례는 사람들이 개인의 특성과 데이터에 따른 맞춤 보험을 생각보다 덜 선호한다는 점을 어느 정도 설명해 준다. 그래서 보험사들은 우리가 부지불식간에 제공하고 있는 인터넷 검색 기록이나 휴대폰 사용 내역 추적을 통해 우리 자신도 잘 모르는 우리의 은밀한 습관까지 파악할 수 있지만, 이를 보험료 산정에 반영하기 어렵다. 실제로 경우와 상황에 따라 같은 상품에 각기 다른 가격을 매기는 일은 일상에서 꽤 있다. 독자들도 똑같은 상품, 예를 들어서 보스턴에서 LA로 가는 항공권의 가격에 대해 각각 얼마를 지불했는지, 주변 사람들과 이야기 나눠본 적이 있을 것이다. 우리는 고객마다 다른 가격을 적용하는 사례가 없다고 말하려는 것이 아니다. 그런 가격 정책의 결과로 기업이 얻을 수 있는 이익이 생각보다 적다는 점을 이야기하고 싶은 것이다.

대니얼 카너먼Daniel Kahneman과 잭 크네치Jack Knetsch, 그리고 리처드 세일러Richard Thaler 등이 공동으로 수행한 연구는 그 이유를 밝히는

데 도움이 된다. 그들은 수백 명의 응답자를 상대로 전화 조사를 통해서 특정 물건에 대해 가상의 가격을 제시하고 그것이 공정하다고 생각하는지 물었다. 그들은 다수의 대중에게 공정 가격을 물어본 것이고, 그 결과는 13세기의 아퀴나스의 생각과 크게 다르지 않았다. 회사가 결정한 가격이 그들의 마음속에 있는 어떤 기준선을 초과하면 그들은 불공정하다고 생각했다. 그렇다면 그들의 마음속에 있는 기준가격은 어떻게 결정된 것일까? 대체로 대중들은 기업이 생산원가에 합리적이라고 생각되는 정도의 이익을 얹은 가격대를 적절한 기준가격이라고 생각하고 있었다.

우리가 추측하는 것처럼 같은 DVD 제품의 가격을 고객의 특성에 맞춰 다르게 책정하는 것이 공정하지 않다면, 보험사가 보험료를 책정하기 위해 그들만의 알고리즘에 고객 각자의 다양한 특성을 입력하는 것에 대해서도 큰 불만이 표출될 수 있다. 우리가 2장에서 보았던 우디 거스리의 경우 아버지가 헌팅턴병 환자였다는 이유로 본인이 생명보험이나 건강보험에 가입하려 할 때 재정적인 불이익을 받아야 하는가? 그 역시 헌팅턴병에 걸릴 확률은 반반이다. 운전 경력이 거의 비슷한 두 사람이 있다면, 한 사람은 환경이 괜찮은 동네에 살고 있고, 다른 사람은 환경이 좋지 않은 동네에 살고 있다고 해서 보험료를 다르게 책정하는 것은 정당한가?

보험사도 병에 걸릴 가능성이 높거나 가난한 환경 속에서 사는 사람에게 보험료를 차등 책정하는 것이 썩 내키지는 않을 것이다. 그러나 자동차보험의 경우, 저소득층 고객에게는 높은 보험료를 적용하는 것이 현실이다. 그들이 사는 지역은 범죄율이 높고, 자동차가 누군가에 의해 파손되거나 도난당할 가능성도 높기 때문이다. 논리적으로는 아무런 문제가 없다. 그러나 아무리 완벽하고 논리적인 설명을 하더라도 먹고 살기도 힘겨운 사람들이 체감하는 높은 보험료가 불공정하다는 느낌은 누그러지지 않는다.

아마존으로 인해 일어났던 DVD의 가격에 관한 공정성 논쟁과 비슷한 논쟁이 보험료에서도 일어날 수 있는 것이다. 이제 영국으로 돌아가 보자. 영국에서는 왜 연금보험료를 책정하면서 가입자가 어느 동네에서 어떤 이웃들과 함께 사는지를 반영하지 않았을까? 이런 정보를 획득하고 사용하는데 어떤 법적 제약이 없고, 그것을 반영하는 것이 분명히 합리적인데도 말이다. 그런데 사실은 과거 아마존이 개인별 특성에 따라 맞춤 가격제의 도입을 시도했던 것과 마찬가지로 2003년에 영국의 한 보험사도 가입자가 제출한 주거지 주소를 근거로 가입자마다 다른 보험료를 책정하는 방안을 고려한 적이 있다. 이 사실이 알려지자 소비자들은 거세게 반발했다. 선데이타임스에는 〈우편번호에 의한 차별Postcode Prejudice〉이라는 자극적인 제목의 기사가 실렸으며, 건강에 충분한 신경을 쓸 수 있을 정도로 부유한 동네에 사는지 여부로 마치 "발가벗겨진" 느낌을 받거나, "벌금을 물듯" 비싼 보험료를 내야 한다는 사실에 소비자들의 거센 불만이 거세게 터져 나오자 보험사는 소문을 공개적으로 부인하고, 계획을 철회했다.

그로부터 몇 년이 지난 후 몇몇 대형 보험사들은 연금보험료를 책정하는 데 우편번호를 반영하기 시작했다. 그들은 이러한 정책이 자신들에게 추가 이익을 가져다줄 수 있으며, 이로 인한 불만은 홍보를 통해 해결할 수 있다는 결론을 내렸다.

아마존이 고객의 검색 기록을 참고하여 고객별로 DVD 가격을 책정하는 것과 비교했을 때, 보험사가 고객의 특성에 따라 보험료를 차등하여 적용하는 것에 대한 고객들의 놀라운 반응 가운데 하나는 차라리 자신들의 비용 부담이 늘어나더라도 가격이 인상되는 것은 받아들이겠다는 조사 결과였다. 카너먼은 동료들과 함께 연구를 수행하면서 다음과 같은 시나리오에 대해 설문조사를 벌였다. '교통에 어떤 혼란이 발생하여 어떤 지역에 상추 품귀 현상이 일어나 가격이 상추 가격이 올랐다고 가정해 보자. 지역의 식료품점은 평소보다 30% 정도 높은 가격을 지불하고 상추를 들여왔다. 그래서 식료품점은 소매가도 30% 인상했다. 이 경우 상추의 소매가 인상은 공정한 것인가?' 이런 질문에 대하여 응답자의 79%는 가격 인상이 공정하다고 답했다.

우리 연구진은 소비자들이 상추의 가격 인상을 받아들인 것과 마찬가지로 사고가 잦은 운전자에게 보험료를 더 부과하는 것을 받아들일 것이라고 생각했다. 하지만 소비자들의 생각은 경우에 따라 다르니 혼란스러운 일이다.

블랙박스에 담긴 비밀

그 이유는 소비자들이 비용이 많이 드는 서비스를 제공 받기 위해서 높은 가격을 지불하는 것을 정당하게 여긴다고 하더라도 보험사가 가격을 결정하는 과정에서 구체적으로 무슨 일이 벌어졌는지 궁금해하는 것에서 찾을 수 있다. 최근에 있었던 한 사례는 대중들의 의심에는 그럴 만한 이유가 있다는 사실을 보여준다.

보험사의 보험료 산출 알고리즘은 일종의 자동화된 프로그램이다. 개인정보와 운전 이력이 입력되면 거의 자동으로 자동차보험료가 산출되어 나온다. 그런데 미국의 일부 주에서는 이런 알고리즘을 운영하려면 주 정부의 승인을 받아야 하므로, 소비자들은 그 알고리즘의 내용을 확인할 수 있다. 2013년, 올스테이트사는 새로운 자동차보험료 산출 알고리즘을 개발해서 전국적으로 사용하기로 했다. 그런데 메릴랜드주에서는 주 정부의 허가를 받아야 했다. 주 정부의 심의 기준은 자동차보험료는 예측되는 보험금 지출액을 기반으로 책정되어야 한다는 것이었다. 즉 사고의 위험도가 높은 운전자에게 높은 보험료를 책정하는 것은 문제가 아니지만, 다른 이유로 더 많은 요금을 부과해서는 안 된다는 것이었다. 그런데 메릴랜드주가 올스테이트의 새 알고리즘을 심사한 결과 주 정부가 정한 원칙에 맞지 않는 부분이 있다는 것을 발견했다. 이 알고리즘은 같은 정도의 사고 위험도를 보이는 운전자라면 아주 젊거나 아주 나이 많은 운전자보다는 중년의 운전자에게 더 높은 보험료를 부과하도록 설계되어 있었다. 그 이유는 중년의 운전자들이 그 위나 그 아래의 연령대에 비해서 가격에 덜 예민하기 때문이었다. 즉 올스테이트사는 이들 중년에 속하는 사람들은 보험료가 조금 비싸다고 해서 다른 보험사로 갈아탈 가능성이 적다고 생각한 것이다.

이에 대해 컨슈머 리포트Consumer Reports; 미국의 소비자 대상 상품 정보지 - 역사주와 인터넷 뉴스매체인 더 마크업The Markup 등은 올스테이트가 다른 사람들보다 쉽게 돈을 쥐어 짜낼 수 있는 사람들을 따로 모아 멍청한 고객 목록을 만들어 관리하고 있다고 평가했다. 더 마크업은 메릴랜드주는 이 알고리즘의 승인을 거부했지만, 올스테이트는 다른 10개 주에서 이미 이 알고리즘을 사용하고 있다고 보도했다. 예를 들어서 뉴멕시코주는 검토 없이 이 알고리즘을 승인했다. 이런 경우 운전자는 자신의 높은 보험료 중 자신의 사고 위험성으로 인상된 액수는 어느 정도이며, 자신을 어수룩하게 본 보험사가 바가지를 씌워 오른 액수는 어느 정도인지 알 수 없게 된다. 올스테이트의 교묘한 속임수를 보면 알 수 있듯이 고객들이 보험사가 자신에 관한 데이터를 정말 적정한 보험료를 산출하기 위해서 활용하는지, 아니면 자신을 어리바리한 고객으로 분류하기 위한 근거로 활용하는지 궁금해할 이유가 충분히 있다.

무지의 뒤에 가려진 것들

우리는 앞에서 대중들은 실제로 높은 비용의 서비스를 유발하는 어떤 특별한 고객이 있다 하더라도 그리고 그로 인해 보험료를 올려야 할 충분한 이유가 있다고 하더라도 그 사람으로 인해 보험사가 전체 보험료를 올리는 것을 원하지 않는다는 점을 어렴풋이 확인했다. 보험사가 자신들에게 불리한 선택으로 인해 발생하는 위험에 맞서고 시장이 효율적으로 작동하도록 하려면 비용이 많이 드는 고객들에게는 더 높은 보험료를 부과해야 한다는 경제 논리에 공감한다고 해도 마찬가지다.

철학자인 존 롤스John Rawls는 1971년에 발표한 논문인 〈정의론 A Theory of Justice〉에서 대중들의 사고방식에 관한 실험을 통해 이 문제를 풀어보려고 했다. 이 실험에서 롤스는 독자에게 '무지의 베일'이라고 불리는 장막 뒤로 물러설 것을 요구하는데, '무지의 베일'이란 가난하든 부유하든, 대학을 졸업했든, 초등학교를 중퇴했든, 헌팅턴병을 앓는 가족력이 있든 없든, 그 어떤 것도 확인할 수 없는 사회에서 자신이 차지하는 위치를 알지 못하는 모호성을 이야기하는 용어이다. 당신이 정확히 어떤 사람인지, 이 사회 속에서 당신이 어떤 위치에 놓여 있는지 등 스스로에 관해 제대로 알고 있는 것이 없다면, 당신은 무엇을 공정의 기준으로 삼을 것인가?

철학자들은 이 문제를 공정성의 문제라고 생각하겠지만, 몇몇 경제학자들은 이 문제를 보험시장의 효율적인 작동이라는 측면에서 생각한다. 이 점은 필자들도 마찬가지다. 우리는 선천적인 질병을 가지고 태어나거나 가족의 질병력에 문제가 있는 가정에서 태어난 고위험군에 속하는 사람들도 보험에 가입할 수 있어야 한다는 것을 생각해야 한다.

그렇다면 '무지의 베일' 이론이 보험정책에도 구체적으로 적용될 수 있다고 생각할 수 있다. 우리 각자가 자신의 미래가 어떠할지, 미래에 어떤 일이 일어날지 생각하기 전에, 불운하게 태어난 결과로 인해 맞게 될 위기에 대비해 어느 정도의 완충장치가 필요한지를 먼저 생각하자는 것이다. 다른 말로 이야기하자면, 우리 사회의 모든 구성원에게 그들이 태어난 날부터, 심지어 그 이전부터 얼마나 많은 보험금을 제공해야 하는지를 먼저 생각해 보자는 것이다. 사람이 태어나기 전에는 자신이 어떻게 태어날지 알 수 없고, 그에 맞는 보험에 가입할 수도 없지만, 정부는 일정한 수준의 질병이나 장애, 실업, 그리고 기타 여러 가지 불행을 겪고 있는 사회 모든 구성원을 위해 사회적 보험이라고 불리는 보호 정책을 펼치기도 한다.

보험사들이 고객의 현재의 건강 상태나 상황에 맞춰서 보험료를 지속적으로 조정할 수 있도록 허용한다고 치면, 이는, 예를 들어서,

20세의 청년은 자신이 50대에 접어들었을 때 중년 대장내시경 검사를 통해 발견될지도 모르는 암으로 겪게 될 경제적 어려움에 대비해서 미리 보험을 들어 놓을 수 없게 된다. 다른 말로 이야기하자면, 보험사가 고객에 관하여 알고 있는 모든 사항을 보험료 책정에 반영한다면 미래의 어느 시점에 발생할 수 있는 나쁜 위험에 대비하는 보험시장의 기능을 무력화할 수 있다. 이 때문에 건강보험에 가입하게 전에 고객의 유전자 정보 제공을 요구하는 등, 보험료 책정을 위한 몇몇 활동을 법률로 제한하는 것이 7장에서 다루겠지만 보험시장을 일시적으로는 정상적으로 작동하지 못하게 작용할 수 있다 하더라도 나쁜 정책이라고는 이야기할 수 없다. 대장내시경의 사례를 생각해 보면, 검사의 결과가 좋은 사람은 관련 보험을 덜 가입하게 될 것이고, 검사 결과가 우려스럽다면 보험료가 오르더라도 혜택의 범위가 더 넓은 보험을 택하여 가입하게 될 것이다.

———

　보험사가 고객의 정보를 얻는 문제에 대해서 이렇게 살펴본 결과, 정보가 모이면 분명히 보험상품 운용에 도움이 되는 것이 분명함에도 불구하고, 기술적인 한계 때문이든, 소비자의 반발에 대한 두려움 때문이든, 법적 제약 때문이든 정보 수집을 위해 총력을 경주하기 어려운 이유가 있다는 점을 알 수 있었다. 숙련된 운전자들을 위한 자동차보험이든, 생명보험이든, 연금보험이든, 고객들은 자신만이 아는 자신에 관한 정보를 보험 가입에 활용한다. 그러므로 보험사 입장에서는 불리한 선택과 결정이 이루어진다.

보험사가 보다 양질의 데이터를 수집하고 활용하는 것만으로는 이러한 개인정보의 불균형으로 인해 발생하는 문제를 해결하기 어려우므로 보험사는 보험시장에서 돈을 벌기 위해 다른 방법을 모색해야 한다. 회사는 그렇게 해야 할 충분한 이유가 있다. 보험사가 개인들의 내밀한 정보의 숨은 부분을 찾아낼 수 없거나 찾아내지 않고 있다면, 고객이 직접 공개하도록 교묘하게 유도할 것이다. 보험사가 이를 위해서 어떤 수단을 동원하는지는 5장에서 살펴볼 것이다.

5장
역선택

아서 코난 도일의 소설 《보헤미아 왕국의 스캔들》을 보면, 주인공인 셜록 홈즈는 보헤미아의 왕인 빌헬름 고트라히흐 지그문트 폰 옴스타인의 의뢰를 받고 유명한 여성 모험가인 아이린 애들러가 소유한 사진을 회수하기 위해 나선다. 문제의 사진은 빌헬름이 왕위에 오르기 전, 그러니까 왕자였던 시절 바르샤바 국립 오페라단의 가수였던 아이린과 잠깐 사랑에 빠졌던 시절에 함께 찍은 것이었다. 이제 왕이 되어 북유럽의 정통한 가문 출신의 공주와 약혼한 그는 이 사진이 공개되어 무분별하게 행동했던 과거가 드러나 파혼되는 것이 두려웠던 것이다. 그래서 그는 사진을 회수하기 위해 아이린에게 당근과 채찍을 동원하여 회유도 하고, 협박도 하고, 몰래 사진을 훔치기 위해 사람을 보내기도 했었다. 그러나 애들러의 결심은 너무나 확고하여 어떤 회유와 협박도 소용없었고, 그녀는 사진을 훔치기 위해 몰래 잠입한 사람들도 완벽히 따돌릴 정도로 똑똑하기까지 했다. "내게 거금을 받은 사람이 강도로 위장해 그녀의 집을 털었죠. 한번은 여행 중이던 그녀의 여행 가방을 빼돌린 적도 있어요. 노상강도로 위장해 두 번이나 그녀의 가방을 탈취했지요. 그러나 소용없었습니다."

크게 낙담한 왕은 마지막 희망을 품고 홈즈를 찾아왔다. 불세출의 탐정인 홈즈는 모두가 실패한 이 문제를 어떻게 해결할까? 홈즈는 그의 충실한 조수이자 홈즈의 이야기를 책으로 펴낸 작가인 왓슨 박사에게 자신의 작전을 미리 간단하게 설명했다. "그녀가 먼저 그 사진을 내게 보여 주도록 만들 거야." 도대체 어떻게? 홈즈의 친애하는 벗 왓슨은 물론 독자들도 그다음 이야기가 궁금할 것이다.

홈즈의 전략은 그녀가 자신도 모르는 사이에 비밀을 스스로 이야기하게 만든다는 것이었다. 우리가 보험상품을 설계하는 문제를 다루면서 굳이 셜록 홈즈의 계략을 이야기한 것은 이 때문이다. 홈즈가 애들러로 하여금 자신도 모르게 자신만의 비밀을 드러내도록 교묘하게 유도한 것처럼, 보험 고객 스스로가 자신이 고비용 고객인지, 별로 비용이 들지 않는 고객인지를 스스로 드러내도록 유도하는 기술은 보험사가 반드시 갖춰야 할 중요한 무기이다. 이는 이번 장에서 우리가 집중적으로 다룰 주제이기도 하다.

지금까지 우리는 보험사들이 보험료를 산출하려 잠재 고객들에게 지출될 비용을 가능한 한 정확하게 예측하기 위해 할 수 있는 일이 무엇인지에 초점을 맞추었다. 그리고 보험사들이 고객의 과거 교통사고 기록이나 의료 검사, 또는 가족의 질병력 등 고객의 진술로부터 얻을 수 있는 정보들을 활용하고 있다는 점도 알게 되었다. 그러나 정보에 대한 이런 식의 접근 방식은 한계가 있다. 고객들이 보험사의 질문에 얼마나 정직하게 답할지도 의문이고, 보험사가 고객으로 하여금 가능한 한 성실하게 답변하지 않으면 안 되도록 보험 약관상에 제도적 장치를 완벽하게 만드는 데도 한계가 있다. 홈즈가 애들러에게 사진을 어디에 숨겼느냐고 묻는다면 그녀는 대답하지 않을 것이 분명하다. 보험에서도 마찬가지다. 보험사든, 소설 속의 명탐정이든 어떻게 상대가 공개하고 싶지 않은 정보를 공개하지 않을 수 없게 만들 것인가?

또 다른 홈즈의 전략은 불이 났다고 거짓말을 하는 것이었다. 홈즈의 계획은 이러했다. "자신의 집에 불이 났다면, 그녀는 본능적으로 가장 중요하게 여기는 물건부터 찾을 거야. 모르긴 해도 그녀가 현재의 시점에서 가장 소중하게 여기는 물건은 바로 우리가 찾는 그 물건 아니겠나? 그 물건이 훼손되지 않도록 하는 것이 가장 급한 일 아니겠나?" 홈즈의 생각은 그대로 들어맞았다. 그녀는 정확하게 그가 예측한 대로 행동했다. 애들러는 자신의 집이 모두 불타버릴지도 모르는 위기 속에서 가장 소중하게 여기는 바로 그 물건, 바로 그 사진부터 찾았다. 홈즈는 그녀를 예리하게 관찰했고, 문제의 사진이 오른쪽 벨을 울리는 당김줄 바로 위의 금속 여닫이판의 뒤 움푹 파인 곳에 숨겨져 있다는 것을 알아냈다. 홈즈의 작전은 기가 막히게 성공했다. 계획했던 대로 좀처럼 찾기 어려웠던 사진을 찾아내는 데 성공했다.[20]

이번 장에서 우리는 이미 고객으로부터 얻어 낼만 한 웬만한 정보는 이미 거의 다 얻어낸 보험사가 고객 자신만 알고 있는 내밀한 정보를 스스로 드러내도록 유도하기 위해 어떤 전략을 구사하는지 알아볼 것이다. 이미 4장에서 살펴본 바와 같이 더 나은 정보를 얻어냈다고 해서 모든 것이 끝난 것은 아니다. 보험사가 법적으로 허용된 범위 안에서 얻어낼 수 있는 정보를 거의 다 얻어냈다 해도 여전히 건강한 사람과 그렇지 못한 사람을, 조심성이 몸에 밴 사람과 조심성이 없는 사람을 구별해 내지 못하고, 각자의 상황에 맞는 적절한 보험료 산출에 애를 먹는다. 그렇다면 고객 스스로 자신이 어떤 사람인지를 드러내도록 유도할 필요가 있다. 물론 보험사는 거짓 화재를 일으키는 따위로 고객을 속이지는 않는다. 그러나 선택적 시장의 균형을 유지하기 위해 나름대로 필요한 조치를 취할 수는 있다. 즉, 보험사가 원하는 고객즉, 보험금으로 지출되는 비용이 적을 것으로 추정되는 고객의 관심을 끌고, 보험사가 원하지 않는 고객즉, 지출되는 비용이 많을 것으로 추정되는 고객은 관심을 가지지 않도록 보험정책을 설계할 수 있는 것이다.

고객으로 하여금 자신만 알고 있는 비밀, 노골적으로 말하면 자신이 비용이 많이 드는 유형의 고객인지 아닌지를 스스로 밝히도록 유도하기 위해 보험정책을 설계하면서 동원하는 교묘한 기법은 홈즈가 애들러로 하여금 사진이 숨겨진 장소를 드러내도록 유도하기 위해 동원한 술책과 본질적으로 다르지 않다. 보험정책 안에 감춰진 교묘한 작전에 말려들어 고객들은 자신도 모르는 사이에 자신이 감춰두었던 비밀을 스스로 드러내는 것이다.

보험업계의 수많은 관행들 가운데는 왜 그것이 존재해야 하는지도 잘 알 수 없는 그런 관행들이 있다. 보험 계약서에 깨알 같이 적혀 있는 세부 사항들을 자세히 살펴보면 보험 가입자들이 보험료를 쉽게 많이 청구하는 데 도움이 되는 조항은 거의 없고, 보험사가 보험금으로 지출하는 금액을 동전 한 닢이라도 더 줄이기 위한 온갖 종류의 제한과 경고 조항으로 가득 차 있다. 그리고 이러한 규칙과 규정들은 고객들로 하여금 자신이 어떤 사람인지 스스로 드러내도록 유도하는 효과적인 장치가 되기도 하고, 그 결과 고객의 선택으로 인해 벌어지는 손실을 줄이거나 없애는 데 도움이 되기도 한다.

보험 거래 속에 숨겨진 이러한 교묘한 장치 가운데는 여전히 왜 그 것이 존재해야 하는지 명확하지 않은 경우도 있다. 약관의 세부조항을 자세히 뜯어보면 그런 생각이 확실히 들 것이다. 예를 들어서 치아보험의 경우 비용이 많이 드는 수술을 코앞에 두고 보험에 가입하는 것을 막기 위해 수술을 오래 미루다가 좀 늦게 수술을 하려고 할 경우에는 보험금 지급을 거부하기도 한다. 자동차보험의 경우 특약에 의한 보험금 지급의 경우 가입 후 일정 기간의 유예를 두는 것도 비슷한 이유다. 그러나 2장에서 보았듯이 이혼보험의 경우 가입 후 48개월이 지나야만 보험금을 지급한다는 유예 기간 조항이 있었음에도 불구하고 보험시장은 존립을 크게 위협받았다. 또 건강보험에 가입할 때 서비스로 주어지는 몇 개월간의 체육관 무료 이용권 서비스와 함께 받아든 계약서 사본을 보면 보험사의 정책에 의해 보험금 지급이 제한되는 '예외 조항'이 깨알 같이 적혀 있다. 그런가 하면 건강보험을 11월 전후에 집중적으로 모집하는 것도 그럴만한 이유가 있다. 그 이유도 여기서 설명할 것이다. 보험업계에 존재하는 온갖 관행들의 숨겨진 동기와 존재의 이유를 이해해야만 선택적 결과에 크게 좌우되는 보험시장을 건강하게 작동하도록 하기 위해 정부가 어떤 제약을 보험사에 부과할 수 있는지, 그리고 어떤 제약을 부과해야 하는지 판단할 수 있다. 이 주제에 관해서는 이 책의 3부에서 다룰 것이다.

고객이 직접 실토하게 하라

가상의 사례이기는 하지만, 엘리베이터가 없는 건물의 5층에 영업점을 설치한 한 건강보험회사의 이야기는 지금도 보험 관련자들에게 전설처럼 회자되는 사례이다. 이 가상의 영업점의 사례가 최초로그리고 아마도 유일할 것이다. 소개된 것은 경제학자 조셉 스티글리츠Joseph Stiglitz의 노벨상 수상 연설에서 였을 것이다. 스티글리츠는 이 책의 1장에서 소개된 조지 애커로프와 이 책에서 다루지는 않았지만 마이클 스펜스Michael Spence와 함께 보험시장에서 발생하는 역선택의 문제를 연구한 공로로 2001년에 노벨 경제학상을 공동 수상했다.

고객이 힘들이지 않고 다섯 층의 계단을 올라올 수 있는가를 살펴보면, 가입 희망자의 건강 상태를 파악하는 데 도움이 될 것이라는 것이 스티글리츠의 설명이었다. 보험 가입이나 보험 청구 등의 용무 때문에 계단을 걸어 올라가야 한다면 누구나 불평을 하겠지만, 건강이 특별히 좋지 않거나, 게으른 사람들은 특히 불평이 심할 것이다. 스티글리츠는, 사무실이 엘리베이터가 없는 건물의 5층에 있다는 것은 최소한 심장이 매우 약한 고객은 걸러내겠다는 경영자의 영리한 의지라고 생각했다. 게다가 영업점에 엘리베이터가 없는 만큼 사무실 임대료는 내려갔을 것이니 비용 절감의 요인도 발생하지만, 도움이 되지 않는 고객을 걸러낼 수 있다는 이점을 생각하면, 혹시라도 임대료가 좀 비싸더라도 기꺼이 감수할 수 있다는 것이다. 스티글리츠는 또 그 보험사의 CEO가 영업점을 5층에 설치한 것은 고객이 불편을 느끼기는 하지만, 지나치게 높아서 고객들이 아예 외면할 정도는 아닌 적절한 균형을 추구한 상당히 영리한 판단이라고 평가했다. 2층에 설치했다면 불편함을 느끼는 사람이 거의 없을 것이고, 10층에 설치했다면 지나치게 높아서 매출이 아예 없었을 것이다.

스티글리츠가 예로 든 것과 같은 영업점이 실제로 존재했는지, 아니면 지어낸 이야기인지는 알 수 없고, 지금은 그런 영업점은 존재하지 않는다. 온라인을 통한 보험 가입이 일반적인 요즘에 이런 방법은 효과가 없다. 그러나 이런 사례와 매우 유사한 영업 방식이 실제로 건강보험 분야에서는 꽤 흔하다. 이 영업점의 사례는 보험 계약과 계단 오르기라는 의무를 하나로 묶어 고객에게 제공한 경우이다. 고객은 보험에 가입하려면 어떤 대가를 주지도 받지도 않고 계단을 거의 의무적으로 올라야 한다. 그렇다면, 보험에 가입하는 과정에서 고객에게 의무만을 지우는 대신 무료 혜택이라고 할 만한 것을 함께 제공하는 방법도 생각해 볼 수 있지 않은가? 고객 당사자뿐 아니라, 다른 누가 보더라도 괜찮아 보이는 어떤 혜택을 무료로 제공하는 것은 어떨까?

보험사가 건강보험 가입자에게 무료 헬스클럽 사용권을 지급하거나 그 비용의 일부를 지불하는 경우가 있다면 바로 이런 영업 전략 때문이다. 물론 보험사는 고객들에게 이런 혜택을 주면서 '공짜로 운동을 하면 건강도 챙길 수 있고, 그만큼 진료를 받기 위해 의사를 찾아갈 일이 줄어드니 얼마나 좋으냐'는 등의 이야기를 하면서 혜택을 주는 이유를 그럴듯하게 포장할 것이다. 이러한 설명은 어느 정도는 맞는 말이기도 하다. 이런 혜택을 주는 것은 고객들의 관심을 끌고, 운동을 즐기는 괜찮은 고객을 확보하기 위한 괜찮은 영업 전략이다.

이것이 괜찮은 영업 전략이라는 것은 메디케어 어드밴티지 플랜

Medicare Advantage Plan 으로 알려진 건강보험을 살펴보면 알 수 있다. 우리는 이것에 대해 7장에서 자세히 살펴볼 것이다. 일단은 메디케어 어드밴티지 플랜이란 민간 보험사가 관찰 가능한 고객의 특성과 연령 그리고 의료 기록 등을 근거로 보험료를 책정해 내고, 고객에게 어느 정도의 보험료 지출이 발생할지를 예측해서 운영하는 보험 시스템이라는 정도만 알고 있으면 된다. 그리고 지금까지 우리가 다룬 내용만을 놓고 보면, 여전히 고객들은 보험사로서는 도저히 알아낼 수 없는 자신만의 내밀한 정보를 많이 가지고 있는 것이 분명하다. 메디케어 어드밴티지 플랜을 운영하는 보험사는 특정 연령대별로 건강에 관한 과거의 기록에 거의 아무런 흠이 없는 사람들 가운데서도 실제로 가장 건강한 사람들을 고객으로 끌어들이고 싶을 것이다.

이러한 이유로 종종 민간 보험사들은 건강보험에 가입하는 고객들에게 헬스클럽 무료 사용권을 지급하는 것이다. 이를 대대적으로 홍보하기도 한다. 무료 체육관 이용권에 매력을 느끼는 고객이라면 운동을 즐기는 건강한 고객일 가능성이 많다고 생각할 수 있는 반면, 건강이 좋지 않은 사람은 이런 혜택에 매력을 덜 느낄 것이라고 생각하는 것이다.

엘리샤 쿠퍼Alicia Cooper와 아말 트리베디Amal Trivedi 등 두 명의 공중보건 연구자가 수행한 간단하지만 설득력 있는 연구에 따르면, 이런 접근 방식은 의도했던 성과를 낸 것으로 보인다. 그들은 메디케어 어드밴티지 플랜에 헬스클럽 무료 회원권을 제공하는 경우와 그렇지 않은 경우에 고객들의 구성이 어떻게 달라지는지를 살펴보았다. 그들은 이 보험의 가입자들을 무작위로 추출하여 정부가 매년 시행하는 설문조사를 통해 그들의 건강도를 평가해 보았다. 쿠퍼와 트리베디의 조사 결과 헬스클럽 회원권 무료 제공 서비스가 시작되기 전인 2004년에 비해 이것이 시작된 2005년에 건강 상태가 양호하거나 아주 좋다고 응답한 노인의 비율이 크게 증가한 것을 확인했다. 헬스클럽 무료 이용권이라는 혜택이 더 건강한적어도 스스로 건강하다고 생각하는 회원들을 끌어들이는 효과가 있다는 것이 확인된 것이다.

물론 독자들 가운데는 2004년에서 2005년 사이에 노인들의 건강 상태가 전반적으로 크게 개선될 만한 어떤 다른 이유가 있었음에도 불구하고 쿠퍼와 트리베디가 놓친 것이 아니냐는 의문을 품을 수 있다. 다행히, 쿠퍼와 트리베디도 그런 가능성을 완전히 배제하지 않았다. 그래서 그들은 2004년에서 2005년 사이에 메디케어 어드밴티지 프로그램에서 헬스클럽 무료 이용권 혜택을 받은 노인 가운데 2005년에 전년 대비 건강 상태가 양호하다고 진술한 노인의 비중 증가 폭과 2004년에서 2005년 사이에 메디케어 어드밴티지 프로그램의 헬스클럽 무료 이용권 혜택을 받지 않은 노인 가운데 2005년에 전년 대비 건강 상태가 양호하다고 진술한 노인의 비중 증가 폭을 비교해 보았다. 그 결과 메디케어 어드밴티지 프로그램에서 헬스클럽 무료 이용권을 제공한 경우는 전체 노인들 가운데 자신의 건강 상태가 양호하거나 아주 좋다고 응답한 사람들의 비중이 6% 포인트나 증가한 반면, 그렇지 않은 경우는 1.5% 포인트 증가에 그친 것으로 나타났다. 더 놀라운 결과도 있었다. 무료 이용권 혜택이 추가되자 신규 가입자 중 보행이 불편하다고 응답한 노인의 비중이 33%에서 25%로 떨어진 것이다. 이 혜택이 추가되지 않은 경우에는 32%에서 변화가 없었다.

헬스클럽 무료 이용권이 제공되자 이전보다 건강한 사람들의 메디케어 어드밴티지 프로그램 가입이 늘어난 것은 맞지만, 처음부터 이러한 혜택이 가입자의 행동을 조종하는 수단이 될 것이라고 생각했는지는 의문이다. 이에 대해서 쿠퍼와 트리베디는 처음부터 그럴 목적은 아니었을지 모르지만, 결과적으로 그런 효과가 나타난 것은 분명하다고 설명했다. 두 연구자는 2002년부터 2008년 사이에 운영되었던 101개의 메디케어 프로그램을 조사해 본 결과, 이 기간 동안 헬스클럽 무료 이용권을 제공하는 프로그램 수는 2002년에는 14개였던 것이 2008년에는 58개로 늘어났다. 그 후에도 그 수는 계속해서 늘어났고, 2020년에 이르러서는 메디케어 어드밴티지 프로그램 가입자 가운데 헬스클럽 무료 이용권 혜택을 받는 가입자의 비율은 74%까지 늘어났다.

다만 쿠퍼와 트리베디는 사람들이 프로그램에 참가한 후의 건강 상태만을 확인했을 뿐이다. 그러나 헬스클럽 무료 이용권이 침대나 소파에 누워만 있던 노인들의 건강에 놀라운 영향을 미쳤고, 그들 스스로 달라진 자신의 모습에 경이로움을 느꼈을 가능성이 높다는 정도는 짐작할 수 있다. 정리해서 이야기하자면 가입자에게 헬스클럽 무료 이용권을 제공하는 서비스는 건강한 사람들의 가입을 늘리는 역할도 하지만 이미 가입한 사람들을 클럽에서 운동하게 함으로써 더 건강한 사람으로 바꿀 수도 있다는 것이다.

물론 새해부터는 헬스클럽에 나가서 운동하겠다는 결심이 소파에서 뒹굴던 사람을 순식간에 열정적인 운동 애호가로 바꾸어 건강 상태를 어느 정도 개선 시킬 가능성도 있지만, 단정하기는 어렵다. 무료 이용권을 제공함으로써 보다 건강한 사람들의 가입을 유도할 수 있을 것이라는 점에 대해 보다 확실한 근거를 얻기 위해 경제학자인 데이먼 존스Damon Jones와 데이비드 몰리터David Molitor, 그리고 줄리안 레이프Julian Rief의 연구 결과를 소개하고 싶다. 이들 연구자들은 몰리터와 레이프의 근무지이기도 한 일리노이대학교 직원들을 상대로 건강관리 프로그램을 운영하면서 어떤 사람이 프로그램에 가입하는지, 그리고 프로그램이 제공하는 서비스가 가입자의 건강에 어떤 영향을 미치는지를 조사했다. 아이쓰리브iThrieve 프로그램이라고 불렀던 이 직원 건강 관리 프로그램은 일정한 자격을 갖춘 대학교 직원들에게 현장 건강검진, 온라인 건강위험 평가, 금연 프로그램, 만성 질환 관리 및 체중 관리를 위한 교육 프로그램, 레크레이션 등 건강에 관한 다양한 활동 기회와 점검 서비스를 제공했다. 연구자들은 약 5천 명의 직원들을 관찰하면서 아이쓰리브 프로그램의 관리를 받는 그룹과 그렇지 않은 그룹 사이에 차이가 있는지 관찰했다. 그들은 이후 2년 동안이 직원들에 대해 건강검진을 위한 각종 검사와 설문 등을 실시하고 업무 수행기록까지 참고하면서 두 그룹에서 일어나는 변화와 차이를 관찰했다. 이 연구는 예상을 크게 벗어나는 의외의 결과로 큰 화제를 불러일으켰다. 아이쓰리브 프로그램의 관리를 받은 그룹에 속한 사람들과 그렇지 않은 사람들을 비교했을 때 양자 간에 건강, 행동 방식, 업무 성취도 등에서 별다른 차이가 없었던 것이다. 연구자들은 그러나 이 프로그램으로 인해 직원들의 건강이 크게 개선되지 않았음에도 고용주들은 이 프로그램이 건강한 직원들을 끌어들이는 효과가 있다고 판단해서 직원들에게 지속적으로 프로그램을 제공하고 싶어 한다는 사실을 확인했다. 더 구체적으로 들여다본 결과, 직원들을 위한 직장 건강 복지 프로그램에 자발적으로 가입한 사람들은 자발적인 의사에 따라 스스로 가입하기를 거부한 직원들에 비해 훨씬 건강하여. 건강 관리를 위한 비용이 적게 들고, 건강한 행동 양식에 따라 생활하고 있었다는 사실도 확인했다.

미국에서 회사가 직원들을 위해 건강보험료를 지원해 주는 경우는 흔하지만, 직원들에게 헬스클럽 회원권을 무료로 지원해 주는 경우는 아직 흔하지는 않다. 그러나 지금까지의 이야기를 종합해 보면, 고용주들은 직원들의 건강을 증진시키기 위해서라기보다 건강한 직원들을 끌어들이기 위해 다양한 유인책을 설계할 수 있다는 것을 알 수 있다. 이는 확실히 실리콘밸리의 자금이 풍부한 기업들이 건강한 생활 습관을 가진 밀레니얼 세대의 엔지니어를 유치하기 위해 사내에 직원들을 위한 마사지실을 운영하거나 콤부차Kombucha : 홍차나 녹차에 설탕을 조금 첨가하고 유익한 균을 발효시킨 건강음료 - 역자 주를 무상 제공하는 등의 꿈같은 이야기들과는 다른 차원의 노력이 될 것이다. 실리콘밸리의 기업들이 행하는 이런 별난 노력은 질병으로 인해 업무 차질이 발생하거나 건강보험금의 지원이 필요한 진료를 받을 가능성이 낮은 직원들을 끌어들이는 효과를 노린 것이다.

고객이 혐오할 만한 상품 만들기

보험사의 속셈이 어떠하든 간에 헬스클럽 무료 이용권이 받으면 손해 볼 일은 없는 혜택인 것은 분명하다. 반면 대개의 보험사들이 '괜찮은' 고객을 확보하기 위해 구사하는 작전 가운데는 고객에게는 덜 매력적인 것들도 많다. 이번 장의 후반부에서 다루겠지만, 스티글리츠가 언급한 것처럼 보험영업점을 계단이 없는 건물의 5층에 열게 되면, 고객의 중요한 특징을 포착할 수 있다. 이처럼 보험사는 회사에 도움이 되지 않을 '별로 좋지 않은' 고객을 걸러내기 위해서 보험금이 많이 지출될 것처럼 보이는 고객뿐 아니라, 별로 지출되지 않을 것 같은 고객들마저 불편을 느낄 상황을 의도적으로 만들기도 한다.

1장에서 우리는 역선택으로 인한 문제의 핵심은 보험금 지출이 많지 않은 저비용의 고객들은 보험에 가입하는 것이 자신에게 유익함에도 불구하고, 자신의 발생 가능한 위험도보험사의 입장에서는 부담해야 할 위험에 맞춰 적정하게 산정된 보험료를 내고는 보험에 가입하고 싶어 하지 않는 데 있다는 것을 살펴보았다. 이제 우리는 선택의 결과로 고객이 시장이 적절한 가격에 양질의 보험상품을 제공하는 기능을 발휘하지 못하게 만드는 또 다른 치명적인 유형을 살펴볼 것이다. 가입자들에게 덜 바람직하고, 여러모로 뒤틀려 있고 왜곡된 보험상품이 있을 수 있다는 것이다. 어떤 보험사 사무실이 계단이 없는 건물 5층에 있어서 고객이 보험사와 만날 일이 있을 때마다 계단을 오르내려야 하는 일은 누구나 불편할 것이다. 사람들은 심지어 계단 오르기 운동기구를 사용하기 위해 헬스클럽에 올라갈 때도 엘리베이터나 에스컬레이터를 탄다. 그런데 고객들이 계단을 오르내리게 함으로써 보험사가 그들이 내놓는 상품 판매에 부정적인 영향을 미치는 것까지 감수하는 이유는 만성적인 건강 문제를 가진 사람에게 계단을 오르는 것은 아주 힘들 것이라는 점 때문이다.[21]

사실 보험업계가 고객에게 공짜로 헬스클럽을 사용하게 하는 것은 흔하지 않은 경우다. 보통은 어떤 사은품이나 혜택도 제공하지 않는다. 언뜻 보면 이런 영업 방식은 여러 이유로 보험금 지급 규모를 줄이려 하고, 심지어 보험 가입 자체를 거부하는 일과 고객들에게 결코 유리하지 않은 약관 내용과 함께 보험업계 전체에 도움이 되지 않는 것처럼 보일 수도 있다. 여기서 문학 작품 속의 가장 위대한 실패자인 윌리 로먼의 이야기를 살펴보자.

아서 밀러는 퓰리처상을 수상한 걸작 《세일즈맨의 죽음》에서 변해가는 경제적 환경 속에서 인간이 느끼는 정체성의 상실감을 다루었다, 이 작품은 실패한 삶을 살다가 일찍 삶을 마감하는 윌리 로먼이라는 세일즈맨이 주인공이다. 그는 사람들로부터 사랑받으면 사업과 가정생활 모두 성공할 수 있다는 아메리칸 드림에 매달린다. 그러나 성취된 것은 아무것도 없었다. 그는 형편없는 세일즈맨이었다. 큰아들인 비프는 고교 시절 미식축구 선수로서 대성할 기미를 보였음에도 불구하고 대학을 중퇴하고, 이곳저곳 직장을 전전하고 있었다. 비프는 아버지에 대해 큰소리만 쳤지, 이루어 놓은 것이 없는 실패자라고 생각한다.

우리는 윌리에게 보험 계약에 관련된 여러 가지 일이 발생하는 것으로 이 고전 작품을 기억한다. 이야기가 진행될수록 윌리는 막다른 골목에 몰린다. 결국 그는 실직하고 자동차나 냉장고 할부금조차 갚을 수 없는 지경에 이른다. 연극이 끝날 무렵, 윌리는 훨씬 더 성공한 삶을 살았지만, 지금은 세상을 떠난 자신의 형, 벤의 영혼과 어떻게 하면 이 상황을 바로 잡을 수 있을지 상상의 대화를 나눈다. 윌리는 말한다. "형, 사람이 이미 걸어온 시간을 되돌릴 수는 없어요. 다만 기왕의 상황에서 더 이상 뭘 어떻게 해야 할지가 고민이지요." 그는 자신의 보험 계약서에 적힌 2만 달러의 보험금 지급 규정을 마지막 구원의 동아줄로 보았다. 자신의 삶을 마감함으로써 평생 함께 고생해준 아내에게 넉넉한 목돈을 쥐여줄 수 있고, 아들의 눈에도 부끄럽지 않은 아빠가 될 수 있다고 생각한 것이다. 그러나 상상 속의 벤은 윌리가 상황을 너무 낙관적으로 보고 있다며, 보험사가 보험금을 내주지 않을 수도 있다고 경고한다. 그러자 윌리는 화를 내며 형에게 말한다. "어떻게 감히 지급을 거절해? 내가 보험회사를 위해서 얼마나 개처럼 일했는데? 그런데 내개 보험금을 안 내줘? 말도 안 돼!"

연극 말미의 윌리의 장례식 장면은 윌리를 위한 진혼곡이었다. 윌리는 벤과의 대화에서 자신이 죽으면 장례식에 수백 명이 참석해서 자신을 애도할 것이라고 말했지만, 실제로는 그녀의 아내와 아들, 그리고 옆집 식구들만 참석했다. 그의 아들 비프는 여전히 그를 경멸하고 있다. 책의 독자이자 연극의 관객인 우리는 보험사가 윌리의 죽음의 뒤처리를 어떻게 했는지 확인할 수는 없다. 그러나 보험사가 2만 달러의 보험금 지급을 거부할지도 모른다는 벤의 회의적인 전망이 현실로 이어졌을 가능성은 충분히 있다. 거의 모든 생명보험의 경우, 자살로 인한 사망에 대해서는 보험금 지급 자체를 거부하거나 가입 후 일정 기간의 유예 기간이 지난 후에 자살한 경우에만 보험금을 지급하도록 하고 있다.[22]

로만의 입장에서는 또는 관객들까지도 자살한 사람에게 보험금 지급을 거부하는 것은 보험사가 밑바닥 인생에게 치명타를 가하는 또 다른 방법이라고 생각할 수도 있다. 보험사는 깨알처럼 적혀 있는 보험 약관 어느 구절을 근거로 윌리가 오랫동안 꼬박꼬박 보험료를 납부했음에도 불구하고 보험금 지급을 거부할 수도 있다. 보험사의 이러한 행위를 어느 정도 정당하다고 볼 수도 있다. 그런데 보험사가 이러한 지급 거부 규정을 만들어 놓는 데는 또 다른 목적이 숨어 있다. 이 규정을 활용하면 마음에 들지 않는 고객의 유입을 막을 수 있다. 이런 규정이 있기 때문에, 처음부터 자살로 생을 마감하여 수익자에게 거액을 안겨줄 목적으로 보험에 가입하는 것을 차단할 수 있는 것이다. 비슷한 이유로 스스로 누군가에게 자신을 죽여 달라고 부탁하여 발생한 셀프 청부 살인으로 의심되는 사망의 경우에도 보험금 지급을 거부하는 규정이 있을 수 있다.

즉 처음부터 악성 고객으로 간주될 수 있는 몇몇 경우를 제시하고, 그 경우에 보험금 지급을 거부할 것이라는 사실을 고객에게 미리 알려주고, 고객도 처음부터 그 사실을 알고 가입한다면, '나쁜 고객'의 유입을 막을 수 있다. 자살로 생을 마감할 경우 생명보험의 보험금 지급을 거부 혹은 일부 제한할 수도 있고, 고객이 머지않아 고가의 약 처방을 받을 것을 미리 알면서도 이를 숨기고 건강보험에 가입했거나, 대대적으로 지붕을 수리할 생각을 가진 상태에서 주택소유자보험을 가입한 경우에도 보험금 지급을 거부하거나 제한할 수 있을 것이다. 이러한 관점에서 생각한다면, 약관에 아주 작은 글씨로 많은 규정들을 적어 놓은 목적은 보험사의 손해사정사가 보험금을 지급할지 말지를 결정하는 근거를 분명히 밝히기 위해서라기보다는 처음부터 '나쁜 고객'의 유입을 막기 위한 것이라고 생각할 수도 있다. 약관은 이 두 가지 목적 모두를 위해 마련되었을 것이다.

　우리가 이미 살펴본 1980년대, 에이즈가 심각한 사회 문제로 대두되기 시작할 무렵, 특정한 우편번호에 해당하는 지역에 거주하는 사람들의 건강보험 가입을 거부했던 것도 '나쁜 고객'의 유입을 원천적으로 차단하려고 노력했던 사례의 하나이다. 그런데 1980년대 후반에 이르러 제약업계는 마침내 이 병을 다스릴 방법을 고안해 냈고, 특히 AZTAzidothymidine; 아지토티미딘, 후천성면역결핍증 예방 및 치료에 사용되는 의약품 - 역자 주 라는 약품이 각광받기 시작했다. 그러함에도 불구하고 보험사들은 상당한 기간 동안 에이즈를 건강보험금 지급 항목에서 제외했다. 그 이유는 1년에 8,000달러나 드는 높은 비용 때문만은 아니었다. 사실 당시 이 약은 역사상 가장 비싼 처방약이었다. 지금은 그보다 더 비싼 처방약이 등장한 지 오래되었다. 보험사가 AZT 처방으로 발생한 비용에 대한 보험금 지급을 거부한 또 다른 이유는 보험 가입자가 일단 에이즈에 감염되면 AZT 처방으로 인해 발생하는 비용이 문제가 아니라, 병의 경과에 따라서 훨씬 더 많은 다른 비용이 발생할 수 있다고 보고, 처음부터 에이즈에 감염될 가능성이 있는 사람들의 유입을 차단하기 위한 것이었다.

보험금 지급 유예 기간

　보험금 지급에 관한 제한 규정이 없으면, 보험금 지급으로 인한 비용 지출이 크게 늘어나 회사 자체가 파산할 수 있다. 반면, 너무 많은 제한을 두면 보험의 의미와 가치 자체가 사라져 버린다. 그러나 이 두 가지 영업 방식 사이에 상당히 넓은 중간지대가 존재한다. 어떤 경우에 대해 무조건 보험금 지급을 거부하는 대신, 가입 후 일정 기간 동안만 보험금 지급을 거부하는 유예 기간을 설정하면, 가까운 장래에 보통 사람에게는 흔히 발생하지 않는 사건이 자신에게 일어나 거액의 보험금을 청구하게 될 것을 미리 알고 있는 사람들, 또는 그런 상황을 일으킬 계획을 마음에 품고 보험에 가입하려는 사람들은 해당 보험상품에 별로 매력을 느끼지 못할 것이다. 아주 먼 미래에 자신에게 어떤 일이 일어날지를 미리 확실하게 알 수 있는 사람은 거의 없기 때문에 몇 달, 혹은 길어야 몇 년 정도의 유예 기간만 설정하면 이러한 선택을 충분히 막을 수 있다.

이처럼 특정한 상황에 대한 보험금 지급을 가입 후 일정 기간 동안 유예하는 것은 머지않은 미래에 자신에게 거액의 보험금을 청구하는 상황이 발생할 것을 미리 알고 보험에 가입하는 것을 막아주는 일반적인 방법이다.

이미 이야기했지만, 자살자에 대한 보험금 지급을 일정 기간 유예하는 것은 이러한 경우의 대표적인 사례이다. 1950년대 이후 대부분의 보험사들은 생명보험 계약 약관에 자살자에 대한 보험금 지급 유예 기간을 설정했고, 이 조항은 회사에 손해를 끼칠 잘못된 생각을 품은 사람들의 유입을 막는 여러 가지 효과적인 수단 가운데 하나로 평가되고 있다. 독자들 가운데 이미 생명보험에 가입한 사람이 있다면, 잠시 계약서를 찾아서 세밀한 규정들을 정독해 보라. 당신이 자신의 심장 관련 병력이나 가족력에 대해 허위로 진술한 사실이 확인되면 보험사는 일방적으로 계약을 해지할 수 있다. 당신이 번지점프나 스카이다이빙을 즐기고 있음에도 불구하고 처음 보험에 가입할 때 이 사실을 밝히지 않았다가 후에 그와 관련된 활동으로 인해 사망하게 된다면, 당신이 지정한 보험 수익자는 보험금을 한 푼도 받지 못하게 되어 있다. 반면 가입 시 그러한 위험한 취미를 즐긴다는 사실을 미리 밝힐 경우에는 보험료가 크게 오를 것이다. 만약 당신이 은행을 터는 등 불법적인 행위를 하다가 사망하는 경우는 보험사는 보험금을 일부만 지불할 것이다.[23] 당신이 보험에 가입한 지 얼마 되지 않아서 스스로 목숨을 끊는 경우에도 보험금 지급을 거부한다는 조항이 있을지 모른다.

자살의 경우 1년 또는 2년 정도를 '다툼이 있을 만한' 기간으로 보고, 가입자가 이 기간 안에 자살로 생을 마감하는 경우에는 보험 적용을 하지 않는 것이 일반적이다. 사실 거의 대부분의 생명보험 상품은 가입 후 첫 2년 안에 가입자가 사망할 경우에는 사망 원인과 상관없이 어떠한 보상도 해주지 않는 것이 보통이다. 때문에 꼭 스스로 자살할 계획이 없다 하더라도 자신의 죽음이 임박했다는 사실을 알고 보험에 가입하는 것은 소용없는 일이다. 예를 들어서 우리가 2장에서 살펴본 대로 공식적인 기록으로 남아 있는 최초의 생명보험 가입자인 리처드 마틴은 계약을 체결한 지 1년 만에 사망했다.

에이미의 남편인 벤은 유예 기간이 나쁜 고객의 유입을 막는 데 기여한 사례를 우리에게 알려 주었다. 대학원 시절 메사추세츠주 케임브리지에 거주하며 공부하던 벤은 만일 자신의 자동차에 문제가 생기면 40마일쯤 떨어진 곳에 위치한 어린 시절을 보낸 마을에 있는 믿을 만한 정비사에게 수리를 맡기고 싶다는 생각을 했고, 이를 위해 장거리 견인 서비스 혜택을 보험에 포함시키고 싶었다. 그러나 비싼 보험료 때문에 이 서비스가 포함된 보험 계약을 체결하지는 못했고, 그런 서비스가 필요한 상황이 올 때까지 기다리기로 했다. 시간이 좀 흘러 벤의 차량은 고장으로 인해 길가에 멈춰 섰고, 벤은 보험사에 전화를 걸어서 차량 견인 서비스를 받을 수 있도록 보험 계약 내용을 변경하고 있는 자신을 발견했다. 보험사의 입장에서 벤은 나쁜 고객이었던 것이다. 물론 에이미에게는 좋은 남편이겠지만 그러나 보험사 역시 5층에 영업소를 설치한 기발한 보험사 못지않게 영리한 대비책을 가지고 있었다. 그 보험사의 자동차보험 약관에 의하면 차량 견인 서비스는 체결 후 1주일이 지난 시점부터 받을 수 있도록 되어 있었다.

자동차보험이나 생명보험이 아니더라도 보험금 지급을 계약일로부터 일정 기간 유예하는 것은 상당히 많은 보험상품에 적용되는 보험상품 운용 방식이다. 우리는 2장에서 이혼보험과 실업보험 상품을 세상에 내놓았다가 가입자들의 이기적인 선택으로 인해 좌절을 맛봤던 불행한 보험업자의 사례를 살펴본 바 있다. 그들도 나름대로 위험에 대비하기 위해 일정 기간의 유예 기간을 설정했었다. 이혼보험의 경우는 4년, 실업보험은 6개월이었다. 그 선택 자체는 나쁘지 않았지만, 고객의 이기적인 선택은 그 정도로는 막아낼 수 없을 정도로 강력했다. 그러나 다른 대개의 경우 유예 기간은 마치 의사 또는 치과의사가 내린 정확한 처방처럼 시장이 유지되는데 나름 훌륭하게 기여한다.

예를 들어서 치아보험의 경우, 보험에 가입하면 일반적인 예방적 치료는 즉시 받을 수 있지만, 충치 등 대수롭지 않은 기본적인 치료도 보험금 지원을 받으려면 가입 후 3~6개월 정도 경과해야 하고, 이보다 더 큰 치료에 보험금 지원을 받으려면 1년 또는 그 이상의 기간이 경과해야 한다. 이렇게 하는 이유는 사람들이 충치 치료에 맞춰 치아보험에 가입하는 얌체 같은 짓을 하는 것을 막기 위한 것이다. 반려동물보험도 보험 가입 후 일정한 기간이 지나야 보험금을 지급받을 수 있다. 일부 간단한 부상의 경우 최소한 1~2주 정도의 유예 기간이 설정되어 있기 때문에 기르던 강아지가 차에 치이고 나서야 보험에 가입하는 경우는 없다. 그러나 큰 반려동물에게 가끔 발생하는 고관절 이형성증dysplasia 같은 질병 등에 대해서는 1년 이상의 유예 기간을 설정하는 것이 보통이다. 이런 질병은 유전적인 이유나 선천적인 이유로 발생하는 경우가 많기 때문에, 보험사는 그 정도의 유예 기간을 설정하면 견주가 자신이 기르는 개의 엉덩이 관절에 문제가 있다는 것을 알고서 치료받을 계획을 세워 놓고 보험에 가입하는 것을 막을 수 있다.

사람을 위한 건강보험의 경우, 유예 기간이 약간 다른 방식으로 운영된다. 미국의 독자들은 익숙한 흔히 개방형 등록 기간open enrollment periods 이라고 부르는 방식이다. 보험사가 개방형 등록 기간으로 설정한 기간대개 가을의 몇 주간 동안 건강보험에 가입한 가입자는 이듬해에 발생할 가능성이 특별히 걱정되는 상황에 맞춰서 보험 계약 내용을 변경할 수 있다. 해마다 건강보험의 선택과 변경 기간을 따로 운영하는 이유는 C형 간염 진단을 받고 나서 소발디Sobaldi 같은 고가 약의 처방 비용까지 지원해 주는 고가의 보험에 가입하려 하는 일이 발생하는 것을 막기 위한 것이다. 소발디는 현재 기준으로 매년 28,000달러나 지출해야 하는 고가 약품이다. 흥미로운 것은 반려동물보험의 경우, 유예 기간을 운영하는 방식은 예전과 크게 다르지 않다는 것이다. 즉, 보험은 언제든지 가입할 수 있다. 그러나 가입하자마자 바로 보험금을 지급해 주지는 않는다.

이러한 해결책은 고객의 영리한 역선택으로 인해 발생하는 문제를 상당히 해결해 주지만, 단점도 있다. 고객이 어떻게든 회피하고 싶어 하는 일부 위험은 보험으로도 해결이 되지 않는다는 것이다. 보험에 가입한 지 2년, 즉 유예 기간이 지나지 않은 시점에서 가입자 자신도 예상하지 못했던 어떤 일이 발생하여, 예상치 못한 죽음을 맞이하는 경우가 있을 수 있다. 2년간의 지급 유예 기간은 2년 안에 예상치 못한 죽음을 맞이한 가입자를 외면하기 위해 만든 규정이 아니라, 예상 가능한 위험으로부터 보험사를 보호하기 위해 만든 규정이다. 게다가 앞에서 살펴본 것처럼 보험사들은 보험료를 조정하여 맞을 수 있는 위기에서 벗어나려고 노력하지만, 위험에서 완전하게 벗어날 수는 없다. 마찬가지도 유예 기간의 설정도 보험사가 맞을 수 있는 위기를 완전하게 예방해 주지는 않는다.

유예 기간의 설정이 고객의 선택으로 인한 부작용을 막아줄 수 있음은 우리가 앞에서 소개했던 자살에 대한 생명보험금 지급 유예 기간 설정을 다룬 연구를 통해서도 이미 확인된 바 있다. 그런데 경제학자인 사무엘 신 유 쳉Samuel Hsin-yu Tseng은 1990년대 초, 박사학위 논문을 쓰면서 미국 전역의 생명보험 가입자들의 사망 원인을 조사했다. 그 결과 2년이라는 자살자에 대한 보험금 지급 유예 기간이 만료되면 보험 계약자들의 자살이 네 배나 늘어났다는 가슴 아픈 사실을 확인했다. 일본에서 행해진 유사한 연구에 의하면, 보통 1년으로 설정되어있는 일본의 자살자 보험

그러므로 5층에 보험 사무실을 두는 것이 어느 정도 효과는 있지만 완전한 대책은 아닌 것과 마찬가지로, 지급 유예 기간 설정도 완벽한 해결책이 아닌 것이 분명하다. 5층에 위치한 보험사의 보험상품은 비교적 건강 상태가 좋은 사람들이 주로 가입한다는 가정 아래 설계되었기 때문에 보험료가 조금 쌀 것이다. 그러나 심장이 약한 사람들도 힘겹게 5층 계단을 오르내리는 수고를 감당해 낼 수만 있다면 이 저렴한 보험에 가입하는 것이 불가능한 것은 아니다. 마찬가지로 자살을 생각할 정도로 마음이 우울한 사람들도 인내심을 발휘하여 지급 유예 기간이 끝날 때까지 끈질기게 기다렸다가 계획했던 일을 실행에 옮기고 나서 보험금을 받아낼 수 있다.

쳉은 또 몇 년간의 지급 유예 기간을 기다리지 않고도 지급 유예 조치를 돌파할 수 있는 허점도 있다는 것에 주목했다. 사람이 사망한 경우 그 원인이 애매모호한 경우가 상당히 많다. 고속으로 질주하다가 발생한 자동차 충돌사고, 교통사고로 인한 보행자 사망, 약물 과다 복용으로 인한 쇼크사 등은 의도적일 수도 있고, 부주의에 의한 것일 수도 있는데 이를 구별해 내기가 쉽지 않다. 사망자가 유서를 작성하지 않았거나 결정적인 증거가 없다면 자살이라고 단정 짓기 쉽지 않다. 이때 마음이 약한 손해사정사가 슬픔에 잠긴 가족들에게 더 큰 고통을 안겨주기가 너무 부담스러워 죽음의 원인에 약간의 의문이 있음에도 불구하고 우발적인 죽음으로 결론을 내릴 수 있고, 이 경우 생명 보험금은 지급된다. 쳉은 사안에 따라서는 자살로 단정하기 애매한 경우가 꽤 있지만, 자살에 대한 보험금 지급 유예 기간이 끝난 직후부터 자살 사망자가 급증하는 반면, 우발적인 사망자가 감소하는 현상을 확인했다. 그는 또 우발적 사망으로 처리된 경우의 약 1/3은 타살 혹은 우연한 사망으로 위장한 자살일 가능성이 높다고 추정했다.

에이미도 자신의 경험을 바탕으로 보험금 지급 유예 기간을 회피하는 팁을 하나 제시해 주었다. 만약 여성이 아이를 가질 계획이라면 초가을에 임신하면 된다. 대부분의 보험사들은 1년에 한번, 대개 11월이나 12월에 보험 계약 내용을 바꿀 수 있도록 허용하는 개방형 등록 기간을 설정하기 때문에 9월쯤 임신을 하면 거기에 맞춰서 임신과 출산 시에 보험금을 지원받을 수 있도록 건강보험 내용을 바꿀 수 있다. 에이미의 경우도 10월에 자신의 임신 사실을 알았고, 이듬해 7월에 출산하리라는 점을 예상하고 여기에 맞춰서 11월에 보험 계약 내용을 적절하게 변경했다.

좋은 고객을 유치하려면

에이미의 보험사가 처음부터 에이미와 다년 계약을 체결했다면 그녀가 자신에게 매우 유리하게 보험 계약 내용을 바꾸는 것을 막을 수 있었다. 에이미도 나름 용의주도했지만, 장기적인 관점에서 보면 보험사도 반드시 손해를 봤다고만 말할 수는 없을 것 같다. 결국 임신과 출산으로 인해 보험금을 지원받은 것을 계기로 보험료가 더 올랐기 때문에 그녀가 또다시 보험 계약 조건을 더 저렴하게 바꾸지 않는다면 보험사도 장기적으로는 이익을 볼 수 있을 것이다. 이는 그녀에게도 나쁜 일은 아니다. 장기간의 계약은 어느 시점에서 당신의 건강이 악화된 것을 알고 가격을 인상하거나 혜택을 축소하고 싶어 하는 보험사들의 손을 묶는 효과가 있어 고객에게도 도움이 될 수 있다. 쌍방 간 장기간의 계약이 불리한 상황 전개로 인한 위험을 감소시키는 역할을 한다고 생각할 수 있다. 이런 논리를 극단적으로 적용한다면, 최고의 보험은 누군가가 성격이 조심스러운지 덜렁거리는지, 건강할지, 병약할지 전혀 알 수 없는 시점, 즉 태어나자마자_{심지어 태어나기 직전에} 체결한 보험일 수 있다. 그런 식으로 보험 계약을 맺으면, 보험사의 입장에서 가입자가 의외로 비용이 들지 않는 고객일 수도 있고, 반대로 굉장히 비용이 많이 드는 고객일 수도 있다. 이를 통해 고객의 입장에서는 자신이 비용이 많이 드는 고객으로 재분류되어 더 높은 보험료를 부과받을 위험을 회피할 수 있을 것이다.

물론 실제로는 신생아들은 보험 계약을 하지 않는다. 또 대부분의 20대 청년들은 자신이 50대의 나이가 되었을 때 겪게 될 건강상의 문제를 별로 생각하지 않는다. 그렇다면 이것은 절망적일 정도로 지나친 낙관이다. 〈미래의 삶에 대한 비현실적인 낙관론Unrealistic Optimism about Future Life Events〉이라는 제목의 한 고전적인 연구에 의하면 대학생의 2/3 정도가 자신들이 80세 이상 살 될 가능성이 동급생들보다 높다고 생각하는 것으로 드러났다.

게다가 우리 몸 상태는 건강과 관련이 별로 없어 보이는 이유로도 얼마든지 바뀐다. 가족 전체가 이사하고, 직업이 바뀌고, 여러 가지 사항에 대한 선호도가 바뀌면 건강도 영향을 받는다. 예를 들어서 중년에 들어서면 위장병에 걸릴 위험이 대학 시절과는 다를 수 있다.

그러므로 불변하는 평생 계약에 갇히는 것은 소비자 자신에게도 좋지 않고, 어떤 경우에도 계약을 그런 식으로 강제하는 법은 없다. 자신의 건강 상태가 좋다고 확신하는 고객은 기존의 보험 계약을 파기하고 다른 조건의 보험상품들을 찾아 더 나은 거래와 계약을 시도할 것이기 때문에 우리는 다시 선택의 중요성을 실감하는 상황에 놓이게 된다.

일반적인 1년 계약과 평생 계약 사이에도 많은 선택의 공간이 존재한다. 적절한 계약 기간을 설정하는 것도 선택으로 야기되는 문제를 해결하는 수단의 하나가 될 수 있다. 고객은 실제로는 비용이 많이 들어가는 어떤 상황이 발생할 때마다 즉시 거기에 맞춰 계약의 내용을 변경하는 방법과 선택의 여지가 전혀 없는 영원한 계약을 체결하는 방법 사이의 어느 중간 지점을 선택하게 될 것이다. 이 두 지점을 잇는 연속 선상에서 어느 지점에 이르면 선택은 그리 심각한 고민거리가 되지 않는다. 우리는 2장에서 마리카 카브랄의 치아보험에 대한 분석을 통해서 이런 상황이 이론적으로뿐 아니라 실제로 현실에서 일어나고 있음을 확인했다.

카브랄이 직원들에 대한 알코아Alcoa의 치아보험료 지원 정책에 관해 연구한 내용을 다시 떠올려 보면, 직원들이 매년 각자가 지원받을 수 있는 한도가 1,000달러인 서비스에서 2,000달러인 서비스로 갈아탄 직후 1년 안에 보험금 지급을 요청한 사례가 증가했다는 사실을 확인했다. 다른 말로 하면, 그 직원들은 자신이 머지않아 비용이 많이 드는 치료, 그러나 당장 급하지는 않은 치료를 받게 될 것이라는 사실을 미리 알고 있었고, 그 치료를 이듬해에 받기로 마음먹고, 더 많은 보험 혜택을 받을 수 있는 관대한 보험 서비스로 갈아탔다고 추정할 수 있다.

우리는 우연히 발견한 또 다른 특이점 때문에 알코아의 직원들에 대한 치아보험료 지원 정책을 다시 검토해 보았다. 2005년쯤 알코아는 1년에 한번 가능하던 직원들의 보험 계약 변경 신청을 2년에 한번 가능하도록 규정을 바꾸었다. 카브랄은 이렇게 규정을 변경한 후 앞서 설명한 '악성 고객'과 같은 유형의 선택이 줄어든 것을 확인했다. 사람들은 보다 많은 보험금 지원을 받기 위해 치아 근관 치료나 임플란트를 두어 달 정도는 늦출 수 있을 것이다. 그러나 2년을 기다리는 것은 좀 괴로운 일이었을 것이다.

이러한 관찰을 근거로 카브랄은 계약 기간이 알코아 내부의 치아보험 시장에 상당한 영향을 미쳤다고 주장했다. 만약 회사가 치아보험 지원 프로그램을 손질하지 않고 1년에 한 차례 보험 계약 변경 신청을 할 수 있도록 놔두었다면 보험료는 크게 올랐을 것이고, 치아에 상당히 심각한 문제를 안고 있는 소수의 직원들, 아마도 5% 정도의 직원들만 매력을 느끼는 서비스로 전락했으리라는 것이 카브랄의 추측이다. 그러나 계약 변경 주기를 2년으로 늘리자 자신들이 큰 비용이 드는 치료를 받게 되리라는 것을 알고서 계약을 변경하는 직원이 크게 줄었다. 그 결과 보험사의 보험금 지급도 줄었고, 이에 따라 보험료도 내려갔다. 카브랄이 계산한 바에 따르면 보험료가 줄고 나서, 더 관대한 보험 서비스를 찾아 계약을 변경하는 직원이 두 배로 늘었다고 한다. 카브랄은 알코아와는 상관없는 다른 곳에서 추출한 데이터를 근거로 직원들과의 계약 기간을 5년 단위로 묶으면 보다 관대한 보험 서비스를 받으려는 직원이 거의 40%에 이르렀을 것으로 추정했다.

이처럼 계약 기간이 길어지면 여러모로 도움이 된다. 하지만 5년 단위의 계약도 모든 사람이 태어나자마자 치아보험에 가입한다고 가정했을 경우의 이론상의 최대 가입률인 100%에는 크게 미치지 못한다. 게다가 계약이라는 것은 법으로 강제할 수도 없다.

이 한계를 벗어나는 한 가지 방법은 '계약'이라는 개념의 범위를 우리가 흔히 생각하는 법률적인 계약에서 구성원의 권리와 의무에 대한 사회 전체의 암묵적인 합의를 의미하는 사회적 계약으로 확장하는 것이다. 조금 더 넓은 시각으로 보험 계약을 본다면, 가족의 개념을 확대한 보험 공동체를 생각할 수도 있다. 즉 불운을 안고 태어났거나 건강하지 못한 가족 구성원이 그룹 내의 나머지 구성원들로부터 도움을 받는 구조를 생각해 볼 수 있는 것이다. 경제사학자인 란 아브라미츠키Ran Abramitzky는 이스라엘의 모체가 된 유대인 정착민들이 세운 집단 공동체인 키부츠 구성원들 간의 약속을 다음과 같은 용어로 정리했다.

역사적으로 키부츠 구성원들 사이에는 생산물을 구성원들이 동등하게 공유할 정도로 매우 강력하고 명시적인 사회적 계약이 존재했다. 아브라미츠키는 이 같은 극단적인 평등주의는 아이가 아주 똑똑하든, 지능이 떨어지든, 게으르든 아주 성실하든 상관없이 키부츠의 다른 구성원들에 의해 보살핌을 받을 수 있다는 점에서 보험과 같은 작용을 했다고 주장했다. 똑똑하고 성실한 아이들, 즉 '괜찮은 아이들'이 자신들보다 여러 모로 뒤떨어지는 아이들을 돌보는 이러한 구조에 대해서 어떻게 생각하는가? 실제 보험의 현장에서는 건강에 자신이 있는 사람들이 스스로 건강보험의 혜택을 받기를 거부하고 보험을 해약하거나 처음부터 계약하지 않는 반면, 키부츠에서는 성취도가 높은 사람들이 이러한 사회계약에서 탈퇴하고 개인의 행복을 추구하기 위해 텔 아비브 같은 대도시로 이주하지 않는 이유는 무엇일까?

키부츠의 구성원들 중에도 이기적인 마음을 먹는 사람들이 있을 수 있다. 그래서 그들도 보험사와 같은 방식으로 이 문제를 해결한다. 키부츠의 구성원들은 자녀들을 모든 구성원의 공동의 이익에 부합하도록 양육한다는 그들만의 독특하고 강력한 신념을 가지고 있고, 이러한 신념의 공감대가 키부츠를 지탱하는 데 기여하고 있다. 그러나 아브라미츠키는 사유재산을 인정하지 않는 제도가 키부츠인들을 끈끈하게 이어주는 '사회적 접착제' 역할을 하고 있다고 주장한다. 모든 자산이 키부츠에 귀속되어 있기 때문에, 똑똑하고 생산적인 사람들도 스스로 태업하거나 파업하는 것을 별로 바람직하지 않게 생각한다는 것이다. 그는 1980년대 초반을 기점으로 키부츠 운동이 쇠퇴한 것은 이스라엘이 경제 위기를 겪으면서 키부츠의 자산가치가 붕괴되자, 더 이상 키부츠 공동체에 경제적으로 묶이는 것을 원하지 않는 유능한 구성원들이 대거 키부츠를 떠났기 때문이라고 보고 있다.

보험에 대한 사전 약속

우리가 살아가는 사회가 키부츠처럼 운영될 수는 없다면, 무엇을 어떻게 해야 할까? 보험사가 가입자 전체의 이익을 위해 존재하는 키부츠처럼 보험상품을 운용할 수 없다면, 고객들이 오랜 시간이 흘러도 이탈하지 않는 장기 약정에 가까운 계약을 이끌어 낼 매력적인 무언가를 보여줄 수 있을까? 보험사와 키부츠 사이에 우리가 생각했던 것보다 훨씬 더 많은 공통점이 있는 것은 분명하다. 보험사는 고객이 장기 계약을 취소하고 싶은 유혹을 느끼지 않도록 때로는 그럴듯한 혜택을 제공한다. 와이어커터가 반려동물 주인들에게 가능하면 반려동물이 어릴 때 반려동물보험에 가입하라고 조언하는 것은 자신이 키우는 동물이 척추나 허리가 아프다는 것을 알기 전에 가입하면 보험료를 싸게 책정받을 수 있기 때문이다.

와이어커터의 조언 말고도 경제학자인 이갈 헨델Igal Hendel과 알레산드로 리쩨리Alessandro Lizzeri의 연구 결과는 장기적인 계약이 보험시장에서 선택의 결과로 인해 일어날 수 있는 문제를 줄이는 데 어떤 역할을 하는지 잘 설명해 주고 있다. 헨델과 리쩨리는 앞서 우리가 이미 다루었던 문제를 관찰하는 데서부터 그들의 연구를 시작했다. 보험을 계약할 때 지나친 장기 계약은 바람직하지 않다. 첫째로 법률적인 관점에서 보면, 기업은 미리 약정된 보험료를 받는 대신 수익자에게 약정된 보험금을 무기한 지급해야 할 의무가 있다. 그러나 고객은 법적으로 보험 계약을 무기한 유지하도록, 즉 보험료를 무기한 납부하도록 강요받지 않는다. 게다가 법적으로는 고객에게 계약의 무기한 준수를 강요할 수 있다고 하더라도, 실제로는 그러기 어려운 것이 현실이다. 갑자기 보험료를 납부하지 않겠다는 고객을 보험사는 어떻게 설득해야 하는가? 고객이 보험료를 계속 납부하도록 하려면 보험사

는 어떻게 해야 하는가?우리는 6장에서 보험료 납부를 정부가 강제하기 어려운 이유를

살펴보면서 이 문제를 다시 다룰 것이다.

　　보험사가 고객에게 매년 보험료를 꼬박꼬박 납부하도록 강요할 수 없다는 말을 고객의 입장에서 해석하면, 더 나은 조건의 보험상품을 판매하는 다른 보험사가 있다면 갈아탈 수 있다는 이야기이다. 특히 고객이 자신의 건강 상태가 과거에 생각했던 것보다 훨씬 좋다는 것을 알게 되었지만, 보험사가 자신이 '나쁜 고객', 즉 건강하지 않은 고객으로 분류되었던 가입 당시의 보험 조건을 고집한다면, 고객은 새로운 보험사를 찾아 더 나은 조건으로 보험을 들고 싶을 것이다.

　　헨델과 리쩨리는 종종 생명보험사들이 일정 기간의 보험료를 미리 납부하도록 보험을 설계하는 것은 바로 이러한 이유 때문이라고 설명했다. 실제로 일부 생명보험의 경우 가입 초기에는 사망 위험에 비해 보험료를 높게 책정하고, 계약 후 일정한 기간이 지나면 보험료를 낮추는 것이 일반적이다. 보험료를 이미 많이 냈다면 다른 보험사로 갈아타기가 쉽지 않을 것이라는 판단에서다.

　　이해를 돕기 위해 두 명의 건강한 마흔 살의 남성이 있다고 가정해보자. 우리는 그들을 편의상 월터와 바트라고 부르기로 하자. 그들은 만일의 상황에 대비하여 어린 자녀들에게 남겨주기 위해서 퍼시픽 올 리스크 보험Pacific All Risk Insurance Company 이라는 보험사의 생명보험에 가입했다. 계약 내용을 보면 매년 2,500달러의 보험료를 납부하는 대신 사망할 경우 100,000달러의 보험금을 받게 되어 있었다. 보험료를 매년 2,500달러로 책정한 것은 두 사람의 평균 기대수명을 반영한 결과이다. 물론 평균 기대수명보다 훨씬 일찍 사망하는 경우, 보험

사는 불과 몇 개월 치의 보험료를 받고 100,000달러를 내어주어야 한다. 반면 두 사람이 건강하여 80세 이상을 넘겨 장수하게 되면 보험사는 보험금 100,000달러보다 더 많은 보험료를 거둘 수 있다. 두 사람이 80세가 되면 매년 2,500달러씩 보험료를 납부할 경우, 그들이 납부한 보험료를 누적한 액수가 보험금과 같은 100,000달러에 도달하게 된다.

이제 세월이 흘러 두 사람이 보험에 가입한 지 5년이 지났다고 치자. 월터는 여전히 건강했다. 그러나 바트는 건강 검진 결과 동맥 경화와 당뇨가 발견되었고, 무릎도 부어 있었다. 만일 보험사가 이 사실을 안다면 바트와는 계약은 해지하고 싶을 것이다. 월터와는 현재대로 보험료를 매년 2,500달러로 유지하고 싶을 것이다. 그러나 현실은 반대로 돌아간다. 월터는 더 낮은 보험료를 내고도 100,000달러의 보험금을 보장하는 생명보험 상품이 없는지 알아보려 할 것이다. 보험사는 월터의 보험료를 더 내려주지 않으면 자칫 그를 경쟁사에 빼앗길 수 있다. 그러나 바트의 경우는 자칫 그가 보험사에 납부한 보험료 총액이 그가 사망한 후 수익자에게 내주어야 할 100,000달러에 도달하기 전에 사망할 수 있다.

월터와 바트의 사례에서 보듯, 보험사의 입장에서는 나쁜 고객이라고 여겨지는 사람일수록 보험 계약을 해지하지 않고 끝까지 남아 있는 경향이 크다. 하지만 보험사는 계약 초기 단계에서 둘 중 누구에게 어떤 일이 일어날지 예측할 수 없다. 뾰족한 수가 없다면 생명보험을 계약할 때 장기 계약을 하지 않고 살아가면서 일어날 수 있는 불행에 대해 큰 보장을 하지 않는 년 단위 계약을 체결하는 수밖에 없다.

가입 초창기 몇 년 동안 보험료를 높게 책정하여, 사실상 훗날 납입해야 할 보험료의 상당 부분을 선납하게 하면, 가입자들이 보험을 쉽게 해지하지 못하도록 하는 효과가 있다. 그렇게 하면 보험 계약은 더 이상 일방적인 약속이 아니라, 서로에 대해서 새로운 사실을 알게 되었다 하더라도 양쪽 모두 함부로 상대방과의 관계를 청산하고자 하는 생각이 들지 못하게 만드는 효과가 있다. 보험사가 이렇게 미리 보험료의 상당 부분 또는 일부분을 선납 받는다는 것은 훗날 보험사 입장에서 계약 내용을 변경하고 싶은 생각이 들 정도로 불리한 어떤 예상치 못했던 상황이 가입자에게 발생할 경우에 대비한 일종의 안전판을 마련한 것이나 마찬가지다.

이런 설명이 여전히 이론적이고 추상적으로 들린다면 다시 한번 바트와 월터 두 사람과 퍼시픽 올 리스크 보험사 사이의 상황을 생각해 보자. 보험을 계약하던 당시로 되돌아가 매년 2,500달러씩 보험료를 납부하는 대신 계약과 동시에 일시불로 20,000달러를 내고 매년 납입할 보험료를 2,000달러로 낮추어 계약하자고 보험사가 두 사람에게 제안했다고 가정해 보자. 두 사람 모두 이 제안이 나쁘지 않다고 생각하고 그대로 받아들여 계약을 했다고 치자.

그리고 5년이 지나서 두 사람 모두 45세가 되었을 때 한 사람은 여전히 건강했지만, 한 사람의 건강 상태는 상당히 나빠졌다. 건강이 좋지 않은 발트의 경우는 어쩌면 일찍 세상을 떠날지도 모른다. 즉 앞으로 몇 차례의 보험료만 더 납부하면 거액의 보험금을 지급받게 될지도 모른다. 반면 여전히 건강한 월터는 어떠한가? 계약 초기에 거액을 선납했지만, 앞으로 부담해야 할 보험료는 그만큼 내려갔으니 보장 내용만 나쁘지 않다면 굳이 현재의 보험을 해약하고 다른 보험사의 더 유리해 보이는 보험상품으로 갈아탈 생각을 하지 않을 것이다. 보험료를 1년에 2,500달러로 계약했다면, 월터를 새로운 고객으로 끌어들이고 싶어 하는 다른 보험사는 2,500달러 이하의 보험료를 제시하면 될 것이다. 그러나 지금은 연간 2,000달러 이하로 깎아 주어야 그를 신규 고객으로 유치할 수 있다. 계약과 동시에 많은 액수의 보험료를 선납하도록 하면그만큼 매년 납부해야 할 보험금은 줄어든다, 건강한 고객, 즉 '우량 고객'이 계약을 해지하고 다른 보험사로 이탈할 가능성은 줄어든다. 45세의 월터는 5년 전, 자신이 친구인 바트보다 훨씬 오래 살 운명을 타고났다는 사실을 모르고 20,000달러의 거금을 선납한 것을 후회할지 모른다. 그러나 보험이라는 게 원래 그런 것이다. 혹시라도 닥칠지 모르는 위험을 당했을 때의 고통과 부담을 줄이고자 보험에 가입하고 보험료를 납부하는 것이다. 운이 좋을 것을 미리 안다면, 보험에 가입할 필요가 없다.

고객의 선택으로 인해 발생하는 문제를 해결하기 위해 이제까지 제시된 여러 가지 해결책들과 마찬가지로 이번 장에서 다룬 해결책 역시 완벽하지는 않다. 극단적인 경우 고객은 가입과 동시에 거액을 선납하는 대신 이후 평생 한 푼의 보험료도 내지 않아도 되는 방식으로 계약하기를 원할 수도 있다. 그러나 실제로는 그런 식의 계약은 거의 이루어지지 않는다. 그 이유가 궁금하다면 자기 자신에게 물어보라. 고객이 이탈하지 않고 유지됨으로써 보험사가 얻는 이익이 하나도 없다면, 보험사가 고객을 위해 할 수 있는 것이 무엇이 있겠는가? 그렇기 때문에 고객들이 일부 거액의 보험료를 선납하는 것은 보험사에게 여러모로 좋은 일이지만, 전액을 선납해 주기를 바라는 보험사는 없다. 그리고 이러한 방법은 선택으로 인한 문제를 어느 정도 해결해 낼 수는 있지만, 완전히 해결해 주지는 않는다.

————————

이제 우리는 또 무엇을 할 수 있을까? 곤란한 문제는 여전히 남아 있다. 보험사가 보험료를 산출하기 위해 고객에 관한 정보를 더 이상 수집할 것이 없을 만큼 충분히 수집했다 해도, 고객의 선택으로 인해 발생하는 문제를 해결하기 위해 시도해 볼 것들은 남아 있다. 그러나 이러한 '해결책'들은 여전히 완전하지 않다. 상당한 비싼 약물 처방이나 자살 등에 대해서는 보험사의 도움을 받을 수 없는 문제가 있다. 그러므로 고객 자신이 기대하는 만큼 보험 서비스가 충분하지 않다고 생각할 때, 다시 선택으로 인한 문제가 다시 발생한다. 이런 문제가 정부의 정책으로 해결될 수 있을까? 지금부터 이 문제를 다루어 보려고 한다.

3부
정부의 역할

6장
브로콜리를 강제로 구입하라?

2012년 3월, 미국 연방대법원은 선택적 시장에 큰 영향을 미칠 것이 분명했고, 미국 역사상 가장 논란이 컸던 정책 중의 하나가 합법적인지를 가리는 중대한 판결을 내렸다. 흔히 〈오바마케어Obamacare〉라고 부르는 '건강보험개혁법Affordable Care Act'은 모든 미국인에게 2014년까지 최소한 기본적인 건강보험에 의무적으로 가입해야 한다고 요구하고 있다. 이를 이행하지 않을 경우 가족의 소득의 1% 또는 가족당 285달러 가운데 높은 금액의 벌금이 부과되고 의무화가 시작된 후 2년이 지나면 벌금액은 가족당 2,000달러 또는 가족 소득의 2.5%로 늘어난다.

건강보험개혁법은 역선택의 부작용을 최소화하고, 건강한 개인들까지 건강보험료 부담에 참여시켜 결과적으로 건강보험료를 낮추기 위하여 이러한 의무를 모든 국민에게 강제한다고 보험 가입 의무화의 취지를 밝히고 있다. 이 법률에 따라 개인이 처한 건강 상태와 삶의 환경에 관계없이 보험사가 모든 사람에게 보험을 판매해야 한다는 점을 감안하면, 국민 모두의 보험 가입을 강제하는 의무 조항이 보험 시장의 유지를 위해 필수적이라는 점을 주목해야 한다. 즉, 각자가 어떤 상황에 처해 있든지 간에 모든 미국인이 건강보험의 혜택을 받을 수 있게 만들고 싶다면, 역선택으로 인한 죽음의 소용돌이를 단절하기 위한 권한을 정부가 가져야 한다는 것이다. 이러한 주장은 필자들 같은 전문가들이 늘 강조해 왔던 것이고, 누군가가 이 주장에 귀를 기울여 준 것이다. 대개의 경제학자들은 역선택으로 인해 위협받는 보험시장을 보호하기 위한 공공 정책을 다루는 과정에서 이러한 정책의 필요성을 역설해 왔다. 건강보험 시장은 확실히 그렇다. 2장 참조

그러나 역선택으로 인한 시장의 교란을 다루어야 할 연방대법원의 재판에서 난데없이 브로콜리 논쟁이 벌어졌다. 지독한 원칙주의자로 알려진 안토닌 스칼리아 대법관이 보험 가입을 의무화하면 다음 단계는 무엇이냐고 문제를 제기한 것이다. 즉 정부가 모든 미국인에게 건강보험 가입을 강제할 수 있다면, 모든 미국인에게 브로콜리를 의무적으로 구입하도록 강요해도 괜찮다는 것이냐고 반문한 것이다. 정부 측 변호인인 도널드 베릴리는 건강 복지와 브로콜리는 본질적으로 다르다고 주장했다. 그 주장 내용은 이미 앞에서 살펴본 바 있다. 진보적인 대법관 가운데 한 사람인 스테판 브레이어는 재판과 아무 관련 없는 문제인 브로콜리 문제에 신경 쓰지 말 것을 모든 대법관들에게 강력하게 촉구했다. 결국 논란은 거기서 끝났지만, 재판 결과와 상관없이 브로콜리는 모든 이의 이목을 끄는 데 성공한 것 같다. 존 로버츠 연방대법원장과 몇몇 보수적인 대법관들이 이 법에 반대했고, 좌파적 성향으로 알려진 루스 베이더 긴스버그 대법관까지 좌파적 관

점에서 반대에 동참했으며, 판결문에서는 브로콜리라는 단어가 12번 이상 등장했다. 반면 역선택은 마치 지나가는 말인 것처럼 딱 한번 언급되었다.[24]

정보의 비대칭성의 문제는 뒷전에 놓고 브로콜리 논쟁에 빠지다 보니 국가가 시민들의 일상을 보살핀다는 이유로 모든 이들에게 야채를 강제로 먹여도 되느냐는 문제가 재판의 쟁점이 되어 버린 것이다.[25] 그만큼 우리가 이 책에서 전달하고자 하는 생각들이 논란의 여지가 있기 때문일 수도 있다. 스칼리아의 주장에 동조하는 대법관들은 비대칭적 정보의 기초에 대해서 확실히 파악하면서도 소비자의 선택이 시장의 기능에 미치는 중요한 역할에 대해서는 충분히 인식하지 못했을 수도 있다.

우리는 앞에서 기업들이 선택으로 인해 발생하는 문제를 풀어내기 위해 적용할 수 있는 다양한 방법을 강조했다. 그러나 우리는 선택으로 인해 발생하는 문제가 기업의 대응만으로는 완전히 해소될 수 없다는 것도 확인했다. 그렇다면 시장이 운영되는 규칙을 정할 권한이 있는 정부가 개입하면 보험시장이 확실히 공정하고 효율적으로 바뀔지도 모른다고 생각할 수도 있다.

오바마케어처럼 모든 국민이 건강보험에 의무적으로 가입하도록 하거나 자동차보험처럼 보험에 가입되어 있는 차량만 운행할 수 있도록 하는 등 모든 사람이 보험시장에 참여하도록 강제하면 역선택으로 인한 죽음의 소용돌이는 발생조차 하지 않는다. 그러나 이런 해결책은 정부가 시장과 민간 경제에 개입하는 것 자체를 불편해하는 전통적인 자유주의자들의 원칙적인 우려가 아니더라도, 또 다른 문제의 원인이 될 수 있다. 가장 먼저 대두되는 문제는 가입 의무가 현장에서 실제로 시행될 수 있는지에 관한 것이다. 어린아이들을 키워본 부모들은 다 알겠지만, 저녁 식탁에서 아이들에게 "모두 브로콜리를 먹어라!"라고 말한 것만으로 아이들이 브로콜리를 부모가 원하는 만큼 먹는다고 장담할 수 없다. 그렇다면 가입 의무의 이행을 확실하게 강제하려면 어떻게 해야 하는가? 모든 사람이 건강보험에 가입해야 한다면, 우선 건강보험의 범위와 정의부터 확실히 정해야 할 것이다. 건강보험이 반드시 지원해 주어야 할 질병과 증상은 어떤 것인가? 반드시지원해 주어야 할 요건을 최소한으로 정한다면 의무 지원 사항은 없는 것이나 마찬가지일 수도 있다. 겨우 걸음마를 시작한 아이가 나름 머리를 써서 브로콜리를 아주 조금만 먹고 나서 "보세요. 나 브로콜리 분명히 먹었어!"라고 말하는 것과 비슷한 현상이 보험시장에서 일어날 수도 있다. 정부는 건강보험 상품이 보장해야 하는 최소한의 범위를 법으로 정할 수 있다. 조금 전에 언급한 아이의 비유를 확장한다면, 정말 교활한 아이가 "양배추를 먹어도 비타민 K를 섭취할 수 있잖아요?"라고 따질 수도 있는 것이다.

문제가 복잡하다고 해서 특정 야채를 먹도록 강제하는 것이 맞느냐는 따위의 논쟁을 해서는 안 된다. 오히려 보험시장에 유익한 규칙을 설계해 내기를 진정으로 원한다면 정부의 규제가 보험시장의 역선택에 미치는 영향을 제대로 이해하기 위한 진지한 노력을 기울여야 한다.

그래서 우리는 이번 장에서 선택의 결과로 발생하는 부작용을 해소하기 위해 추진된 정책들의 동기와 결과에 대해 더 자세히 살펴볼것이다. 일단 우리는 두 가지의 주요한 대안에 초점을 맞춰서 분석해

볼 것이다. 하나는 이미 앞에서 언급한 강제 조치이다. 우리는 또한 모든 국민들의 보험 가입을 유도하기 위해 정부가 보장 비용의 일부를 보조하는 것이 타당한지도 살펴볼 것이다. 7장에서는 사적인 프라이버시 보호 또는 형평성의 문제를 해결하기 위한 정부 정책처럼 선택의 문제와는 전혀 상관없는 정책임에도 불구하고 선택적 시장의 기능에 영향을 미치는 경우에 대해서 생각해 볼 것이다. 우리가 이런 문제를 다루는 이유는 이들 정책이 잘못되었다고 생각하기 때문이 아니다. 현명한 정책을 만들기 위해서는 이러한 정책으로 인해 발생하는 문제를 제대로 인식하고 가장 적절한 절충점을 찾아볼 필요가 있기 때문이다.

강제 가입을 통한 역선택 방지

조지 애커로프는 그의 대표적인 연구 성과인 1970년의 이른바 〈레몬〉에 관한 연구로 노벨 경제학상을 거머쥐었고, 학계에서 역선택에 관한 본격적인 연구가 시작되는 계기가 되었다. 이에 대해서는 이미 1장에서 이야기한 바 있다. 애커로프는 그의 연구에서 생명보험을 중요한 연구 소재로 삼았다. 그는 모든 이들의 보험 가입을 의무화하지 않으면, 건강 상태가 좋지 않은 가입자들레몬이 보험시장으로 몰려들 것이고, 그 결과 보험료가 올라가면 건강한 사람들은 보험시장에서 더욱 이탈하게 될 것이라고 주장했다. 이 문제가 왜 중요한지는 1장에서 이미 이야기했다. 건강하지만 보험에 가입하지 않은 고객들은 병든 레몬에게 지출될 훨씬 더 높은 의료비가 반영된 높은 보험료를 내고 싶지 않아서, 자신이 어떤 병에 걸렸을 때 보험금 지원을 받을 수 있음에도 불구하고 보험 가입 자체를 거부한 것이다. 애커로프는 당시부터 노인들을 위해 완전히 새로운 공공건강보험 프로그램을 마련하고 가입을 의무화하는 방식의 노인 건강보험 제도의 필요성을 기회가 있을 때마다 역설했다. 그는 이와 같이 보험 가입을 강제하는 것만이 건강보험 시장에서의 역선택의 부작용을 방지하는 적절한 처방이라고 주장했다.

그의 논리는 우리 연구진을 포함한 대부분의 경제학자가 의무 가입이 선택으로 인해 발생하는 문제에 대한 가장 직접적인 해결책이라는 것에 동의하는 데 큰 역할을 했다. 이러한 관점에서 볼 때 2010년의 건강보험 개혁법을 통해 건강보험 가입을 의무화한 것은 선택의 문제를 다루는 하나의 새로운 표준을 제시한 것으로 평가할만했다. 그런데 이러한 주장을 한 경제학자들은 한 세기 전에도 있었다.

1916년 노동운동 지도자들과 경제학자들로 구성된 당시로는 매우 진보적인 조직이었던 미국노동입법협회American Association for Labor Legislation는 짧은 성명문을 통해 모든 주 정부들이 임금 노동자들을 위한 의무적인 건강보험 제도를 채택해야 한다고 촉구했다. 그들은 이 성명서를 통해 모든 노동자의 건강보험 가입을 의무화해야만 젊은이들과 건강한 사람들도 보험에 가입하게 된다고 설명했다. 그렇게 하지 않으면 "보험사는 해가 거듭될수록 나이가 들어가는 가입자들의 보험금 청구로 인해 상당히 무거운 부담을 지게 될 것"이라고 지적했다. 그 결과 보험업계 보험료를 올릴 수밖에 없게 된다. 보험료가 올라가면 젊은 층과 건강에 자신이 있는 사람들의 보험 가입은 더 줄어들 것이고, 결국 보험업계는 지급불능 상태에 몰려 심하면 파산할 수도 있다. 그러나 남녀노소가 모두 고르게 가입하는 강제 보험의 상황은 다르다.

즉 오바마케어를 통해 미국에서 건강보험 가입이 의무화되기 거의 100년 전에, 그리고 이 문제에 대해 연구한 학자에게 노벨상이 주어지기 약 80년 전에 이미 의무 보험의 필요성을 강조한 사람들이 있었고, 그들은 이미 보험업계가 빠질 수 있는 죽음의 소용돌이의 위험성과 그것을 피할 수 있는 대책으로서 의무보험의 역할도 이해하고 있었다. 그러나 당시에는 진보주의적인 사람들의 주장이 제대로 받아들여지지 않았고, 심지어 미국의 역사를 조금이라도 공부해 본 사람들은 모두 알고 있듯이 모든 사람이 건강보험에 의무적으로 가입해야 한다는 그들의 요구가 받아들여지기까지 꽤 오랜 시간을 기다려야 했다.

21세기 초, 드디어 이것이 의무화되었고, 우리는 두 가지를 배웠다. 하나는 보험 가입 의무화를 실시한 결과가 조지 애커로프가 예측했던 바와 정확하게 같았다는 것이다. 의무화는 선택으로 인해 발생하는 문제를 상당히 해소해 주었고, 중요한 시장에서 역선택과 싸우기 위해 등장한 경제학 이론의 승리로 인정되었다. 두 번째는 우리가 살고 있는 세상은 학문적 모델을 통해 예측했던 것보다는 훨씬 복잡하다는 것이다. 때문에 보험 가입 의무화 역시 만병통치약은 될 수 없다는 것이다. 때문에 우리는 보험 가입 의무화를 실시한 결과를 통해서 추상적인 이론이 정책으로 만들어졌을 때 실제로는 어떤 일이 일어나는지 다시 한번 생각해 보게 되었다.

집단적 가입 의무

모든 국민의 건강보험 가입을 의무화하려고 노력한 것은 오바마 정부가 처음이 아니었다. 한때 오바마 대통령의 정치적 라이벌이었던 미트 롬니도 이 같은 주장을 폈었다. 공화당 출신의 미트 롬니가 매사추세츠주의 주지사로 재직 중이던 2006년에 실시한 건강보험 개혁의 내용은 그대로 2010년의 오바마케어 법안의 모델이 되었다.

훗날 롬니 주지사의 이름을 따서 롬니케어Romneycare 라는 별칭으로 불렸던 그의 개혁안에는 매사추세츠주의 주민 모두 의무적으로 건강보험에 가입해야 한다는 내용이 포함되어 있었다. 그러한 의무화의 결과는 애커로프가 자신의 연구모델을 통해 예측했던 것과 정확히 같았다. 보험 가입 의무화의 결과로 건강 상태가 상대적으로 좋은 주민들까지 보험시장으로 들어온 것이다.

매사추세츠주를 근거지로 활동하는 아미타브 찬드라Amitabh Chandra와 조나단 그루브Jonathan Grube, 그리고 로빈 맥나이트Robin McKnight 등 세 명의 경제학자들은 2011년에 발표한 논문을 통해 롬니케어를 실시한 직후의 상황을 생생하게 설명해 주었다. 이들은 지금은 컨넥터케어ConnectorCare라고 불리는 매사추세츠주의 건강보험 지원 프로그램에 대해서 분석했다. 이 프로그램의 핵심은 의무적으로 건강보험에 가입해야 하는 저소득층 주민들을 위해 보험료의 일부를 보조금으로 지급하는 것이었다. 컨넥터케어는 2007년, 롬니가 주도한 건강보험 개혁의 일환으로 도입되었다.

연구자들은 컨넥터케어가 운영되는 독특한 방식을 관찰하면서 이 프로그램만의 특별한 요소인 의무 가입이 어떤 결과를 낳는지를 확인할 수 있었다. 컨넥터케어는 2007년 5월부터 정식으로 도입되었지만, 전 주민들의 가입이 의무화된 것은 7월부터였다. 그러나 의무적으로 가입하지 않는 사람들에 대해 금전적인 불이익을 주는 제도는 2007년 12월까지도 시행되지 않았다. 그 덕분에 연구자들은 의무화가 시행되는 2007년 5월 또는 7월 전에 건강보험에 가입한 사람들과 보험 가입이 완전하게 강제된 2007년 12월 이후에 가입한 사람들을 비교해 볼 수 있었다.

연구자들의 입장에서 다행스러운 점은 주 정부가 모든 가입자의 건강 특성과 그에 따른 보험금 청구와 관련된 자료들을 잘 관리하고 있었다는 것이었다. 우리가 미국 전체가 아닌 매사추세츠주의 사례를 이야기하는 이유는 이것 때문이다. 모든 미국인의 보험 가입 전과 후를 비교할 수 있는 데이터를 얻기는 쉽지 않다.

확보된 데이터들은 선택에 관한 간단한 모델에 의해 예측된 것과 아주 잘 맞아떨어졌다. 보험 가입이 의무화되기 전에 컨넥터케어에 가입한 가입자들의 건강 상태는 상대적으로 좋지 않아 보였다. 가입자들의 평균 연령은 45세였고, 가입자의 36%는 고혈압이나 관절염처럼 꾸준한 그러나 많은 비용이 필요한 치료가 필요한 만성 질병을 앓고 있었다. 그러나 보험 가입이 완전히 의무화된 후에 가입한 사람들을 살펴보니 평균연령은 41세로 떨어졌으며 만성 질병을 앓고 있는 사람들의 비중도 24%로 떨어졌다. 그에 상응하여 의료비의 월평균 지출액 및 보험 청구액도 의무 가입 시행 전에는 518달러였던 것이 의무 가입 시행 후에는 356달러로 내려갔다. 이는 선택의 결과가 시장에 미치는 문제를 풀어가는 데 있어서 의미 있는 연구 결과로 받아들여질 수 있다. 보험 가입을 의무화하고 이를 이행하지 않는 사람들에게 벌금을 부과하자 모든 주민이 컨넥터케어의 울타리 안으로 들어갔다. 그 결과 새로 들어온 사람들의 의료비 지출은 그 전에 비해 30%쯤 낮아졌다.[26] 이미 앞에서 말한 것처럼, 애커로프의 이론은 확실히 옳았다.

"그만해! 안 그러면… 하여간 그만하란 말이야!"

매사추세츠주에서의 개혁은 가입을 강제한다는 것이 무엇을 의미하는지를 다시 생각하는 계기가 되었다. 2007년 5월부터 같은 해 12월까지는 의무적으로 보험에 가입하라는 정책이 실행되기는 했지만, 이를 어긴다 해도 어떤 처벌도 받지 않았다. 이 기간은 중요한 의미를 갖는다. 이 기간의 상황을 살피다 보면 의문이 하나 떠오른다. 사람들에게 무언가를 하라고 강제하면서도 하지 않는 사람들에게 어떤 불이익도 주지 않는다면 무슨 소용이 있겠는가?

그런가 하면 더 일반적인 의문도 있다. 모든 사람이 '의무적'으로 보험에 가입해야 한다는 말이 무슨 의미인가? 부모가 아이에게 "브로콜리를 꼭 먹어라."라고 말하거나 다른 뭔가를 강요한다면 아이들로부터 "만약에 먹지 않으면요? 강요하지 마세요."라는 따위의 대답이 돌아오지 않겠는가? 또 앞으로 자세히 다루겠지만, 법률적인 시각에서 따지자면 얼마만큼 먹어야 브로콜리를 먹었다고 인정할 것인가라는 문제도 쟁점이 될 수 있다. 부모라면 아이들이 부모의 지시를 따르지 않을 수 없게 만들 여러 가지 수단을 동원할 수 있다. 간곡히 설득할 수도 있고, 화를 낼 수도 있고, 어떤 벌칙 같은 것을 정할 수도 있다. 정부도 부모가 아이들에게 여러 가지 수단을 동원하는 것과 마찬가지로 사람들이 보험 의무 가입 조치에 따르도록 비슷한 수단을 동원할 수 있을 것이다.

로버츠 대법관이 작성한 판결문을 보면, 그는 이 점은 중요하게 여기지 않은 것 같다. 그는 모든 미국인이 보험에 가입해야 한다면 강제가 아닌 징세로 해결하라고 요구하며 역선택 방지라는 관점에서 오바마케어의 핵심인 의무 조항을 무력화시켰다. 그는 건강보험에 가입하지 않는 사람들에게 세금을 부과하고 징수할 헌법상의 권리는 정부에 있지만, 보험 가입을 강제할 권리는 없다고 주장했다. 즉, 보험 가입을 의무화할 수는 없다는 것이다. 그러나 정부가 국민들을 대상으로 강경책을 사용하기가 쉽지 않기 때문에, 보험에 가입하지 않은 사람들에게 벌금 또는 세금을 함부로 부과할 수는 없다. 정부가 보험 가입을 거부하는 사람들을 상대로 연간 10억 달러 정도의 세금을 걷는다면, 보험 가입을 거부하는 사람들에게 엄청난 강제력으로 작용하겠지만, 액수가 너무 큰 만큼 실제로 그 정도의 세금을 걷기는 쉽지 않다. 반대로 징벌적 의미로 걷는 세금이 아주 소액이라면, 예를 들어서 1페니쯤 된다면, 세금을 통해 사실상 보험 가입을 의무화하는 효과를 낸다는 세금의 취지와 목적을 전혀 달성할 수 없을 것이다.

결국 오바마케어가 도입되었음에도 불구하고 전 국민에게 의무적으로 보험 가입을 요구하는 정부의 강제력은 미국의 고속도로에서 시속 90마일로 운전하는 것을 금지하는 강제력보다 훨씬 약해졌다. 사실 그렇다. 미국에서 당신이 처음으로 고속도로에서 과속하다 걸리면 경찰관은 교통 표지판의 지시를 따르지 않았다는 이유로 20달러의 범칙금 티켓을 발부하는 선에서 끝낼 것이다. 이때만 해도 속도 제한 규정은 명령이라기보다는 세금 부과의 구실 정도로 느껴질 수 있다. 그러나 상습적으로 속도위반을 하며 몇 번 더 경찰관과 마주치게 되면 범칙금은 250달러로 올라간다. 이때도 액수는 많이 무거워졌지만, 세금을 내는 기분일 것이다. 그러나 그다음은 면허 정지이다. 그 후에도 계속해서 과속하거나 혹시라도 면허 정지 상태에서 계속 운전하다 적발되면 범칙금은 더 크게 오른다. 일정한 기간 동안 다섯 차례 이상 적발되면 1년 정도의 징역을 살 수도 있다. 이쯤 되면, 건강보험에 가입하지 않은 사람에 대한 솜방망이 같은 징벌적인 세금에 비하면 정부가 운전 중 과속을 막기 위해 얼마가 강압적인 수단을 사용하고 있는지 알 수 있다.

의무화의 효과는 의무를 무시하는 사람들에게 얼마나 엄격한 벌칙을 부과하는가에 달려 있다. 스위스의 경우, 보험에 가입하지 않은 사람들은 몇 차례 경고를 받게 되고, 결국 보험에 가입하게 되면, 이전에 가입하지 않고 버틴 기간에 대해서도 보험료를 소급해서 청구받는다. 이런 무자비한 강제규정 덕분에 공공보험이 존재하지 않음에도 불구하고 시민들의 보험 가입률은 100%에 가깝다. 반면 처벌이 최소한에 그치거나 존재하는 처벌 조항조차도 적극적으로 집행하지 않는다면, 의무 가입 규정은 없는 것이나 마찬가지다. 이는 비효율적인 영국 경찰에 대한 로빈 윌리엄스의 영화 속의 대사를 떠올리게 한다. 보비라는 그가 연기한 영국 경찰은 총을 휴대하고 다니지 않는다. 경찰관인 그가 할 수 있는 가장 위협적인 행동은 "그만해! 안 그러면... 하여간 그만하란 말이야!"라고 힘겹게 소리치는 것뿐이었다.

　다시 매사추세츠주의 사례를 살펴보면 우리는 무거운 벌칙의 중요성을 확인할 수 있다. 우리가 앞에서 언급한 매사추세츠주에서의 보험 의무화 사례를 연구한 연구자들은 2007년 7월부터 11월까지의 상황을 살펴보았다. 이 기간은 보험 가입이 법적으로는 의무화되었지만, 가입하지 않았다 해도 어떤 처벌도 받지 않는 일종의 계도 기간이었다. 그들은 또 아직은 보험 가입이 의무화되지는 않았던 2007년 5월과 6월, 즉 예고 기간에 가입한 사람들과 보험 가입 의무화가 완전하게 강제적 효력을 발휘하여 미가입자에게는 금전적인 불이익이 주어지는 2007년 12월 이후의 가입자들을 비교해 보았다. 계도 기간에는 5월과 6월, 즉 예고 기간에는 보험에 가입하지 않고 있던 건강한 사람들이 일부 가입한 것이 눈에 뜨였다. 이 사람들은 딱히 어떤 징벌 조치가 시행되지 않은 상황 임에도 정부가 하라는 대로 순순히 이행한 경우에 속한다.

　그러나 강제 의무 속에 날카로운 이빨이 없었기 때문에 대부분의 사람에게는 별 효과가 없었다. 컨넥트케어 가입에 큰 변화가 일어난 것은 징벌 조항이 효과를 확실하게 발휘하기 시작한 2007년 12월부터였다. 징벌 규정이 효력을 발휘하게 되자 가입 건수도 이전 달에 비해 3배나 늘어났고, 상대적으로 건강한 사람들의 보험 가입이 크게 늘어났다. 컨넥트케어를 단계적으로 도입하는 과정에서 금전적 불이익이 없는 의무 기간을 두었던 것은 일시적인 실수였다고 생각할 수도 있다. 그런데 2019년, 트럼프 정부는 오바마케어의 건강보험 가입 의무 규정을 준수하지 않은 사람들에게 부과되던 경제적인 처벌을 모두 없애 버렸다. 이는 영국 경찰 보비가 "그만해! 안 그러면... 하여간 그만하란 말이야!"라고 소리치는 것 말고는 별

다른 대응 수단을 가지지 않은 채 흉악범을 상대하는 것과 마찬가지다.

2010년, 매사추세츠주는 컨넥트케어에 가입하지 않을 경우 소득에 따라서 매년 최고 1,100달러의 벌금을 부과했지만, 그래도 가입을 하지 않고 버티는 사람들이 없지 않았다. 그래도 2010년 기준으로 매사추세츠는 미국에서 건강보험 미가입자의 비중이 가장 낮은 주였다. 당시 미가입자 비중은 5%였고, 완전 가입을 의미하는 0%보다 높기는 했지만, 확실히 낮은 수치였다. 그러나 롬니케어가 도입되기 전에도 매사추세츠주의 건강보험 미가입자 비중은 11%에 불과하여 미국에서 미가입자 비중이 가장 낮은 주로 꼽혔던 것을 생각하면 5%라는 수치가 그렇게 대단해 보이지는 않는다. 가입 의무화 규정과 미가입자에게 경제적 불이익을 주는 규정으로 인해 미가입자의 비중이 확실히 줄어들기는 했지만, 미가입자를 완전히 없애지는 못했다. 만일 롬니가 무보험자 비율을 완전히 제로로 만들고자 하는 의지를 확고하게 가지고 있었다면, 스위스의 사례를 참고하여 불이익 규정을 크게 강화했을 것이다. 그러나 이미 알다시피 스위스처럼 불이익을 주는 제도는 미국 어디에서도 시행되지 않았다.

매사추세츠주의 보험 가입 강제 정책은 상당히 성공적인 사례로 꼽힌다. 대부분의 다른 주들은 오바마케어 후속 조치로 2014년부터 시행된 연방 차원의 건강보험 가입 의무화 조치를 성공적으로 이행하는 데 실패했다. 연방대법원은 오바마케어에 대해서 합헌 판정을 내렸지만, 미가입자 비율이 높은 지역이 여전히 많이 있다. 흥미로운 것은 2018년 현재 건강보험료가 가장 높은 주는 와이오밍이었고, 이 주의 건강보험 미가입률은 같은 해의 매사추세츠에 비해서 4배나 높았다. 반면 전국에서 가장 미가입률이 낮은 매사추세츠주는 평균 건강 보험료도 가장 낮았다. 와이오밍주에서 가장 건강한 축에 들고 보험에 가입했다면 상당히 낮은 보험료를 낼 것이 분명한 많은 사람들이 보험 가입을 거부한 것으로 추측하는 것은 타당해 보인다. 물론 두 주는 다른 여러 면에서 많은 차이가 있고, 보험료와 보험 미가입자 비율에 영향을 미치는 다른 요소도 있을 수 있다. 즉 모든 사람이 보험에 가입해야 할 동기가 약한 주에서는 보험에 가입한 사람들 사이에서 선택의 문제가 발생했고 결국 보험료가 높이 책정되었다. 반면 보험에 가입할 만한 충분한 동기가 존재하는 주에서는 낮은 보험 가입률로 인한 바람직하지 않은 악순환이나 선택의 결과로 인해 시장이 위협받는 상황이 아예 발생하지 않는다.

주민들의 보험 가입 의무화라는 목표를 성공적으로 달성하기 위한 또 다른 해결책은 정부가 보험사로부터 보험사업을 인수하여 보험금도 직접 지급하고 보험 보장 혜택을 받는 사람들을 고용하고 있는 기업과 개인을 대상으로 사실상의 세금 형태로 보험료를 걷는 것이다. 이렇게 하면 보험 가입 의무화라는 목표는 쉽게 달성된다. 실제로 정부가 운영하는 노인들을 위한 보편적인 수준의 병원 치료 보험인 메디케어 시스템이 이에 해당한다.

그러나 정부가 직접 보험을 운용하는 것은 보험 의무 가입이라는 문제를 해결하는 수단일 뿐이다. 그렇게 하면 보험 가입을 의무화하는 문제는 어느 정도 해결될지 모르지만, 여전히 국민들이 의무적으로 가입한 보험이 국민들의 건강을 어느 정도까지 책임져야 하느냐는 문제가 남는다. 정부가 보험을 직접 운용하면 애트나Aetna와 블루 크로스Blue Cross와 같은 민간 보험사보다 손익에 관한 고민이 더 복잡하고 심각해진다. 그러나 현재의 상황에서 이는 당장 고민할 문제는 아니다. 이 책에서도 이번 장에서는 이 문제를 다루지 않을 것이다. 아마 8장에서 이 문제를 조금 다뤄보게 될 것이다.

보험의 전형적인 문제

실제로 정부가 시민에게 보험 가입의 의무를 강제한다면, 우선 정부가 이러한 의무에 따라 '보험에 가입하는 행위'에 대한 정확한 정의를 내려야 한다. 다시 말하자면, 정부가 나서서 의무 가입 대상이 되는 보험상품에 대해 사회가 받아들일 수 있을 최소한의 구성요건을 규정해야 하는 것이다. 예를 들어서 오바마케어의 경우, 불길하게 느껴지는 '재앙적인' 건강 상황에 대처할 수 있어야 한다고 최소한의 보험 수준을 규정했다. 즉, 비용이 많이 드는 질병에 예기치 않게 걸려서 재정적인 재앙을 맞게 되는 상황에서 가입자를 보호할 수 있어야 한다는 것이다. 이러한 개념에 따라 각종 백신 예방 접종, 유방암 검진, 그리고 장기적으로 더 나은 건강과 더 낮은 의료비 지출로 이어질 수 있는 건강 진단 같은 각종 예방적 치료를 보험 지원 대상에 포함시켰다. 그 후, 2020년 공제액이 8,150달러에 도달할 때까지 지급액은 늘어나지 않았다.[27]

법률에 의하면 정부는 건강보험 상품을 보장 범위에 따라 5가지 단계로 구분하도록 했다. 그러므로 재앙적인 질병만을 책임져주는 단계에서부터 시작해서 가장 고급스러운 보험상품으로는 골드와 플래티넘 단계가 있는데, 플래티넘 단계는 어떤 의료비용이든 상관없이 90%의 비용을 책임져 준다.

오바마케어에 의하면 미국인들은 최소한 브론즈 단계 이상의 보험에 가입해야 하는데, 이는 최하 단계인 '재앙적' 상황을 예방할 수 있는 수준의 단계보다 한 단계 위의 수준이며 모든 의료비의 60%를 지원받을 수 있는 단계이다. 아니면 '혼란 대비' 상품에 가입할 수도 있는데, 이는 환자 자신이 감당하기 어려운 비용을 지불한 경우 보험금 지원을 받을 수 있는 상품으로 '재앙적' 단계보다 한 단계 낮은 개념이다. 앞으로 살펴보게 되겠지만, 최소한의 보장 수준이 어느 정도 되는지 그리고 최소한의 보장을 해주는 상품과 보장의 폭이 가장 넓은 상품의 차이에 따라서 보험 가입을 강제한 정부의 정책에도 불구하고 선택의 결과로 발생하는 문제가 충분히 해소될 수도 있고, 악화될 수도 있고, 전혀 도움이 되지 않을 수도 있다.

그리스 신화에서 다이달로스Daedalus가 아들에게 경고했듯이 태양에 너무 가까이 날아도 위험하고 너무 멀리 날아도 위험한 것과 마찬가지다. 19세기 영국의 동화인《골디락스와 곰 세 마리Goldilocks and the Three Bears》를 떠올려 보라. 어린 소녀가 세 사발의 죽을 발견했는데, 하나는 너무 뜨거워서 못 먹을 지경이었고, 하나는 너무 차가워서 못 먹을 지경이었다. 결국 나중에는 너무 차지도 뜨겁지도 않은 먹기 딱 좋은 죽을 골라내지만 말이다.

보험의 적용 범위가 너무 작으면…

플로리다의 자동차보험 의무 가입 정책은 주 정부가 최소한의 강제력만을 발휘하려고 할 경우에 결과가 어떠한지를 보여주는 좋은 사례이다. 주 정부는 플로리다 내에서 운용되는 자동차보험 상품의 요건으로 자동차 사고 발생 시 상대 차량이나 다른 재산 피해에 대하여 최대 10,000달러까지, 보험 가입자와 동승자의 병원비를 충당하기 위해 최대 10,000달러까지 보험금을 지급할 수 있어야 한다고 정하고 있다. 그러나 플로리다주는 운전자가 과실이 있을 경우 부상당한 당한 다른 사람들을 위한 의료비를 책임질 수 있는 신체 상해 책임 보장을 요구하지 않는다.[28] 플로리다주는 이 보장 책임을 요구하지 않는 유일한 주이다. 플로리다주는 앞서 언급한 신체 상해까지 책임을 져주는 보험에 가입하지 않은 운전자의 과실로 누군가 부상당했을 때 그의 의료비를 책임질 보험 가입도 의무화하고 있지 않다. 그러함에도 불구하고 주요 보험사의 웹사이트를 방문해 보면, 보험사들은 상대가 신체 상해 보험에 가입되어 있지 않을 경우에 부상을 책임져줄 보험상품으로 갈아탈 것을 권고하고 있다. 플로리다의 보험 관련 웹페이지는 이런 내용을 기본적으로 담고 있다. 플로리다주에서 교통사고로 인한 부상과 관련된 소송을 전문으로 하는 변호사들의 웹사이트를 방문해도 마찬가지다.

플로리다처럼 보험 가입이 의무화되어 있기는 하지만, 그 범위가 최소한으로 좁혀져 있다면 자칫 의무 가입 조항이 있으나 마나 한 것이 될 수 있다는 것이다. 그렇게 되면 가입자는 자신이 원하면 보장

항목을 더 추가하기 위해 자기 돈을 들여 더 비싼 보험에 가입할 수 있는데, 이 경우 또다시 가입자의 선택으로 인한 문제가 발생한다. 다시 말하면, 보험 가입 의무화가 보험시장에서 소비자들의 역선택으로 인한 문제를 해결하기 위한 수단이라는 관점에서 보면, 의무적으로 가입해야 하는 범위를 최소화하는 것은 풀기 어려운 문제를 뒤로 미뤄놓은 것과 마찬가지고, 선택의 문제는 의무 가입 범위 바깥에 있는 나머지 보험시장으로 고스란히 이동하게 될 뿐이다.

오바마케어를 실행하는 과정에서 이와 똑같은 현상이 여러 주에서 일어났다. 이 역시 가장 보장의 범위가 작은 보험상품과 가장 넓은 보장을 해주는 상품의 차이로 인해 일어난 현상이다. 만일 보험에 가입하고 싶은 생각이 없었던 사람이 가입 의무규정 때문에 어쩔 수 없이 보험에 가입해야 한다면, 보장 범위가 좁고 보험료도 가장 낮은 상품, 즉 재앙적 상황을 예방해 주는 단계나 아니면 그보다 한 단계 높은 브론즈 단계의 보험에 가입하리라는 것은 누구나 짐작할 수 있다. 건강에 자신이 없고, 보험금 지원도 많이 받아야 하는 사람들은 보장 범위가 더 넓은 골드 단계나 플래티넘 단계의 보험으로 몰릴 것이고, 이는 보험료 인상의 요인이 된다. 그 결과 보험료로 많은 돈을 지출하고 싶어 하지 않는 건강한 사람들은 더욱 낮은 단계의 보험상품으로 몰리게 된다. 건강한 사람들도 골드 또는 플래티넘에 가입해서 폭넓은 보장을 해주는 보험이 가져다주는 혜택과 마음의 안정을 누리고 싶어 할 수 있고, 이를 위해 높은 보험료를 기꺼이 지불할 용의가 있다고 생각할 수 있다. 그러나 여기서 보험료를 많이 지불한다는 의미는 다른 건강한 사람들보다 조금 더 많은 보험료를 지불한다는 것이지 건강이 좋지 않아 상당히 많은 보험료를 지불해야 하는 사람들과 비슷한 수준의 보험료를 지불해도 좋다는 뜻은 아닐 것이다.

이는 실제 오바마케어에 가입한 사람들의 건강 관리 비용에 관한 통계를 살펴본 결과 사실 임을 확인할 수 있었다. 캘리포니아주의 보험시장을 연구한 경제학자인 피에트로 테발디Pietro Tebaldi의 박사학위 논문에서 우리는 캘리포니아주의 건강보험 가입자들의 의료비 청구 내역에 관한 정보를 얻을 수 있었다. 재앙적 상황을 예방하기 위한 단계, 즉 가장 낮은 단계의 보험에서 플래티넘 단계의 보험에 이르기까지 가입자들의 건강보험금 청구 액수는 단계가 올라갈수록 증가했다. 가장 현격한 차이는 플래티넘 단계의 가입자들의 연간 평균 보험금 청구 액수는 이는 바로 아래 단계인 골드 단계에 비해 거의 두 배 가까운 9,000달러에 달한 것이다. 플래티넘 단계 가입자들이 가입하기 전부터 이미 큰 병을 앓고 있었던 것이 아니라면 이렇게 큰 격차를 납득하기 쉽지 않다. 삶의 다른 영역도 모두 마찬가지이겠지만, 보험의 경우도 캘리포니아주의 주민들은 다양한 보험상품을 놓고 자신의 상황과 선호도에 가장 적절한 보험을 선택하여 가입할 수 있다. 그러나 '가입자의 선택'으로 인한 문제가 여전히 발생하고 있다는 것이다.

의무 가입 범위가 너무 넓으면…

이제 법과 제도가 주민들에게 너무 많은 보장을 받을 수 있는 보험에 의무적으로 가입하도록 강요하는 극단적인 상황을 살펴보자. 역시 자동차보험의 경우를 예로 든다. 남쪽의 플로리다에서부터 북쪽의 메인주까지 동부 해안에 걸쳐 있는 여러 주를 여행한다고 가정하자. 플로리다주는 앞서 말한 것처럼 신체 상해 보험에 가입해야 할 의무가 없는 반면, 메인주는 최대 1인당 50,000달러를 보상해 주는 보험에 가입해야 한다.

메인주 당국이 모든 주민에게 높은 수준의 운전자 보험을 강제한다는 사실에 우리는 주목해야 한다. 이는 메인주 주민의 입장에서는 자신들이 원하는 수준보다 훨씬 더 많은 보험에 억지로 가입해야 한다는 의미가 된다. 그렇다면 메인주의 모든 거주자는 최소한의 보장만 해주는 보험을 선택하여 가입하고 싶은 마음이 있을 것이고, 그것이 실제로 가능하다면 많은 운전자는 최소한의 보장만 해주는 보험에 가입할 것이다.

우리는 메인주의 보험 기록을 확인할 권한이 없었다. 그러나 우리의 의심은 충분히 합리적이다. 우리는 정부가 주민들이 평균적으로 가입을 원하는 수준보다 훨씬 높은 수준의 보험상품에 의무적으로 가입하도록 했던 다른 사례를 알고 있다. 영국 정부는 2015년까지 모든 사람에게 세금 우대 퇴직금의 25% 이상을 의무적으로 연금에 넣도록 했다. 이는 개인퇴직계좌IRA나 급여에서 공제하여 퇴직금을 적립하는 제도인 401K미국의 근로자 퇴직소득보장법 제401조K항을 말한다. - 역자 주에 의해 적립된 퇴직금의 25%를 퇴직연금으로 의무 전환하라는 것과 같은 의미이다. 3장에서 이미 다룬 바와 같이 연금은 생명보험과는 반대의 개념이다. 연금은 가입자가 사망할 때까지 매년 일정액을 월급처럼 지급한다. 그러므로 연금은 오래 사는 사람들이 은퇴 시 마련된 은퇴 자금이 고갈되는 상황에 대비해 고안된 보험상품이라고 할 수 있다.

영국 정부가 이러한 정책을 도입한 것은 이미 3장에서 다루었던 것처럼 영국이 고령화 사회에 진입함에 따라 은퇴연금이 고갈되고,

그 결과로 연금보험료가 인상되고 건강한 연금 수급자들이 줄어드는 악순환을 막고자 하는 이유였다. 그러나 이러한 제도는 영국인들 누구도 원치 않는 고액의 연금보험료를 내는 결과를 낳았다. 2015년 들어서 연금보험료 의무 납부 제도가 폐지되자 연금보험 시장에 참여하는 사람은 75%나 줄어들었다.

어느 정도가 '적절한' 것인가?

'적절한' 수준의 의무를 부여한다는 것은 너무 과도하지도 않고, 너무 관대하지도 않은, 적지도 많지도 않도록 의무를 부여해야 한다는 것이다. 가입이 의무화되어 있기는 하지만 그 의무가 너무 가벼우면 우리는 우리에게 다가올 수 있는 위기를 선택의 결과로 인해 발생하는 문제가 존재하는 자유 시장의 원리에 따라 해결할 수밖에 없다. 보험 가입이 의무화되어 있으니 미가입자로 인해 생길 수 있는 문제는 사라졌을지 몰라도, 대신 최소 수준의 가입자로 인한 문제로 대치된다. 의무적으로 가입해야 하는 보험보다 더 넓은 보장을 해주는 보험상품 시장은 여전히 선택의 결과로 발생하는 문제로 어려움을 겪을 것이다. 그 결과 포괄적이고 종합적인 보험정책이 보장하는 안전장치로부터 충분한 혜택을 받을 수 있는 비교적 건강의 위험이 덜한 개인은 최소한의 보장만 받을 수 있는 기본적인 수준의 의무보험에만 가입하려고 할 것이다.

반대로 지나치게 높은 수준의 보장을 하는 보험에 의무적으로 가입해야 하는 경우, 선택의 결과로 인한 문제가 발생할 걱정은 거의 할 필요가 없다. 사회의 모든 구성원이 보험을 통해 상당한 수준의 보상을 받을 수 있다. 문제는 일부가 너무 많은 보장을 받을 수 있다는 것이다. 너무 많은 보장을 받는다는 것이 왜 문제인지 의아하게 느낄 수도 있고, 오히려 아주 좋은 것이 아니냐고 반문할 수도 있다. 당신이 인생에서 아주 좋은 것들을 마음껏 공짜로 누릴 수 있다면 그렇게 반문해도 된다. 그러나 보험은 그렇지 않다는 것을 알아야 한다.

의무적으로 가입해야 하는 보험도 누군가는 보험료를 납부해야 한다. 가입이 의무화되어 있는 자동차보험과 마찬가지로 의무적으로 가입한 건강보험의 납부자는 모든 가입자들이다. 이 말은 가입자들이 의무적으로 많은 보험료를 납부해야 하기 때문에 정작 자신이 꼭 필요하다고 생각되는 보험에 가입하기 어려워질 수도 있다는 의미가 된다. 보험에 가입한 결과로 그만큼 삶의 안정을 보장받을 수 있는 것은 좋은 일이다. 그러나 그들 각자의 마음속에 나름대로 적정선이 있을 것이다. 그 적정선 이상의 보험료를 납부하느니 차라리 돈을 모아서 더 좋은 자동차를 사고 싶을 수도 있다. 사람마다 적정 수준에 대한 자신만의 생각이 있을 것이고, 각자 사용할 수 있는 돈의 규모도 다를 것이고, 그 돈으로 하고 싶은 일도 사고 싶은 것도 다를 것이다. 그렇기 때문에 지나치게 높은 수준의 보험을 의무적으로 가입하도록 강요하는 것은 일부 또는 많은 고객에게 전혀 사고 싶지 않은 물건을 강매하는 것이나 마찬가지다. 의무적으로 모든 국민에게 적용되는 메디케어 보험처럼 정부의 지원을 받아 운용되는 의무보험은 납세자도 보험료를 지불하는 사람일 수 있다. 정부가 이를 위해 지출하는 지원금이 많든 적든, 이 비용은 도로를 건설하거나 더 많은 교사를 고용하는 데 투입해야 할 예산에 영향을 준다. 그렇기 때문에 "모든 사람이 골드 단계 이상의 보장 범위가 매우 넓은 보험에 가입"하도록 강요하는 것도 반드시 좋은 방안은 아니다.

그렇다면 대중들에게 의무 가입을 요구하기에 가장 적절한 수준은 어느 정도일까? 누구나 가장 적정한 보상 범위와 가입을 거부하는 사람에 대해 가해야 할 가장 적절한 금전적 손실 등을 계산해 낼 수 있는 만한 마법의 공식 같은 것을 찾아내고 싶어 할 것이다. 하지만 이는 불가능하다. 건강보험이나 자동차보험에서 가장 적절한 수준의 보험료 따위를 계산해 내는 것보다는 어린 소녀가 마시기에 너무 차지도 뜨겁지도 않은 죽을 찾아내는 편이 더 쉽다.

우리가 보험시장을 애커로프의 연구에 등장하는 레몬 모델과 같은 추상적인 모델에 의존하는 이유는 복잡한 세상을 유형별로 설명할 수 있기 때문이다. 그렇게 함으로써 죽음의 소용돌이가 어떻게 발생하는지, 또 보험 가입 의무화가 그 문제를 어떻게 해결해 주는지를 설명할 수 있다.

일단 이런 추상적이고 단순화한 모델에서 현실로 눈을 돌리게 되면 정책 개발자들은 불필요한 것들을 모두 제거하고 단순화한 모델의 효용 가치에 감사하게 된다. 그러나 보험 가입 의무화처럼 간단해 보이는 정책을 현실에서 추진하는 과정에서 나타나는 복잡한 세부 사항을 정교하게 다루는 것도 중요한 일이다. 플로리다주와 메인주의 당국은 의무 가입의 적정 수준이 어느 정도인가 하는 문제에 대하여 서로 전혀 다른 결론에 도달했던 것 같다. 이들 두 집단은 아마 같은 문제에 대해서 답을 내는 과정에서 서로 다른 가치관과 선입견을 가지고 문제에 접근했을 것이다. 우리는 여기서 그들 중 어느 한 편이 옳고 다른 편이 잘못되었다는 이야기를 하려고 하는 것이 아니다. 오히려 우리는 그들이 만들어낸 절충안에 주목하고 싶은 것이다. 또 그들이 어느 방향으로 지나치게 치우쳤는지 그것을 진단하는 몇 가지 방법도 강조해 보고 싶다.

보조금의 필요성을 거의 느끼지 않는 사람에게 보조금 지급하기

유명한, 그러나 악명 높은 콜롬비아의 마약왕 파블로 에스코바르는 콜롬비아의 경찰과 정부 관리에게 '은이냐 납이냐' 즉 '돈이냐 총알이냐'를 놓고 둘 중 하나를 택일하라고 요구했다. 특별히 그들을 설득하려고 노력을 기울일 것도 없이 거의 모든 사람은 머리에 총알이 박히는 대신 100달러짜리 지폐가 가득 든 여행 가방을 선택했다.

정부 또한 주민들에게 어떤 종류의 행동을 장려하기 위해서 또는 단념하게 만들기 위해 당근과 채찍을 동원한다. 정책 입안자들이 의무적으로 보험에 가입한 모든 사람이 건강보험의 혜택을 받게 하기 위해서 어떤 유형의 의료 활동을 보험금으로 지원해야 하는지를 선택할 수 있는 것과 마찬가지로, 적절한 벌금을 통해 불이익을 주거나 보조금을 통해 보상하는 방법으로 주민들이 특정한 행위를 하도록 유도할 수 있다.

주민들이 당국이 원하는 바대로 행동하도록 유도하기 위해 일반적으로 채찍건강보험의 경우 '가입하시오. 그렇지 않으면….'으로 시작되는 가입 거부자에 대한 벌칙 조항이나 당근을 동원하는 것이 일반적이다. 보험 가입을 유도하는 '당근' 정책으로는 대표적으로 보험료를 더 낮추고 보험상품이 더 매력적으로 보이도록 가입 보조금을 지급하는 방법이 있다. 에스코바르의 최후의 통첩에서 보듯이, 우리는 시민들이 사회적으로 유익한 '바른' 선택을 하도록 유도하기 위해서 같은 사람들에게 당근과 채찍을 동시에 사용할 수 있다는 것을 알 수 있다.

가장 쉽게 떠올릴 수 있는 당근의 형태인 보조금은 의무를 이행하지 않은 사람들에게 부과하는 벌금_{혹은 세금}과 본질적으로 다르지 않다. 하나는 당근이고, 다른 하나는 채찍이지만 둘 다 당국이 원하는 방향, 즉 모든 이들이 보험에 가입하도록 주의를 환기시키는 수단이다. 이는 에스코바르가 콜롬비아 경찰이 자신의 마약 밀매를 눈감도록 유도하기 위해 채찍과 당근을 모두 동원한 것과 마찬가지다. 미가입자들에게 금전적 불이익을 주는 제도적 장치가 사라졌음에도 불구하고 오바마케어가 그런대로 기능을 발휘하는 이유는 정부 보조금 제도는 살아 있기 때문이다. 이 때문에 비교적 건강한 사람들도 보험의 필요성과 가치를 어느 정도 느낄 수 있게 되었다.

우리는 앞에서 살펴본 매사추세츠주의 경우, 가입 의무를 이행하지 않은 사람들에게 불이익을 주는 조치가 시작되자 어떤 결과가 나타났는지 확인했다. 불이익을 피하기 위해 더 많은 사람들이 보험에 가입했고, 불이익이 본격적으로 주어지기 전에 가입한 사람과 비교하면 건강한 사람의 가입이 많았다. 우리는 매사추세츠를 포함한 여러

지역의 사례를 통해서 당근에 해당하는 정책도 비슷한 효과를 만들어 낸다는 것을 알 수 있었다. 정부가 건강보험에 일정한 액수의 보조금을 지급하자 이전과 비교하여 건강한 사람들의 가입이 눈에 띄게 늘어났다.

게다가 모든 사람에게 당근채찍도 마찬가지이지만을 똑같이 공평하게 나눠주어야 할 필요는 없다. 보험료가 비쌀 수밖에 없는 노약자들처럼 도움이 가장 절실한 사람들에게 더 많은 보조금을 주어야 한다고 생각할 수 있다. 그러나 정반대로 건강하고 젊은 사람들에게 보조금을 더 지급하는 것이 노약자들을 돕는 궁극적인 방법이 될 수도 있다.

이 말에 대해서는 독자 여러분은 의아함을 느낄 것이다. 이것은 애매하고 혼란스럽기까지 한 주장이다. 혼란스러운 독자들을 위해 우리는 왜 젊고 건강한 사람들에게 보조금을 지급하는 것이 실제로 노약자들에게 도움이 되는지 이론적으로 먼저 살펴보고, 실제 사례도 확인해 볼 것이다. 다만, 미리 양해를 구할 것은 지금부터 하는 이야기는 이해하기 좀 복잡할 수도 있다. 그러므로 복잡한 것을 피하고 싶다면 이 장의 마지막 섹션으로 건너뛰어도 괜찮다.

젊고 건강한 사람들에게 보조금을 지급하는 것이 왜 좋은 생각일까? 그들은 노약자들보다는 경제적인 상황이 훨씬 낫지 않은가? 당신의 주요한 관심사는 가난한 사회 구성원을 돕자는 것 아닌가? 기본적인 개념은 건강한 사람들에게 보조금을 지급하면 건강하고, 보험금 청구액이 적을 것으로 추정되는 사람들의 보험 가입을 유도하는 효과가 있고, 그 결과로 건강이 좋지 않은 사람들에게 부과되는 보험료도 낮아진다는 것이다. 매우 건강한 사람들이 대거 보험에 가입하면 전체 가입자들의 평균 보험금 청구액이 낮아지고 그만큼 보험료도 낮출 수 있다. 즉, 가장 약하고 누군가의 도움이 간절하게 필요한 사람들을 돕기 위해 그들의 보험료의 일부를 보조해 주는 것도 좋지만, 건강한 사람들에게 보조금을 지급하게 되면 그 보조금이 건강한 사람들을 보험에 가입하게 유도하는 '미끼'로 작용하고, 결국 보험금 지급액을 전반적으로 낮추는 효과를 얻을 수 있다는 것이다.

여전히 이해하지 못하는 독자들이 있을 수 있을 것 같다. 당신이 정부 공무원이라고 가정해 보자. 다발성 경화증이나 당뇨 같은 고비용 질환으로 고생하는 사람들의 보험료 일부라도 부담하는 대신 대신 그들 주변에 사는 '건강 상태가 완벽할 정도로 좋은' 이웃들에게 보조금을 지급한다고 치자. 이는 부모가 아이들에게 벌을 주면서 '다 너희들 잘되라고 이러는 거야'라고 말하는 것만큼이나 진부한 이야기이다. 부모들이 그렇게 말하는 이유는 정말 그렇다고 믿기 때문이다. 벌을 받는 아이들이 부모로부터 그런 말을 들으면 부모에 대한 분노나 반발심이 크게 누그러지기 마련이다.

이해를 돕기 위해 가상의 상황을 예로 들어 설명할 수 있다.

표1

	건강한 사람	건강하지 않은 사람
예상 보험료	$60	$100
고객의 지출 의향	$70	$150

편의상 세상 사람들이 두 그룹으로 나뉘어 있다고 가정해 보자, 즉 세상에는 매우 건강한 사람과 매우 건강하지 않은 사람만 존재하고,

각 그룹에 속한 사람의 수는 정확하게 같다고 가정해 보자. 건강한 사람들은 매월 60달러 정도 의료비를 지출하는 반면, 건강하지 않은 사람들은 매월 100달러의 의료비를 지출한다고 치자. 이는 어디까지나 평균 예측치일 뿐이다. 실제로는 건강한 사람도 갑자기 유행성 독감에 걸릴 수도 있고, 여행 중에 다리가 부러지는 등의 사고를 당하여 예상치 못한 높은 의료비를 지출할 수도 있다. 건강하지 않은 사람도 상황의 변화에 따라 한 달 동안 의료비를 한 푼도 지출하지 않고 넘길 때도 있고, 반대로 병세가 크게 악화되어 평균 예측치보다 훨씬 많은 의료비를 지출해야 할 때도 있을 것이다. 이런 이유 때문에 양쪽 그룹에 속한 개인들은 보험에 가입하고 싶어 하고, 의료비용의 평균 예측치보다 조금 높은 액수의 보험료를 납부하는 정도의 금액을 보험료로 납부하는 것을 당연하게 받아들일 수 있다. 우리는 1장에서 이와 비슷한 사례를 살펴보았다. 조심성이 없는 혈기 왕성한 10대 운전자와 속도위반 딱지조차 한번도 떼어 본 일 없는 중년의 여성들 모두 그들이 예상하는 것보다 다소 높은 액수의 보험료를 불만 없이 납부할 용의가 있었다.

우리는 이러한 상황을 정리해서 표1에 담아 보았다. 건강한 사람이든 아픈 사람이든 모두 예상하는 보험료보다 조금 높은 정도의 보험료를 납부할 의향이 있었다. 건강한 사람들이 예상하는 보험료 평균은 60달러였으나 70달러 정도의 보험료를 납부할 생각을 가지고 있었고, 건강하지 않은 사람들이 예상하는 보험료 평균은 100달러였으나 150달러의 보험료를 납부할 의향이 있었다.

다른 말로 하면 사람들은 누구나 자신에 맞는 적절한 보험료가 부과된다면 보험 가입을 꺼릴 이유가 없다는 것이다. 두 그룹에 속한 사람들 모두 납부해야 할 보험료가 예상되는 비용보다 조금 높게 책정되었다. 건강 상태가 좋지 않고 많은 의료비 지출이 예상되는 그룹이 예상하는 보험료는 100달러였고, 여기에 보험 가입으로 인해 얻게 되는 안도감과 마음의 평화까지 감안할 때, 그들은 매월 150달러 정도의 보험료는 기꺼이 납부할 수 있다고 생각했다. 그들은 안도감과 마음의 평화를 얻는 대가로 50달러 정도를 지출하는 것은 적절하다고 받아들인 것 같다. 건강한 사람들의 경우도 비슷하게 설명할 수 있다. 그들은 예상되는 보험료보다 매월 10달러 정도를 더 내는 것은 적절하다고 받아들였다.

그러나 만일 보험사가 건강이 좋은 사람과 좋지 않은 사람들을 구별하지도 않고, 각자의 상황에 맞춰 보험료를 차등하여 부과하지 않는다면, 건강이 좋지 않은 사람들만 보험에 가입하려 할 것이다. 보험사가 두 그룹에 대하여 보험료를 차등하여 지급하지 않고 똑같은 액수의 보험료를 부과하기로 하고, 두 그룹이 모두 적절하다고 느낄만한 수준인 65달러로 보험료를 책정했다고 치자. 그러면 건강한 그룹과 건강하지 않은 그룹에 속한 거의 모든 사람이 보험에 가입하려 할 것이다. 그 결과 보험사는 예상 보험료가 60달러인 건강한 사람들로부터 5달러의 이익을 얻을 수 있겠지만, 예상 보험금 지출액이 100달러인 건강하지 못한 사람들로 인해 35달러의 손실을 입을 것이다. 이 정도라면 보험사업은 다소 위험한 수준을 넘어 필연적으로 망할 수밖에 없는 사업이라고 말할 수밖에 없다.

반대로 보험사가 건강이 좋은 사람과 좋지 않은 사람들을 구별할 수 있음에도 정부에서 보험사에게 단일 보험료를 부과하라고 강요하는 상황을 가정해 보자. 우리가 7장에서 살펴본 것처럼 정부의 입장에서는 단일 가격을 강요할 만한 충분한 이유가 있다. 단일 보험료 정책은 무엇보다도 사람이 선천적으로 병약하게, 혹은 장애를 가지고 태어났다는 이유로 경제적으로까지 고통을 받아서는 안 된다는 철학에도 맞다. 오바마케어가 법률을 통해 보험시장에 강제하는 것도 이 부분이다. 이러한 규정은 보험사가 고객들에 대해서 아무것도 알 수 없는 상황으로 만들어 버린다. 두 경우 모두 보험사가 개인의 상황에 맞게 보험료를 조정하는 것은 불가능하다.

이 경우 보험사가 파산을 확실히 피하고 잘하면 약간의 흑자를 남길 수 있는 유일한 방법은 보험료를 100달러 이상으로 올리는 것이다. 그러면 보험료를 매월 평균 100달러 정도 지출해야 하는 건강 상태가 좋지 않은 사람들이 주로 가입하게 될 것이다. 반면 건강한 사람들은 이런 보험을 외면할 것이다. 그들 역시 자신들이 보장받을 것으로 추정되는 예상 보험금보다 조금 더 많은 보험료를 기꺼이 납부할 생각이 있고, 보험의 필요성과 의미를 이해하고 있지만, 자신들에게 책정된 보험료가 지나치게 높다고 느끼고 보험의 혜택을 받기를 포기할 것이다. 이것은 우리가 이 책 초반부에서부터 살펴본 1980년대의 아메리칸 에어라인의 에이에어패스나 웨스트 할리우드 거주자의 역선택의 문제와 본질적으로 같은 사례다.

정부가 건강한 사람들을 위해 건강보험을 지원해 주는 것이 건강이 좋지 않은 사람들에게도 도움이 된다는 언뜻 들어서는 납득하기 어려운 논리를 설명하기 위해 우리는 실제 상황을 그럴듯하게 반영하는 또 하나의 가정을 세워볼 것이다. 모든 사람이 보험을 통해서 의미 있는 보장을 받을 수 있음에도 불구하고 당장 그날그날 먹을 것도 사야 하고, 주거 문제도 해결해야 하고, 난방 문제를 해결하는 일도 급하기 때문에 80달러 이상의 보험료를 지불할 수 있는 사람이 아무도 없다고 가정해 보자. 대개의 경우, 가장 건강이 좋지 않은 사람들이 가장 가난한 그룹에 속할 가능성이 많기 때문에, 여기에 해당하는 사람들은 실제로 그러할 가능성이 높다.

실제로 상황이 이러하다면 어떤 상황이 벌어질까? 보험사가 보험료를 80달러보다 높게 책정하는 것은 불가능하다. 아무도 그 정도의 보험료를 감당할 사람이 없을 것이기 때문이다. 만일 보험료를 정확히 80달러로 책정할 경우 건강이 좋지 않은 사람들만 가입하려 할 것이고, 보험사는 적자를 면치 못할 것이다. 70달러로 책정한다 해도 경영상의 문제는 해결되지 않는다. 건강한 사람들도 보험에 가입하겠지만, 이미 앞에서 보았듯이 보험사가 건강하지 않은 고객들로 인해 입게 되는 손실이 건강한 사람들로 인해 얻어지는 이익을 압도한다. 비록 가상의 사례이기는 하지만, 주민들의 넉넉하지 않은 경제 사정과 역선택의 결과로 시장은 점점 붕괴되어 갈 수밖에 없다.

여기서 기발한 해결책이 등장한다. 정부가 보험시장을 유심히 관찰한 결과 보험시장이 스스로의 힘으로는 유지될 수 없다고 판단하고, 보조금을 지급하는 방식으로 보험시장에 개입하기로 했다고 치자. 정부가 모든 가입자에게 매월 10달러의 보조금을 지급하기로 하면 무슨 일이 일어날까? 보험사는 모두에게 80달러의 보험료를 부과할 수 있다. 건강한 고객들도 이미 70달러 정도의 보험료는 납부할 의사를 가지고 있었기 때문에, 정부에서 10달러의 보조금을 지급해 준다면, 기꺼이 보험에 가입할 것이다. 건강하지 않은 고객들도 물론 가입할 것이다. 보험사의 입장에서는 매월 보험금 지출액이 100달러일 것으로 예상되는 건강하지 않은 고객들로 인해 20달러의 손실을 입겠지만, 이는 매월 보험금 지출액이 60달러일 것으로 예상되는 건강한 고객들로 인해 얻게 될 20달러의 이익과 상쇄되고, 그럭저럭 손해를 모면할 수 있다.

그러나 여기서 우리는 건강이 나쁜 사람들에게 주는 보조금의 효용성에 대해서 생각해 볼 필요가 있다. 그들은 10달러의 보조금을 받을 수 없다 하더라도 기쁜 마음으로 보험에 가입할 사람들이다. 건강이 나쁜 사람들에게 지급되는 보조금은 당장 현금이 아쉬운 가난하고 병든 사람들의 가벼운 주머니를 채워주는 효과가 있다. 그러나 보험시장을 더 건강하게 작동하도록 하는 데는 어떠한 기여도 하지 못한다.

그런데 모든 사람에게 보조금을 지급하기에는 정부의 재정이 넉넉하지 않아서 어느 한쪽 그룹에만 10달러의 보조금을 지급할 수 있다고 치자. 어느 그룹에게 지급하는 것이 적절한가? 사람들은 직관적으로 급전이 필요한 사람들, 즉 가난하고 아픈 사람들에게 지원해 주어야 한다고 말할 것이다. 그러나 그렇게 하면 결과는 별로 달려지지 않는다. 보험사는 여전히 건강한 사람들이 보험에 가입하도록 유도하기 위해서 보험료를 70달러로 낮춰야 한다는 시장의 압력에 시달릴 것이다. 이러한 상황에서는 건강이 나쁜 사람들만 보험에 집중적으로 유입되기 때문에 보험사는 수익을 기대할 수 없다. 즉 건강이 나쁜 사람들에게만 10달러의 보조금을 지급하는 정책은 전혀 효과가 없는 정책이 되고 만다. 반대로 건강한 그룹에 속한 사람들에게만 10달러의 보조금을 지급하면 어떤 효과가 나타날까? 건강한 사람들과 건강하지 않은 사람들이 모두 보험에 가입하려 하고, 보험사의 입장에서는 그들로부터 80달러의 보험료를 거둬들여 손해를 보지는 않는 상황으로 바뀐다.

이야기를 종합해 보면 아주 역설적인 결론에 도달한다. 건강이 나쁜 그룹에 속한 사람들을 도우려면 보조금을 그들에게 지급해서는 안 되고, 오히려 건강한 사람들에게 지급해야 한다는 것이다. 건강이 나쁜 사람들에게 지급되는 보조금은 시장의 붕괴를 막는데 아무런 역할도 하지 못하고 결국 보조금을 전혀 지급하지 않는 것과 어떠한 차이도 만들어내지 못한다. 게다가 건강한 사람들에게 지급되는 보조금 10달러는 건강한 사람들 자신에게는 실질적으로 어떤 도움도 되지 않는다. 그들은 10달러의 보조금을 받는 대신 70달러의 보험료를 지출하게 된다. 그들은 정부의 개입이 없어도 적절한 보험료를 지출하는 것이다._{표1 참조} 반면 건강하지 않은 사람들에게 10달러의 보조금을 지급하면 보험사는 생존의 위협을 받게 된다. 오직 건강하지 않은 사람들만 10달러의 이익을 얻게 된다. 그런데 그들은 보조금이 없다고 해도 월 80달러를 내야 하는 보험을 80달러씩 내고 가입할 사람들이다. 그들은 자신들이 경제적으로 감당할 수만 있다면 월 150달러를 내도 기꺼이 보험에 가입할 의사를 가지고 있는 사람들이었다.

자! 이제 건강이 나쁜 사람들을 도우려면 건강한 사람들을 위한 보험 보조금을 지급해야 한다는 결론에 확실히 도달했다. 그러나 독자들 가운데는 건강한 사람들에게 보조금을 주어야 한다는 기괴한 결과를 만들기 위해 모델을 조작한 것 아니냐는 의심을 하는 사람도 있을 것 같다. 사실 그렇다. 우리는 우리가 실제로 원했던 결과가 나올 만한 모델을 설정해놓고, 독자들에게는 "이러이러하다고 상상해 보자."라고 말한 것이 사실이다. 우리가 그렇게 한 이유는 직관적으로는 동의하기 어려운 주장이 실제로는 매우 타당하다는 점을 명확하게_아 니면 조금은 덜 애매하게 밝히기 위해서 어떤 상황을 가정한 것이다. 그러나 우리의 가정은 전혀 터무니없는 상황이 결코 아니었다.

사실 이러한 상황을 억지로 가정할 필요는 없다. 이러한 상황은 실제로도 얼마든지 일어난다. 앞에서 잠깐 살펴본 캘리포니아의 건강보험 시장을 다룬 테발디의 박사 논문에서도 이와 비슷한 상황을 찾아볼 수 있다. 그의 논문은 우리가 지금까지 설정했던 단순한 모델이 두 가지 면에서 캘리포니아의 상황에도 적용된다는 것을 보여주고 있다. 첫째는 젊은 사람들은 건강보험금을 확실히 적게 청구하는 것으로 확인되었다. 이는 전혀 새삼스러운 일이 아니다. 둘째는 젊은이들은 보험에 가입할지 여부를 결정하는 데 있어서 나이 든 세대보다는 가격에 매우 민감하게 반응한다는 것이다. 즉 조금만 보험료를 깎아 줘도 예민하게 반응하는 젊은이들에게 보조금을 지급한다면 그들의 보험 가입이 크게 늘어날 것이다. 물건이나 서비스를 팔아야 하는 기업의 입장에서는 약간의 할인으로 판매를 크게 확대할 수 있다면 가격을 내리지 않을 이유가 없다. 판매에 따른 이익률이 조금 낮아지더라도 외형 매출의 성장은 이를 상쇄하고도 남는다. 젊은이들을 위해 보험 보조금을 지급하게 되면, 가격에는 예민하지만 보험금 청구액이 현저하게 낮을 것이 분명한 젊은이들은 가격 인하와 같은 효과를 느끼게 된다. 테발디는 자신의 논문에서 청년을 위해 보조금을 지급하는 것이 노인들에게 지급하는 것보다 훨씬 더 노인에게 도움이 된다는 것을 입증했다. 이는 우리가 앞에서 설정한 가상의 모델에서 드러난 것과 거의 완전하게 일치하는 결과다.

매튜 판한스Matthew Panhans는 자신의 박사 논문에서 콜로라도주의 보험시장을 분석하고 유사한 결과를 내놓았다. 그는 앞의 테발디와는 다른 주의 보험시장을 대상으로 다른 방식으로 접근했지만, 매우 유사한 결론에 도달했다. 첫째로 그는 보험료를 인하하면 건강한 고객을 빠르게 보험시장으로 끌어들일 수 있고, 그 결과로 보험금 지출액이 줄고, 그만큼 보험료도 낮출 수 있다는 사실을 확인했다. 구체적으로 계산해 본 결과 보험료를 1달러 낮춰주면 가입자들의 평균 보험금 청구 액수가 0.85달러 감소했다는 것이다. 그러나 판한스는 보험에 가입한 모든 가입자에게 똑같이 할인 효과를 가져다주는 포괄적 보조금 지급은 보험 가입자를 늘리는 최선의 방법은 아니라는 사실을 발견했다. 그 역시 테발디와 마찬가지로 아프고 나이 많은 사람들을 돕는 가장 좋은 방법은 젊고 건강한 사람들에게 보조금을 지급하는 것이라는 결론에 도달했다. 이러한 연구 결과를 바탕으로 그는 최고령층을 제외한 모든 연령대에 속한 가입자에게 보조금을 지원하는 제도를 제안했다. 물론 누구나 할인 혜택을 받고 싶어 한다. 여기에는 건강한 사람이든 건강하지 않은 사람이든 예외가 없다. 그러나 납세자의 세금을 가능한 한 적게 동원하면서 가능한 한 모든 사람이 보험에 가입하게 하는 것이 목표라면실제로 대부분의 주와 연방은 이러한 목표를 가지고 있다. 젊은 사람들에게만 집중적으로 보험료를 할인해 줌으로써 최소한의 비용으로 이 목표에 도달할 수 있고, 그것이 노인세대들에게도 이익이 된다.

이론이 실제로 기적을 만들 수도 있고
만들지 않을 수도 있고…

우리가 지금까지 살펴본 바를 통해 내릴 수 있는 결론은 잘 설계된 정책이 현장에서 잘 실천된다면 보험시장이 역선택을 극복하고 잘 작동하게 하는 데 도움이 된다는 것이다. 벌금이 되었든 세금이 되었든, 아니면 또 다른 수단이 되었든, 모든 사람에게 보험 가입을 강제하고 나니 건강한 사람들이 대거 보험에 가입했다. 앞에서 우리는 매사추세츠의 사례를 통해 이 사실을 확인했다.

이론적으로는 브로콜리 논쟁까지 일으켰던 오바마케어의 실시로 나머지 49개 주에서도 동일한 정책이 시행되었다고 볼 수 있다. 그러나 다른 많은 주에서 주민들은 매사추세츠에 비해서 보험료가 매우 높다는 이유로 보험 가입을 꺼렸고, 실제로 보험 가입률이 저조했다. 이는 같은 이론이라도 실제 현장에서 어떻게 실행되는지에 따라 결과가 크게 달라진다는 사실을 보여준다.

경제학은 오바마케어에 의해 규정된 제재 조치나 동일한 보조금 지급 등의 수단보다 훨씬 효과적인 정책적 수단을 우리에게 제시해 줄 수 있다. 테발디와 판한스의 연구는 합리적인 경제적 추론과 데이터 등을 바탕으로 정부가 그리 많은 세금을 투입하지 않고도 더 원활하게 작동하는 보험시장을 설계할 수 있음을 알려주고 있다.

그러나 거기에는 함정도 있다. 비록 경제적으로는 타당하더라도 정치적으로도 실천 가능한 것들을 제도화해야만 하는 정책 입안자들의 입장도 고려해야 한다는 말이다. 우리가 앞에서도 살펴보았듯이 캘리포니아의 정책 입안자들도 더 건강한 사람들에게 보조금을 지급하는 것이 경제 이론에도 맞고, 더 많은 의료비 지출이 필요한 건강하지 않은 사람들에게도 도움이 된다는 것을 알고 있었을 것이다. 그러나 "보조금을 크게 원하지 않는 사람들을 위한 보조금을 지급하는 건강 복지 제도"가 '국민정서법'에 의해 지배되는 여론의 법정에서 얼마나 난타를 당하게 될지 누구나 쉽게 상상할 수 있었다. 마치 부모가 어린아이에게 꼭 필요하다고 강조하고 강요하는 것을 아이들은 도저히 이해하고 받아들이지 못하는 경우가 있는 것처럼, 노인들, 병든 사람들, 그리고 건강 관리와 치료를 위해 누군가의 경제적인 도움이 절실한 사람들이 정부의 주장과 정책을 과연 쉽게 납득할 수 있겠는가? 젊고 건강한 사람들을 위해 건강보험을 보조해 주자는 아이디어를 실제로 정책에 반영한 경우가 있다는 이야기를 우리가 아직 듣지 못한 것은 아마도 이러한 이유 때문일 것이다.

대중들의 선택이 시장에 미치는 영향을 전문적으로 연구하는 경제학자들과는 달리 정부의 정책은 선택의 결과로 나타나는 시장을 구하는 것 말고도 달성해야 할 다양한 정책적 목표가 있을 것이다. 또 다른 시급한 정책 목표에 밀려 선택의 결과가 시장에 미치는 문제를 해결하는 일을 별로 중요하지 않게 생각하는 행정가들도 많을 것이다. 그러나 선택의 결과 및 영향을 고려하지 않고 만든 정책이 의외로 선택에 의해 좌우되는 시장을 더 원활하게 작동하도록 영향을 미칠 수도 있고, 정반대의 영향을 줄 수도 있다.

물론 이러한 결과는 우연히 나타난 것이다. 난폭한 운전자들이나 경제적으로 파산지경에 이르렀을 정도로 돈이 없는 운전자들이 낸 교통사고로 인해 피해를 입고도 보상받을 길이 막막한 피해자들을 위해 자동차 책임보험은 50개 모든 주에서 의무화되어 있다. 1970년대 초부터 연방정부는 범람이 잦은 지역에 지어진 집들이 실제로 홍수 피해를 입었을 때 피해 복구 비용을 보장하기 위해 홍수보험을 의무화했다. 이런 보험이 의무화된 것은 걸프 해안을 중심으로 자주 홍수가 발생하고 그때마다 정부는 보험도 없이 위험한 지역에 허술하고 엉성하게 집을 지은 집주인을 구제하기 위해 세금을 지출해야 했으며, 정치인들은 억지로 서민풍의 모자를 쓰고 피해지역을 돌아다니면서 연방 차원에서의 구호를 약속하는 악순환을 반복하고 싶지 않았기 때문이다. 이러한 제도가 대중의 선택의 결과로 나타나는 보험시장의 문제를 해결하려는 취지로 마련된 것은 아니지만, 실제로 문제 해결에 상당한 도움이 된다. 아무리 운전 실력이 뛰어난 사람이라도 자동차 보험을 가입하지 않을 수 없고, 1970년대 이후 담보 대출을 받아 범람의 가능성이 높은 지역에 집을 지어 살고 있는 주택 소유자들은 허리케인 수준의 바람을 견딜 수 있을 만큼 집이 튼튼하게 지어졌다거나 보험료를 덜 지출하고 싶다는 이유만으로 보험사와 밀고 당기기를 할 수 없게 되었다. 이는 하나의 정책으로 두 가지의 목표를 달성한 일석이조의 사례였다.[29]

그러나 이러한 결과가 반드시 우연이었다고는 말하기 어렵다. 보험시장을 다루는 많은 정책을 개발하는 과정에서 당국은 늘 형평성과 개인정보 보호 문제를 염두에 두어야 한다. 이는 바람직한 것이다. 그러나 7장에서 보듯 개인의 사적 정보를 보호하고 형평성을 높이기 위한 노력이 시장을 선택으로 인한 문제로부터 자유롭지 않게 만들고, 아무도 바라지 않은 역선택이 일어나는 환경을 만들기도 한다. 이는 정책을 만드는 사람들에게 새로운 긴장감을 부여한다. 결국 보험시장에 관한 문제는 정답도 없고, 오답도 없다. 다만 적절한 절충만 있을 뿐이다.

7장
절충과 타협

어쩌면 독자 여러분은 지난주 언젠가 분명히 한번쯤은 당신의 개인정보를 수집하고 사용하는 것을 허용한다는 조항에 동의하고 서명한 적이 있을 것이다. 한번쯤은 했을 것이고 어쩌면 여러 번 했을 수도 있다. 당신이 컴퓨터나 휴대전화에 어떤 앱을 까는 순간 기업은 당신의 많은 것을 추적하기 시작한다. 그리고 이따금 우리의 정신이 번쩍 들게 하는 공포스러운 이야기도 듣게 된다. "당신의 앱은 당신이 언제 생리를 했는지도 알고, 누가 어떤 말을 했는지도 안다.", "사방곳곳에 당신을 감시하는 눈들이 있고, 이들 감시자들은 이제 정보를 공유하기 시작했다."

이런 정보화 시대에 우리 연구진이 고객의 개인정보 문제에 관한 책을 쓰고 있다는 것은 역설이 아닐 수 없다. 우리는 타깃 코퍼레이션Target Corporation; 미국의 종합유통업체 – 역자 주이 어느 10대 소녀의 임신 사실을 그녀의 부모보다 먼저 알아내고, 애플과 구글이 당신의 모든 활동을 일일이 추적하고 있는 시대에 살고 있다. 이들 기업들이 수집한 데이터들을 분석하여 적절한 시점에 적절한 사람들을 대상으로 광고나 쿠폰을 보내는 세상이 되었다. 그래서 가끔은 그들이 우리의 대화를 도청하거나 우리의 마음을 훤히 읽고 있는 것이 아닌지 의심하게 된다.

아마존이 보험사들과 협업을 하게 되면, 아마존 서버에 차곡차곡 쌓인 고객의 데이터는 결국 보험사가 잠재 고객들에게 광고를 발송하는데 사용될 수 있다. 여기서 말하는 잠재 고객이란 물론 자주 사고를 당하거나 쉽게 병에 걸릴 가능성이 별로 없는 좋은 고객들을 말하는 것이다. 보험사는 이 데이터들을 각자에게 맞는 보험료를 계산하거나, 특정인을 고객으로 받아들일지 말지를 결정하는데 사용할 수도 있다. 보험사 등 대기업들은 건강 관련 앱, 운전 관련 앱, 쇼핑 관련 앱 등으로부터 얻은 데이터 속에서 독자 여러분이 고객으로 모시기에 얼마나 건강한지, 신중한지, 그리고 보험료를 책정할 수 있는지 판단 근거를 찾아낸다. 이렇게 대중들의 모든 것을 속속들이 감시하는 것은 보험시장이 효율적으로 작동하는 데는 도움이 될지 모르지만, 감시를 당한다는 것은 바람직하지도 않고, 소름 끼치기도 한다.

이런 세상에서 고객들이 보험사를 상대로 여전히 자신만 아는 비밀을 감추고 있다는 것이 신기하기도 하다. 알고 보니 고객들의 비밀을 보험사가 찾아낼 수 없는 것은 아니다. 하지만 정부는 개인정보 보호를 이유로 어떤 정보는 보험사가 알아내는 것을 금지하거나, 알고 있다고 해도 영업에 이용하지 못하도록 법으로 규제하고 있다.

이는 보험시장이 고객의 선택에 의해서 크게 좌우되는 것을 어느 정도 막아주는 역할을 한다. 우리는 6장에서 정부가 보험시장이 역선택에 의해 흔들리는 것을 막기 위해 정책적인 노력을 하고 있음을 확인했고, 가입 의무화와 보조금 지급은 대표적인 정책 수단이라는 것도 알게 되었다. 그러면서도 한편으로는 개인정보 수집을 법으로 제한함으로써 비밀이 존재하지 않을 수 없는 상황을 만들고 있다. 이 역시 역설이 아닌가?

우리 연구진은 이런 주장을 통해 확실히 정부의 정책이 잘못되었다는 것을 말하려는 것이 아니다. 보험시장에 영향을 미칠 수 있는 정책을 설계하는 과정에서 필연적으로 겪게 되는 갈등에 대해 이야기하려는 것이다. 만약 보험사들이 이용 가능한 정보를 얼마든지 이용하게 하고, 그들에게 보험료 결정 권한까지 부여하고, 고객들은 보험사가 정한 보험료대로 보험에 가입해야 한다면 선택의 문제는 사라질 또는 거의 사라질 것이고, 시장은 놀라울 정도로 효율적으로 운영될 것이다.

그리고 거기에는 또 다른 문제가 있다. 공정성을 촉진하기 위해 만든 법이 역선택을 악화시키기도 한다. 또 한편으로는 선택을 제한하는 법은 불공정해 보이기도 한다. 꿩 먹고 알 먹는 식의 모두를 만족시키는 완벽하고 만병통치약 같은 해법은 드물다. 치열한 타협과 절충이 있을 뿐이다.

대개의 경우에 효율성에만 초점을 맞추면 공정성이 떨어지거나 그 반대의 상황에서 절충에 대해 이해한다면, 이 두 가지의 서로 공존하기 힘든 목표 사이에서 적절한 균형을 찾는 데 도움이 될 것이다. 이번 장에서는 이렇게 어려운 절충과 타협의 결과에 대하여 이야기할 것이다.

'23앤드미'에서 일어난 일

DNA 검사는 가계의 뿌리를 찾는 사람들에게 요긴하다. 금발의 형제자매에게 어떤 비밀이 있을까? 자신이 칭기즈칸의 후손이라는 언뜻 들으면 황당무계한 할머니의 주장을 과연 어디까지 믿어야 할까?[30] 요즘은 그 정도의 문제는 DNA 분석을 전문으로 하는 몇몇 회사 가운데 한 곳을 골라 시험관에 침 한 모금만 담아 보내면 어느 정도 답을 구할 수 있다. 마찬가지로 이러한 분석을 통해 파킨슨병이나 알츠하이머병 그 밖의 다른 질병에 걸릴 가능성도 어느 정도 예측할 수 있다.

유전자 검사 소매업의 개척자라고 불리는 '23앤드미'23andMe 라는 생명공학 회사는 개인의 기원에 관한 의문을 밝혀주는 사업을 진행하고 있다. 혹시 독자 여러분이 유전적인 검사를 통해서 알 수 있는 궁금증을 해소하기 위해 이 회사에 침을 한 모금 보내려 한다면, 이 회사가 독자 여러분의 침을 통해 파악한 정보를 어딘가에 판매함으로써 또 다른 추가 수익을 올릴지도 모른다는 점도 감안해야 한다. 독자 여러분을 포함한 많은 사람들의 유전자 코드가 제약회사에 판매될 수 있고, 제약회사는 이를 신약을 개발하는데 활용할 것이다. 보험사도 23앤드미가 보유하고 있는 데이터들을 입수하고 싶어 할 것이라고 추측할 수 있다. 보험사가 누군가가 파킨슨병이나 또 다른 난치병에 걸릴 가능성이 높다는 것을 미리 알 수 있다면, 그 사람에게 더 높은 보험료를 책정하거나 아예 보험 가입을 거부할 수도 있을 것이다.

그러나 23앤드미를 포함한 유사한 유전자 기업들은 특정인이 파킨슨병이나 알츠하이머병을 앓게 될 가능성을 담은 정보를 보험사에 팔 수 없다. 그런 행위는 2008년에 제정된 유전자정보차별금지법 GINA; Genetic Information Nondiscrimination Act에 의해 금지되고 있다. 이 법은 보험사가 특정인의 가입 신청을 받아들일지 여부와 보험료를 결정할 때 유전적 정보를 활용하는 것을 금지하고 있다. 이 법은 보험사가 잠재 고객 또는 기존 고객에 관해 입수할 수 있는 정보를 제한하고, 보험료를 책정하거나 보험 가입 거부 여부를 결정하는데 필요한 데이터를 입수하고 활용하는 것을 제한한 여러 가지 규정 가운데 하나이다. 보험사는 여섯 명의 아이를 둔 부모의 집은 집에 불이 날 가능성이 그만큼 높다는 이유로 화재보험 가입을 거부하고 아이가 없는 커플의 집만 보험 가입을 받아주는 따위의 행위를 해서는 안 된다. 캘리포니아주에서는 자동차보험의 보험료를 책정할 때 가입자의 운전 기록과 같은 데이터를 제외한 다른 자료가 영향을 미쳐서는 안 된다. 따라서 어떤 이유에서든 우편번호를 기반으로 가입자의 거주 지역을 확인하고, 지역에 따라 보험료를 차등하여 책정하는 일은 절대로 해서는 안 된다. 신용등급 등도 마찬가지다. 거주지나 신용등급은 미래에 접촉사고를 낼 가능성과 상관관계가 없지 않다는 것이 밝혀졌음에도 말이다. 오바마케어 체제 아래서는 인종이나 성별 등에 따라서 보험료를 차등하여 정할 수도 없고, 이미 지병을 가지고 있거나 병력이 있다고 해서 더 많은 보험료를 부과할 수도 없다.

　사실, 유전적으로 아무런 흠결 없이 태어난 사람들이 생명보험이나 건강보험의 보험료까지 적게 내도 된다면 세상은 너무 불공평하게 보이지 않는가? 유전적인 불행을 안고 태어난 사람이 건강보험료마저 월등히 많이 내야 한다면 너무 가혹하지 않은가? 마찬가지로, 가난한 사람들은 아무래도 가난한 사람들이 사는 마을에 살게 될 것이고, 그런 곳은 자동차 절도 사건이 더 자주 일어날 것이다. 이런 이유로 자동차보험료를 더 많이 내야하고 그 때문에 더 궁핍하게 살아야 하는가? 개인의 운전 경력과 사고 이력 등과 직접적인 관련이 없는 데이터들, 예를 들자면 신용등급, 거주하는 지역의 평균 소득, 성별, 또는 인종 등을 근거로 보험료를 책정하는 것이 옳지 않다면 정부는 이러한 데이터들이 자동차보험사의 보험료 책정 알고리즘에 입력되는 것을 막을 필요가 있다.

그러나 공정성을 명분으로 보험회사가 보험료를 차등 적용하거나 악성 고객을 회피하기 위한 일련의 활동을 금지한다면, 이는 보험사가 고객의 선택으로 인해 발생하는 문제에 대응하는 핵심 수단을 박탈하는 결과가 된다. 우리는 보험업계를 보다 정의롭고 공정하게 만들 수 있지만, 이 과정에서 선택의 결과로 인해 빚어지는 문제도 함께 발생한다. 그래서 종합적인 절충이 필요하다.

정책을 만드는 과정에서 가장 적절한 절충점에 대해서는 사람마다 생각이 다를 수밖에 없다. 23앤드미 같은 기업이 당신의 유전자 데이터를 건강보험사에 판매하는 것은 법으로 금지되어 있다. 그러나 장기요양보험이나 장애보험, 또는 생명보험 상품을 운용하는 보험사에 파는 것은 가능하다.[31] 오로지 건강보험사에 파는 것만 금지하는 것이 타당한가? 건강보험의 경우도 15인 이하의 소규모 기업에서 고용주가 직원의 건강보험료를 납부해 주는 경우는 예외이다. 이 경우에는 23앤드미 등이 유전자 정보를 보험사에 판매해도 아무 문제가 없다. 이런 규정상의 예외 조항은 개인정보의 가치, 공정성, 효율성에 대한 규제자들의 서로 다른 생각을 빠르게 변화하는 환경에 맞춰 합리적으로 타협한 결과일 것이다.

이처럼 보험에 관한 정책이 공정성과 선택의 문제를 절충한 결과로 만들어진다는 사실을 이해하면, 정부에 의해서 만들어진 보험과는 전혀 관련 없는 많은 법과 규칙들도 보험시장의 기능에 영향을 미칠 수 있다는 사실을 알 수 있다. 대표적인 사례로는 1964년에 제정된 공민권법Civil Rights Act과 이 법을 더 강화하고 확장하기 위해 만든 후속 법령들을 들 수 있다. 이러한 법률들은 존 에프 케네디 대통령이 천명한 "모든 미국인은 대중들에게 개방된 시설, 즉 호텔, 식당, 극장, 소매점, 그리고 기타 이와 유사한 시설에서 동등한 봉사를 받을 권리를 누려야 한다."는 원칙을 실현하기 위해 만들어졌다.

동등한 봉사를 받을 권리가 있다는 말은 인종 피부색 등과 관계없이 동등한 대우를 받을 권리가 있다는 의미이기도 하다. 이 법이 제정된 결과로 피부색이 검다는 이유로 버스의 뒷좌석에만 앉거나 식당의 한쪽 구석에 마련된 흑인용 테이블에서만 식사하도록 강요당하는 일은 사라졌다. 같은 버스를 타고, 같은 음식을 먹으면서 가격에서 차별을 받는 일도 없어졌다. 지금도 국제민권센터박물관International Civil Rights Center and Museum에 전시된 그 당시의 콜라 자판기를 보면 콜라 1개에 백인은 5센트짜리 동전을, 흑인은 10센트짜리 동전을 투입하게 되어 있다.

이 법률은 불평등에 저항하는 시위를 담은 인상적인 장면들의 영향을 받아 만들어졌다. 예를 들자면, 흑인 학생들이경우에 따라서는 백인 지지자들과 함께 미국 남부 울워스Woolworth, 미국에 진출하여 영업하고 있는 호주계 식료 품 유통기업 - 역자 주 매장의 백인 전용 점심 식사 코너에 백인 야유꾼들에 게 빙 둘러싸인 채 앉아 있는 사진이나 앨라배마주 몽고메리의 한 버 스의 앞부분 백인 전용 좌석에서 로사 파크스Rosa Parks가 바로 뒤에 앉 은 백인 남성의 언짢은 표정을 무시한 채 창밖을 물끄러미 응시하는 사진 등은 이 법의 제정에 많은 영향을 미쳤다.흑백 간의 긴장감을 상징적으로 묘사한 걸작으로 평가받는 이 사진은 사실은 연출된 것이다. 로사 파크스 뒤의 백인 남성은 니콜라 스 크리스(Nicholas Chriss)라는 이름의 UPI통신 기자였다. 그는 같은 UPI통신의 동료 기자의 요 청을 받고 빈 버스에서 로사 파크스의 뒤에 앉았다고 한다.

공민권법이 통과된 결과, 인종이나 종족에 따라 같은 물건과 서 비스에 대해 다른 가격을 매기는 것은 불법이 되었다. 인종과 상관없 이 누구나 울워스의 점심 식사 코너에 앉아 똑같이 30센트를 내고 에 그 샐러드 샌드위치를 주문해 먹을 권리를 부여하는 것을 나쁘게 보 기는 어렵다. 미국의 온라인 경매업체인 이베이에 등장한 1960년대 의 울워스 점심 식사 코너의 메뉴판에 의하면 실제로 당시 에그 샐러 드 샌드위치 가격은 30센트였다. 그런데 일부 특별한 소수 그룹에 속 한 사람들에게 가격을 차별해서는 안 된다는 생각은 보험 같은 업종 에서 몇몇 특별한 사람들에 대한 서비스 비용이 많이 지출될 가능성 이 높다는 이유로 보험료를 차별해서는 안 된다는 생각으로 확장되었 다. 그러나 모든 이를 동등하게 대우해야 한다는 원칙에 따라 만들어 진 규제와 제도가 고객의 선택으로 인해 발생할 수 있는 문제를 악화 시키기도 하고, 심지어 그 문제들로 인해 시장 자체가 사라지는 파국 을 초래할 수도 있다. 보험사가 많은 보험금을 지출하게 될 것으로 예상되는 고객들에게 높은 보험료를 부과하지 못한다면, 이는 손해를 볼 것을 뻔히 알면서도 그 위험에 눈을 가린 채 무책임하게 가격을 책정하는 것과 다르지 않다.

예를 들어보자. 미국의 흑인들은 소득이나 가족의 병력을 따지지 않더라도 과거에 존재했고, 지금도 암암리에 존재하는 보이지 않는 차별의 결과로 기대수명이 백인보다 짧다. 만일 인종에 따라 보험료를 차등하여 책정하는 것이 허용된다면, 생명보험사는 백인들이 흑인들에 비해 보험사의 보험금 지원 없이도 더 오래 건강하게 살 가능성이 높다고 보고 보험료를 낮게 책정할 수 있을 것이다. 그러나 미국 대부분의 주에서는 가입자의 인종을 생명보험료 책정에 반영하는 것을 금지하고 있다. 이는 자동차보험이나 주택소유자보험도 마찬가지다. 이제 절충의 단계로 넘어가 보자. 역사 속에서 고질적인 차별에 시달려 왔던 특정 인종에 속한 사람들에게 보험사가 보험료마저 불리하게 매기는 것을 방지하는 것은 바람직한 정책이라고 할 수 있다. 이런 정책 덕분에 세상은 좀 더 공정해진다. 보험사가 고객 각자에게 지출될 것으로 추정되는 비용을 예측하기 위해 관련 정보를 사용하는 것을 금지함으로써 시장에서 선택의 문제는 줄어든다. 그러나 이로 인해 비용도 발생한다는 점을 인식해야 한다.

시장주의자들의 입장에서는 이것이 정말 공정한 것인가라는 질문을 던질 수밖에 없다. 공공정책이라는 측면에서는 문제가 없다고 할지 모르지만, 어떤 경우에도 동일한 가격을 적용하는 원칙으로 인해 발생하는 논란을 무시하는 것도 바람직하지는 않다. 물론 일부 고객들이 자신을 둘러싼 환경으로 인해 같은 상품에 더 많은 돈을 지불해야 하는 것은 부당하다. 시장이 이미 가난한 사람으로부터 더 많은 비용을 받아낸다면 이미 존재하는 불평등이 시장에 의해서 더 악화되는 결과가 초래된다. 그렇다면 똑같은 금액을 지불한 서로 다른 두 부류의 고객 그룹이 있고, 한 그룹에게는 다른 그룹보다 더 많은 서비스를 제공해 주어야 한다면, 두 그룹이 모두 같은 상품을 사는 것일까?

가난한 사람들이나 혜택을 덜 누린다고 생각하는 사람들에게 유리하게 가격을 책정하는 것은 공정한 것인가? 흑인이 특정 연령까지 생존할 확률은 백인들보다 35%나 낮다. 만일 보험사가 인종에 따라 연금 지급액을 달리 정할 수 있다면, 같은 보험료를 받고도 흑인들에게는 매월 더 많은 연금을 지급할 수 있을 것이고, 그 결과 인종 간의 불평등을 조금이나마 줄일 수도 있을 것이다. 그러나 그러려면 생명보험사에서 흑인들에게는 더 많은 보험료를 부과하는 것도 허용해야 한다. 그렇다면 약자에게 유리할 것으로 예상되는 것은 인종에 따라 가격을 차등하여 책정해도 되고, 불평등을 심화할 것으로 예상되는 경우에는 금지하는 것은 괜찮은가?

또 시장 자체가 붕괴되는 것을 감수하면서까지 공정성을 법으로 강제하는 것은 옳은 일인가? 그 결과는 매우 공정할 것이다. 누구나 동일한 조건으로 보험에 접근할 수 있을 것이다. 왜냐하면 시장은 붕괴되었고, 선택할 수 있는 보험 자체가 누구에게도 없다는 것은 정말 공평한 일이기는 하다.

남들보다 쿠키를 적게 받으면 차라리 먹지 않겠다

보험시장에서 공정성과 선택의 문제 해결이라는 두 가지의 목표 사이에서 절충안을 마련하는 문제를 구체적으로 살펴보기 전에, 우선 과연 '공정하다는 것이 무엇인가?'라는 질문에 대한 답을 찾아야 한다. 이는 도덕철학을 연구하는 사람들 사이에서도 자주 토론되는 주제이다. 또 부모와 자녀들 사이에서도 자주 벌어지는 논쟁이기도 하고, 경제학에서도 같은 논쟁이 계속되고 있다

경제학자들이 공정성에 대한 대중의 인식을 연구하기 위해 행하는 실험 가운데 '최후의 통첩 게임'The Ultimatum Game 이라는 것이 있다. 두 사람을 제안자와 응답자로 나누고 제안자에게는 일정한 금액, 예를 들어서 10달러를 자신과 응답자 사이에 어떻게 분배할지를 제안할 권한을 준다. 5:5로 나누든, 자신이 모두 갖고 응답자에게는 한 푼도 안 주든, 그 외의 어떤 비율로 나누든 그것은 제안자의 마음이다. 응답자는 제안자의 이 제안을 수락하거나 거부할 권한을 갖는다. 응답자가 제안자의 제안을 수락하면, 두 사람은 제안자가 제안한 대로 돈을 분배받고 게임은 끝난다. 그러나 응답자가 제안자의 제안을 거부하면 두 사람은 한 푼도 받지 못하고 게임은 끝난다.

지난 40년 동안, 많은 경제학자들이 최후의 통첩 게임이라는 실험을 자신들의 연구에 활용해 왔다. 그 결과 경제학자들은 사람들이 불공정하다고 느끼는 분배 제안에 대해 어떻게 반응하는지에 대해 많은 데이터를 축적했다. 예를 들어서 제안자가 자신에게는 9달러를, 응답자에게는 1달러를 분배할 것을 제안했다고 치자. 압도적으로 많은 응답자들은 차라리 자신이 한 푼도 분배받지 못한다고 하더라도 이

제안을 거절한다. 제안이 공정하지 않다고 생각하기 때문이다. 그들은 겨우 1~2달러를 벌기 위해 부당한 차별을 받고 싶지 않다고 생각한다.

당신의 아이들의 경우, 혹은 당신이 어렸을 적에 어떤 일이 있었는지 생각해 보라. 형제자매 간에 과자를 나눠 먹을 때 자신의 것의 양과 크기가 다른 형제들보다 적다면 그냥 넘어가지 않았을 것이다. "이건 불공평 해!" 당신의 아이에게 다른 형제들이 가진 것에 비해 작은 과자를 먹는 것과 아무도 과자를 먹지 않는 것 가운데 어느 것을 선택하겠느냐고 물어보라. 그 아이는 차라리 아무도 과자를 먹지 않는 쪽을 택하겠다고 답할 것이다. 분명히 그럴 것이다. 우리도 이런 정도의 실험은 집에서 다 해 봤다.

이러한 사례는 선택에 좌우되는 시장을 관리하기 위한 효율적이고 공정한 절충점을 관리하는 과정에서 행정가들이 흔히 직면하는 상황을 설명하는데 아주 적합하지는 않다. 최후의 통첩 게임에서 응답자는 제안자의 불평등한 분배 제안이 불만스러우면 불만을 표명하고 다투는 대신 제안 자체를 묵살하고 폐기하는 방식으로 대응한다. 그러나 형제자매 사이에 일어난 불평등의 해법은 훨씬 복잡하다. 우리는 여기서 보험사가 가격을 책정하는 방법을 제한하는 결과로 나타나는 특징의 본질을 확인할 수 있다. 동등한 대우라는 가치를 지나치게 추구하다가 모두가 상당한 양의 과자, 또는 과자 전부를 잃어버릴 수도 있다.

형평성을 추구하기 위한 보험제도의 전형적인 원칙은 건강보험의 경우, '가입 보장과 집단율Community rating' 적용이다. 가입을 보장한다는 것은 보험사가 가입을 원하는 사람의 건강 상태와 관계없이 모두 가입을 받아주어야 한다는 것이다. 집단율이란 동일한 그룹, 즉 나이, 지역 등 일정한 공통점을 가진 그룹에 속한 사람들에 대해 각자의 건강 상태나 질병력 등과 상관없이 동일한 보험료를 부과해야 한다는 원칙이다. 이 두 가지 원칙을 적용하는 것은 보험사가 가입자에 관해서 거의 아무것도 모르는 상태에서 보험료를 책정한다는 것을 말한다. 모든 이의 가입을 보장하고, 비슷한 생활 여건에 있는 사람들에게 동일한 보험료를 부과하는 것은 시장이 모든 사람을 동일하게 대하도록 강요한다는 점에서 공정해 보인다. 그러나 모든 사람을 동등하게 대우함으로 인해 시장이 상처를 입을 수도 있다.

1990년대 뉴저지 주에서 그와 비슷한 일이 일어났다. 당시 뉴저지 주는 개인건강보장프로그램IHCP: Individual Health Coverage Program 이라는 제도를 도입했다. 이 제도는 고용주가 들어주는 건강보험 혜택이나 메디케어 같은 연방 차원의 건강 보호 프로그램의 혜택을 받을 수 없는 건강보험 사각지대에 놓인 사람들을 위한 건강보험 보장 프로그램이었다. 이 제도의 도입으로 뉴저지주 안에서 보험영업을 하는 모든 보험사는 의무적으로 이 프로그램에 참여해야 했다. 입법자들은 모든 보험사가 참여하도록 함으로써 보험사들 사이에 건전한 경쟁이 일어나고, 그 결과로 주민들의 보험료가 낮아질 수 있을 것이라고 기대했다.

모든 사람이 동일한 조건으로 보험 혜택을 받을 수 있도록 보장하기 위해, 모든 보험에 가입 보장 원칙과 집단율 적용 원칙을 준수하도록 했다. 즉, 보험사는 누군가의 보험 가입을 거부해서도 안 되고, 모든 고객에게 동일한 보험료를 부과해야 한다는 것이다. 이 프로그램이 도입된 지 몇 년이 지나고 나자 건강경제학자인 우베 라인하르트 Uwe Reinhardt의 표현을 빌리면 '집단율은 소위 죽음의 소용돌이의 상징'이 되고 말았다.

이 제도가 도입된 후 8년 동안 죽음의 소용돌이의 전형적인 특징들이 나타났다. 처음에는 건강보험에서 소외되었던 사람들이 대거 가입하면서, 건강보험 가입자들이 크게 늘었다. 특히 보장 폭이 넓은 관대한 보험상품일수록 가입자가 폭증했고, 1995년에는 가입자가 7만 5천 명에 이르렀다. 그러나 그때부터 급격한 내리막이 시작되었다. 보험료가 가파르게 인상되기 시작한 것이다. 1996년 당시 가장 보장 폭이 넓고, 당연히 보험료도 가장 비싼 건강보험 상품의 월 보험료는 월 350달러였다. 그러나 새로 가입한 사람들의 건강 상태가 생각했던 것보다 훨씬 좋지 않았다. 보험사의 보험금 지출이 생각보다 많았고, 그 때문에 보험료 인상이 불가피했다. 그러자 건강한 가입자들이 더 이상 건강보험에 매력을 느끼지 못하고 해약하고 떠났다. 그 결과 건강하지 못한 사람들만 집중적으로 가입하고, 보험료가 올라가는 악순환이 시작되었다. 2001년 말경, 월 보험료는 1,200달러에 가깝게 올랐고, 가입자 수는 5천 명으로 줄었다.[32] 같은 보험상품에 가입한 모두가 동등한 대우를 받았다. 그러나 결과적으로 보험상품도 크게 줄어들었고, 가입자도 줄었고, 보험료는 끔찍할 정도로 올라갔다.

라인하르트의 이러한 평가가 다소 가혹한 것은 사실이다. 뉴저지주의 프로그램은 우리가 2장에서 살펴본 하버드대학교의 사례처럼 시스템 자체가 완전히 붕괴되지는 않았다.[33] 덜 가혹한 표현을 사용하자면 "하강의 소용돌이"라는 표현이 더 적절할지도 모르겠다. 가장 보장의 폭이 넓은 보험상품은 건강이 좋지 않은 사람들만 집중적으로 가입하게 되었고, 보험료는 몇 년 사이에 네 배 가까이 올랐다. 한편 두 번째로 보장의 폭이 넓은 보험상품의 가입자 수도 1997년부터 2002년 사이에 절반 가까이 감소했고, 점유율도 크게 줄었다. 1997년은 가장 보장 폭이 넓은 보험상품의 보험료가 지나치게 오르면서 이 보험에 가입되어 있는 건강하지 못하고 보험금 청구 비용도 높을 것이 분명한 가입자들이 보장 폭이 조금 좁은 보험으로 갈아타기 시작한 시기였다. 뉴저지 주민들은 2000년대 들어서도 이 프로그램을 통해 보험에 가입했지만, 주로 저렴한 최저 등급의 보장을 해주는 보험에 가입했다. 그 결과 그들은 진료를 받기 위해 병원에 가는 일을 최대한 자제할 수밖에 없게 되었다. 반면 폭넓은 보장을 하는 보험상품은 진료를 받게 될 경우 누리게 될 유연하고 폭넓은 서비스에도 불구하고 너무 높은 보험료 때문에 선뜻 가입하는 사람들이 별로 없었다.

비슷한 시기에 비슷한 일이 뉴욕주에서도 일어났다. 뉴욕주는 개인과 소규모 사업체를 상대로 건강보험 상품을 운용하는 모든 보험사에게 집단율의 원칙을 적용하여 보험료를 부과하도록 의무화했다. 젊은이든 노인이든 모든 가입자는 같은 액수의 보험료를 내게 되었다. 이러한 제도가 실시된 지 1년쯤 후에 뉴욕주의 보험업계 단체의 단체장이었던 아서 페라라Arthur Ferrara는 보험료가 상승하게 될 것이고, 그렇게 되면 많은 젊은이들이 높은 건강보험료를 내는 대신 보험을 해약할 것이라고 우려했다. 그의 말은 죽음의 소용돌이에 대한 경고로 들렸다. 이어서 뮤추얼 오브 오마하Mutual of Omaha : 미국의 금융 보험회사 - 역자 주의 수석 보험계리사도 "젊은 사람들이 이탈하고 있다. 모든 사람에게 건강보험 혜택을 받게 하려면 보험 가입을 의무화하는 등의 대책이 필요하다."고 말하며 보험시장의 종말의 가능성을 경고하고 나섰다. 뉴욕도 뉴저지와 마찬가지로 전면적인 파국으로 끝나지는 않았다. 오히려 토마스 브흐뮬러Thomas Buchmueller와 존 디나르도John DiNardo 등 두 명의 경제학자의 말처럼 뉴욕의 보험 가입자들도 보험료가 높은 대신 폭넓은 보장을 받을 수 있는 보험상품에서 보장의 폭이 넓지 않은 보험상품으로 이동하는 하강의 소용돌이가 발생한 것이다.

뉴욕과 뉴저지 모두 공정성이라는 목표는 달성했지만, 보험료가 너무 높아졌다. 보험사들이 보험료를 책정하는 재량권을 잃어버린 결과 건강한 사람들이 보장 폭이 유연하고 넓은 보험상품에 가입하려면 모든 가입자의 건강 상태가 매우 나쁘다는 전제하에 책정된 높은 보험료를 내야만 했다. 이런 경우 공정성에 관한 규칙을 정당화하기 위해 "아무도 과자를 먹지 않도록 하자."는 방식으로 상황을 끌고 갈 수 있을지 분명하게 말하기 어렵다. 예를 들어서 근무하는 회사에서 보험료 전액 혹은 상당액을 부담해 주는 방식으로 건강보험에 가입할 수 있는 사람들은 그런 혜택을 받을 수 없는 건강보험의 사각지대에 놓인 사람들보다는 경제적으로 훨씬 윤택한 사람들이며, 보험상품의 선택의 폭도 넓다. 반면, 고용주나 회사의 도움을 전혀 받지 못하는 사람들은 불만이 있더라도 보험료가 낮은 대신 누릴 수 있는 보장의 폭도 넓지 않은 보험상품에 가입하거나 대중들의 선택의 결과로 인해 턱없이 높아진 보험료를 감수하고 보다 보장 폭이 넓은 보험에 가입하는 수밖에 없다. 뉴저지주는 효율성보다는 공정성에 중점을 두고 제도를 설계했으나 결과적으로 두 가지 중 어느 것도 달성하지 못했다.

뉴욕과 뉴저지에서 제도를 설계한 보건정책 전문가들도 가입 보장과 집단율 적용이라는 두 가지 원칙을 강력하게 적용할 때 발생할 수 있는 문제에 대해서 전혀 모르지도 않았고, 이러한 원칙을 적용하면서도 시장을 유지시킬 수 있는 나름의 해법도 가지고 있었다. 그러나 자신들의 정책과 해결책이 얼마나 훌륭한지를 대중들에게 설득하는 것은 의외로 어려운 싸움이 될 수 있다. 그 과정에서 원래의 정책으로 인해 얻어지는 이익의 일부를 포기하는 상황을 감당해야 할 수도 있기 때문이다.

노인 건강보험 시장과 관련한 형편없는 정부의 홍보 내용을 보면 정부의 정책 실패가 분명히 드러난다. 정부의 정책은 공정성을 달성하는 데 최우선 목표를 두고 마련되었지만, 결국 건강보험 시장의 붕괴를 피하기 위해 공정성을 가장 중요하게 여기는 정책의 기조를 어느 정도 후퇴시킬 수밖에 없었다. 결국 나중에 확인된 것처럼 나름 합리적이고 의미 있는 노력에도 불구하고 성과는 생각보다 크지 않았다.

보험에 대한 오해

2020년, 뉴욕타임스는 미국의 노인들이 민간 보험을 가입할 때 보조금을 제공하는 연방정부 프로그램인 메디케어 어드밴티지를 맹렬하게 비난하는 기사를 실었다. 미국 노인들의 절반 정도가 이 프로그램의 도움을 받고 있었다. 나머지 절반은 민간 기업이 아닌 정부가 보험을 자체적으로 운용하는 이른바 전통적인 메디케어 프로그램에 가입되어 있었다.

뉴욕타임스의 기사는 덴버에서 거주하는 에드 스타인이라는 은퇴 생활자의 사례를 통해서 메디케어가 잘못 설계되었다는 점을 강조했다. 에드 스타인은 메디케어의 지원을 받을 자격을 얻게 되었던 65세 때 만해도 건강하고 활동적인 생활을 했다고 한다. 우리는 5장에서 메디케어 어드벤티지 프로그램이 헬스클럽 회원권 같은 것을 무상으로 제공하여 에드 스타인처럼 건강하고, 보험금 지출도 적은 건강한 사람들의 가입을 유인한다는 사실을 이미 살펴보았다. 스타인의 입장에서 전통적인 메디케어 프로그램보다는 메디케어 어드벤티지 프로그램에 더 마음이 끌리는 것은 전혀 이상한 일이 아니다. 그는 뉴욕타임스의 기사를 쓴 당사자인 마크 밀러에게 말했다. "보험료는 같았어요. 그런데 헬스클럽 비용을 대준다고 하고, 약물 관련 보장 내용도 좋았어요."

그 후 7년이 흘렀다. 그는 방광암이 심각하다는 진단을 받았다. 복잡한 수술을 받고 화학요법 치료도 받아야 한다. 헬스클럽에 다니고 말고는 중요한 것이 아니다. 오히려 자신의 병에 대해 잘 아는 전문의사를 만나는 것이 더 중요한 일이었다. 불행하게도 의사의 진료 비용은 메디케어 어드벤티지의 지원 내용에 포함되어 있지 않았다. 흔히 벌어지는 불행한 상황이 그에게도 벌어진 것이다. 이제 스타인은 둘 중 하나를 선택해야 한다. 비싼 진료비를 내든지, 만족스럽지 못한 질 낮은 치료를 받고 참고 살든지.

그렇다면 뉴욕타임스가 제안한 대로 뭔가 제3의 방안이 마련되어야 하지 않을까? 중간에 보험 프로그램을 바꾸는 것을 허용하면 어떨까? 독자들 가운데 이미 알고 있는 사람도 있겠지만, 전통적인 메디케어 프로그램은 전문성이 충분히 있는 의사에게 진료를 받는 비용도 지원을 해주고 있다. 그러나 전통적인 메디케어 프로그램은 지원금이 충분하지 않다. 적지 않은 가입자들이 메디케어로부터 받을 수 없는 서비스를 보장받기 위해 민간 보험사의 다른 보험상품을 또 가입하고, 이로 인한 보험 비용을 추가 지출하고 있다. 이렇게 가입하는 보험을 미국에서는 소위 메디갭Medigap 보험이라고 부른다.

에드 스타인도 메디케어 어드벤티지에서 전통적인 메디케어로 바꾸고 추가로 메디갭을 가입하고 싶었으나 그것이 생각처럼 쉽지 않다는 것을 알고 크게 낙담했다. 미국에서는 이런 사람이 해마다 수천 명씩 나온다고 한다. 뉴욕타임스가 기사에서 다루었듯이, 스타인은 메디케어 어드벤티지 프로그램의 운영 규칙 가운데 도무지 이해할 수 없는 조항, 즉 일단 가입하면, 사실상 취소할 수 없다는 것을 뒤늦게 알게 된 것이다.

즉 필요한 건강보험 서비스를 받지 못하고 견디고 사느냐, 아니면 파산하느냐 중 하나를 선택해야 하는 스타인의 진퇴양난 상황은 미국의 헬스케어 시스템의 치명적인 문제점을 분명하게 설명해 준다. 스타인은 그의 나이 65세이던 2013년에 메디갭에 가입하지 않기로 결정했다. 당시의 미국의 보험제도는 미국인들이 메디케어 프로그램에 가입할 나이가 되어 메디갭 보험을 따로 가입하려 할 때, 민간 보험사는 가입 보장 원칙과 집단율 원칙을 적용하여 가입을 원하는 모든 사람의 가입을 받아주어야 하고, 건강 상태와 상관없이 동일한 보험료를 받도록 되어 있었다. 그러나 이러한 원칙을 적용받으려면, 65세의 생일이 지나간 날로부터 6개월 안에 가입해야만 한다. 노인들이 필요하면 언제든지 자신의 건강보험 프로그램을 재설계할 수 있도록 정부가 규정을 바꿔주기만 하면 스타인과 비슷한 딜레마를 겪고 있는 사람들의 고민은 쉽게 해결될 수 있다. 미국의 의료정책이 스타인과 같은 병자를 괴롭히기 위해 만들어진 제도라는 비난을 받아야 하는가?

미국의 의료정책에 문제가 많은 것은 사실이지만, 스타인이나 그와 비슷한 다른 사람들의 사례를 다룰 때 놓치고 있는 핵심이 하나 있다. 스타인의 상황이 비극적인 것은 맞지만, 어느 정도 자신이 자초했다는 점이다. 그리고 메디케어를 운영하는 세부 규칙이 보험업계의 부패한 로비스트의 압력이나 정책 입안자들의 무지로 인해 만들어진 것도 아니다. 오히려 선택의 문제로 보험시장이 완전히 망가지는 것을 방지하고, 보험시장에 동등하게 접근할 수 있게 하기 위한 합리적인 타협의 결과로 만들어진 것이다.

뉴욕타임스는 예상치 못한 암 진단을 받은 환자의 필요를 조금도 채워 주지 못하는 보건 프로그램으로 인해 수렁에 빠진 스타인의 비극을 정부 탓으로 돌리며 맹비난을 퍼부었다. 기사의 주인공이 끔찍한 불행에 직면했다는 사실을 부인할 수는 없지만, 우리는 그런 규칙을 만들지 않을 수 없었던 정부의 입장에 대해서도 설명하고 싶다.

스타인이 새롭게 메디케어 정책의 혜택을 받을 나이가 되어 메디케어 어드벤티지 프로그램에 가입할 당시 그는 건강에 상당히 자신이 있었다. 때문에, 그는 비록 이 프로그램이 큰 병에 걸렸을 때 전문성을 가진 의사의 진료를 받는 데는 별로 도움이 되지 않음에도 불구하고 무료로 헬스클럽에 다닐 수 있다는 조건에 마음이 끌렸을 것이다. 그로부터 7년이 지나서 그는 암 진단을 받고 뒤늦게 메디갭 보험에 가입하고 싶어 했지만, 그것은 건강 상태와는 무관하게 65세에 해당하는 사람들만 가능한 일이었다. 지금의 그의 나이와 같은 노인 암 환자의 보험 가입을 받아주는 것이 보험회사의 경영에 도움이 되지 않을 것이고 실제로 어떤 보험사도 그를 받아주지 않았다. 암 환자의 보험 가입을 받아주는 것은 아무리 많은 보험료를 받아도 손해일 것이 분명하기 때문이다.

스타인이 65세이던 2013년으로 돌아가 보자, 스타인이 매디케어 어드벤티지에는 가입했지만, 메디갭에는 가입하지 않기로 결정한 시점이다. 5장에서 이미 설명했듯이 암 전문의의 서비스보다는 헬스클럽 이용에 더 매력을 느끼고 보험사로부터 보험금 지원도 별로 받지 않을 것으로 보이는 건강한 노인들이 메디케어 어드벤티지 서비스로 몰려들 것이다. 그것은 65세가 되어 메디케어 서비스를 받을 자격을 얻게 된 사람들이 동등한 조건으로 원하는 보험 유형을 선택할 수 있도록 치르는 비용이라고 생각할 수 있다.

뉴욕타임스가 스타인의 결정을 '취소할 수 없는 결정'이라고 규정한 것은 언론사로서는 무책임한 행위이다. 우리는 그런 표현이 지나친 과장이라고 생각한다. 사실 스타인은 암에 걸리기 전에 언제든지 메디케어 어드벤티지에서 전통적인 메디케어 프로그램으로 전환할 수 있었다. 그러나 이제 갑자기 상당한 보험금 지원이 절실한 그의 가입을 기꺼이 받아 줄 메디갭 보험이 있는지는 모르겠다. 연방정부도 65세가 된 날부터 6개월이 지난 후에는 메디갭에 가입하고자 하는 사람들에 대해 보험료를 얼마로 정할지, 혹은 보험 가입 거절 여부를 보험사에게 맡기고 있기 때문이다.

이러한 제도는 메디케어 프로그램의 설계자들이 형평성과 효율성을 높고 많이 고심한 결과였다. 그런데 보험사들이 초기 6개월간 모든 사람을 동등하게 대우하더라도 사람들이 반드시 똑같은 선택을 하지 않을 것이기 때문에, 선택으로 인해 문제가 야기되는 것을 완전히 막을 수는 없다. 사실, 에드 스타인처럼 건강에 자신이 있는 65세 노인은 전통적인 메디케어 프로그램에 가입하고 메디갭을 추가 선택하기보다는 헬스클럽 회원권을 포함한 몇 가지 혜택을 제공하는 메디케어 어드벤티지 프로그램을 선택하는 경향을 확실하게 보여준다. 그러나 일정한 기간이 지나고 나면 시장에서 형평성은 사라진다. 보험사는 자신들이 확보할 수 있는 모든 정보를 활용해서 가입 희망자의 가입을 받아줄지 안 받아줄지, 받아준다면 보험료를 어느 정도로 할지를 결정할 수 있다. 물론 이것이 평등성과 효율성 사이에서 균형을 맞출 수 있는 유일한 방안은 아니며 최선의 방안이라고 말할 수도 없다. 분명한 것은 이러한 제도가 정책 입안자들이 나름 상당히 깊이 고민한 결과로 만들어진 것이라는 것이다.

정책 입안자들은 현재의 제도를 조금 더 개선할 수 있을지 모른다. 또 모든 미국인에게 배포되는 메디케어에 관한 안내문에 굵고 눈에 확 띄는 글자체로 '충분히 신중하게 결정하세요. 지금의 선택이 당신의 남은 생애를 좌우할 수 있습니다.'라는 경고문을 적어 넣을 수도 있을 것이다. 그러나 아무리 잘 만들고, 홍보를 잘해도, 에드 스타인처럼 괜찮은 의료 혜택과 파산의 갈림길에서 길을 잘못 들어서서 뒤늦게 후회하는 노인이 나오는 상황을 완전하게 예방할 수는 없다. 그렇다면 사람들이 원한다면 언제라도 자신의 보험 프로그램을 바꿀 수 있도록 허용하는 것도 나름 공평한 방법처럼 보인다. 그들의 현재의 상황에 맞는 보상체계를 선택할 권리를 막아야 할 이유가 어디에 있는가? 이 책의 공동 집필자 가운데 한 사람인 에이미의 남편도 그런 생각을 하는 사람이었다. 우리가 5장에서 본 대로, 그는 자신의 자동차가 고장 나고 나서야 견인보험에 가입하려 했었다.

그러나 이것은 예측할 수 없는 재난에 대비하여 안전장치를 마련해 두고자 하는 보험의 원래의 취지에 반하는 정책이다. 만약 현재의 상황에 맞춰 보험 프로그램을 변경하는 것이 허용된다면, 누구나 자신의 자동차가 고장 나서 길가에 서서 움직이지 않는 사태가 발생하고서야 비로소 길가에 서 있는 공중전화로 견인 서비스를 받을 수 있도록 보험 내용을 바꾸려고 할 것이다. 마찬가지로 건강보험에 있어서도 건강이 괜찮을 때는 헬스클럽 무료 이용 혜택을 받을 수 있는 보험에 가입했다가 갑자기 무슨 병을 얻고 나면, 치료비를 제대로 지원받을 수 있는 보험으로 변경할 것이고, 병에서 회복되고 나면 다시 원래대로 되돌리려 할 것이다. 당장 길가에 자동차가 멈춰서 당황하는 사람에게는 아주 괜찮은 제도처럼 보이겠지만, 언젠가 자동차가 길가에 멈춰 설 것에 대비하여 보험에 가입한 사람의 입장에서는 이런 것을 정상적인 보험 시스템이라고 볼 수 없다.

결국 과연 공정이란 무엇인가를 따지는 '공정의 정의'의 문제로 되돌아가지 않을 수 없게 된다. 모든 미국인은 65세의 생일이 되는 순간 미래의 건강상의 위기에 대비하기 위해 자신이 선호하는 보험을 자유롭게 선택할 권리를 갖게 된다. 많지 않은 보험료를 내고도 헬스클럽을 자유롭게 이용하는 대신, 병에 걸렸을 때 충분히 보장을 받을 수 없는 보험상품을 택하는 것도 각자의 자유로운 선택이다. 길가에 멈춰선 당신의 자동차를 견인하는 비용을 왜 다른 사람들이 내야 하는가? 보험은 언젠가 발생할지 모를 사건이나 사고에 대비하여 가입하는 것이지, 이미 발생한 사건을 수습하는 데 드는 비용을 해결하기 위해 가입하는 것은 아니다. 이러한 관점에서 보면, 에드 스타인은 보험금을 지원받기 위해 애를 쓸 것이 아니라, 구제금융을 받기 위해 노력해야 한다.

공정성에 대한 각자의 생각은 다를 수 있다. 각자가 아플 때 그 상황에 맞춰서 보험 내용을 바꿀 수 있도록 허용한다면 스타인 같은 사람들은 자신이 겪고 있는 딜레마를 짧은 시간 안에 해결할 수 있을 것이다. 그러나 그러한 규칙으로 인해 머지않아 보험시장 자체가 붕괴되어 완전히 없어질 것이다. 메디케어 규칙으로 인해 발행한 문제는 시장을 건강하게 유지하기 위해 정책적으로 의도한 선택이지, 잘못된 관료들이 만들어낸 정책 실패의 결과가 아니다. 결국 메디케어의 규칙은 민간 기업들이 선택의 결과로 발생하는 문제에 대처하기 위해 구사하는 전략과 비슷해 보인다.[34]

모든 주가 메디케어 제도에서 보험 계약 내용을 언제든지 자유롭게 변경하는 것을 금지하지는 않기 때문에 우리는 매디케어 규칙이 고객의 선택으로 인해 발생하는 문제를 줄이는 데 중요한 역할을 한다는 것을 알고 있다. 에드 스타인이 살고 있는 덴버는 콜로라도주에 속한 도시인데, 콜로라도주는 메디갭 제도에 대해 연방정부가 정한 가이드라인, 즉 가입 보장 원칙과 집단율 원칙을 적용하고 있지만, 이 적용을 받기 위해서는 65세가 된 날로부터 6개월 이내에 가입해야 한다는 제한 조항을 두고 있는 곳이었다. 메디갭과 관련하여 보험료를 규제하는 방식은 주별로 자유롭게 정할 수 있다. 코네티컷, 메인, 뉴욕 등 3개 주는 노인들이 언제든지 메디갭에 가입할 수 있도록 허용하고, 모든 가입자의 신청을 받아주어야 할 뿐 아니라, 건강 상태와 상관없이 동일한 보험료를 부과하도록 하고 있다. 에드 스타인과 그의 사례를 보도한 뉴욕타임스가 원하는 바 그대로 시행하고 있는 것이다.

그 결과로 이들 주에서 메디케어에 가입한 사람들이 괴롭게 되었다. 우리가 예측했던 우려할 만한 상황이 나타난 것이다. 심한 병이 발병하고 나서야 메디갭에 가입한 노인들이 너무 많았다. 그 결과 메디갭을 위해 납부해야 하는 보험료가 크게 올랐다. 보험료가 오른 만큼 가입자의 수는 급감했다. 우리가 주장한 이론이 옳았다는 것이 입증되었고, 집단율을 적용받는 보험 가입자들이 원하지 않는 상황이 전개된 것이다.

경제학자인 빌사 커토Vilsa Curto는 이 상황을 다룬 논문으로 박사학위를 받았다. 주 정부가 모든 사람에게 언제 어떤 건강 상태로 보험에 가입하더라도 동일한 보험료를 부과하도록 했기 때문에, 노인들이 건강 상태만 괜찮다면 굳이 65세가 되었다는 이유로 메디갭에 가입할 필요도 없었고, 병이 날 때까지 기다렸다가 가입해도 아무런 상관이 없게 된 것이다. 실제로 노인들은 65세가 지나고 나서도 평균 1년 정도 더 기다려서 더 아플 때 비로소 가입했다는 사실을 통계로 확인했다. 반면 보험사가 가입 후 보험금 서비스를 일정 기간 유예하는 규정을 두고, 건강이 좋지 않은 상태에서 가입하는 사람들에게는 높은 보험료를 부과할 수 있도록 허용한 주에서는 메디갭 가입률이 다른 주보다 40%나 낮아졌다.

여기서 얻은 교훈이 있다면 정책을 만들기 위한 절충의 과정이 접근성과 형평성을 추구하기 위한 선의의 노력보다 훨씬 더 나을 수 있다는 점이다. 뒤늦게 암이나 뇌졸중처럼 사람을 크게 쇠약하게 만들고 비용도 많이 드는 병에 걸린 사람들이 '시간을 되돌릴 수만 있다면' 하고 후회하는 것은 쉽게 이해할 수 있다. 이런 딱한 상황을 개인의 비극으로 이해하고 동정하는 것은 인간적이다. 그러나 그것은 시장이 제 기능을 발휘하는 것을 방해하고, 다른 사람들도 그로 인해 피해를 입게 된다.

수많은 에드 스타인의 비극을 무시해서는 안 된다. 그렇다고 해서 코네티컷과 메인, 그리고 뉴욕의 시스템이 최선의 대안은 아닌 것 같다. 예를 들어 모든 미국인에게 65세가 되면 메디갭 보험에 의무적으로 가입하도록 할 수도 있다. 그러나 이는 미국 노인들에게 또 다른 보험의 의무를 강요하는 것과 같다는 문제가 있다. 누가 그 보험료를 내준다는 말인가? 이제 여기서 또다시 절충을 시도해 보아야 한다. 우리는 필요한 보험에 미처 가입하지 못한 채 비극을 맞이한 72세의 노인을 그저 바라보기보다는 차라리 그들이 음식과 주택에 지출하는 비용을 줄이고 건강보험에 가입하도록 강력하게 독려할 수도 있을 것 같다. 물론 이 비용의 일부 또는 전부를 정부가 대신 지불해 줄 수 있다. 문제는 부족한 예산으로 인해 학교, 도로, 다리 등에 투입해야 할 예산이 줄어들 수 있다는 것이다.

결국 정책 입안자들이 어떤 대책을 내놓더라도 누군가로부터는 비난을 받을 수밖에 없다. 정부가 효율성과 공정성이라는 상반된 가치를 놓고, 어떤 절충안을 내놓더라도 그 정책으로 인해 큰 이익을 누리는 사람이 있는 반면, 큰 낭패를 보는 사람도 있기 마련이다. 문제는 낭패를 보는 사람들이 말할 수 없을 정도로 비극적인 삶을 살지도 모른다는 것이다.

———

지금까지 우리가 설명한 내용을 보면 마치 정부가 정부 자신을 상대로 싸움을 벌이는 것처럼 보인다. 정부는 공정성과 접근성을 보장하기 위해 가입 보장과 집단율이라는 원칙을 제도화하였지만, 그 결과로 대중의 선택으로 인한 문제가 발생했다. 그러자 정부는 선택으로 인한 문제가 더 심각해지는 것을 막기 위해 보험 내용을 변경하는 것을 허용하는 추가 조치를 내놓았다. 문제는 정부가 벌이는 게임에는 상대가 있다는 것이다. 자신들이 만들어내는 시스템이 잘 작동하게 하려면, 당국자들은 자신들의 정책에 대해 이해관계가 걸린 대중들과 다른 주체들이 어떻게 반응할지 제대로 예측할 수 있어야 한다. 예를 들자면, 대중들은 자신들의 건강 상태에 따른 필요에 맞춰 그때그때 보험 내용을 변경할 수 있기를 원한다는 정도는 예측할 수 있어야 한다. 정부가 벌이는 게임의 또 다른 상대는 보험사이다. 그들은 정부가 정해 놓은 틀을 벗어나지 않는 범위 안에서 자신들의 이익을 극대화하기 위해 보험상품을 만들거나 기존 상품의 내용을 조정할 준비가 되어 있는 자들이다. 기업들의 이해관계를 우선적으로 고려해야 하는 상황이 종종 발생하는 것도 놀랄 일은 아니다. 우리는 8장에서 이윤추구에 강한 의지를 가지고 있는 기업들이 게임의 법칙을 창조하는 경우도 있다는 것을 확인하게 될 것이다. 달리 말하자면 기업들이 마지막에 어떤 조치를 취하는 것은 당연한 수순이다.

8장
두더지 잡기 게임

1980년, 마크 드프리스트Mark DeFreiest : 일명 탈옥왕으로 유명한 미국의 범죄자 - 역자 주는 구속된 지 1년 만에 보호 관찰을 조건으로 집행유예로 풀려난 후 아버지가 사망하면서 자신에게 남긴 물건들을 찾으러 갔다. 그러나 아버지의 유언장은 아직 법률적인 효력을 발휘하기 전이었으며 의붓어머니가 드프리스트를 경찰에 신고했기 때문에, 그는 총기 소지와 강도 혐의로 다시 기소되었는데, 이는 보호관찰 기간 동안 범죄를 저질러서는 안 된다는 규정에 어긋나는 상황이었다. 그는 법원의 의뢰를 받은 정신과 의사들에 의해 정신분열증과 조울증이 있다는 진단을 받고 플로리다 주립병원의 정신과 병동에 강제 수용되었다. 이름만 보면 병원 같지만, 사실은 실형을 선고받은 환자 재소자를 치료하는 병원 형태의 교도소이다. - 역자 주

그가 첫 탈옥을 시도한 곳이 플로리다 주립병원이었다. 그는 일명 LSD-25라고도 알려진 마약 성분의 약품인 블로터 산blotter acid을 병원 진료소에서 훔쳤고, 많은 양의 블로터 산을 근무 교대시간의 어수

선한 틈을 타 교도관들의 커피포트에 몰래 풀어 넣었다. 그는 직원들이 단체로 마약 커피를 마시고 몽롱한 사이에 몰래 복제한 마스터키를 사용해 탈옥할 계획이었다. 하지만 그가 탈옥 계획을 행동으로 옮기기 전에, 몇몇 직원들이 LSD가 들어간 커피포트 몇 개를 의심하기 시작했다. 그 가운데 한 명이 커피포트를 솔질까지 해가면서 세척했고, 병원에서 근무하던 심리학자 한 사람이 크게 소리를 지르면서 비상 상황이 발생했음을 알렸다. 뭔가 이상한 상황이 발생한 것을 알아차린 병원 당국은 병원의 출입을 통제하는 한편, 보안 요원들을 조사했다. 그러나 드프리스트에 따르면, 그가 이러한 일을 저지른 장본인이라는 것을 그때는 누구도 눈치를 채지 못했다고 한다.

그의 다음 탈옥 시도는 좀 더 나아졌다. 그는 다른 환자들과 함께 가시철망을 두른 담장을 향해 돌진했다. 이 결과 몇몇 환자들이 실제로 탈옥에 성공했는데 드프리스트도 그 가운데 한 사람이었다. 그는 담장 밖에 있던 차를 훔쳐 타고 도망쳤지만 얼마 지나지 않아 다시 체포되었다. 당국은 그를 병원으로 돌려보내지 않고 베이 카운티 교도소로 이감했다.

이때부터 어떻게든 탈옥을 하려는 드프리스트와 플로리다 교정당국 사이의 밀고 당기는 싸움이 시작되었다. 드프리스트가 탈옥을 위해 새로운 시도를 할 때마다 교정 당국은 이를 막기 위해 관리와 감시 규정을 더 엄격하게 바꾸곤 했다. 가브리엘 런던Gabriel London이라는 다큐멘터리 영화 감독은 자유를 얻겠다는 유일한 목표를 성취하기 위해 자신이 가진 온갖 재능을 다 짜내며 노력했던 그의 이야기를 그린 〈비극적 재능tragic gift〉이라는 제목의 영화를 만들기도 했었다. 그는 교도관의 허리에 달린 열쇠들과 여러 가지 목재와 금속재 도구의 복잡한 모양을 모두 외우기도 했고, 치약 튜브를 이용해서 초보적인 무기를 만들기도 했다. 그가 이러한 악마의 재능을 총동원해 탈옥을 시도하지 않았더라면 1984년에 조용히 교도소에서 걸어 나올 수 있었을 것이다. 원래 4년 형을 선고받고 투옥된 그는 13번의 탈옥 시도를 포함한 수백여 건의 교도소 규칙 위반으로 형기가 계속 늘어나 수십 년의 세월을 감방에서 보내야 했다.

그는 긴 수감 생활 동안 비록 바로 붙잡히기는 했지만 7번이나 탈옥에 성공했다. 한번 탈옥에 성공할 때마다 그에 대한 감시가 삼엄해졌음을 감안하면 대단한 성공이 아닐 수 없다. 그는 베이 카운티 교도소에서 플로리다 주립교도소로 옮겨졌고, 그곳에서는 추가적인 조사가 필요한 죄수들을 구금하는 2층 감방에 갇혔다. 나중에는 독방에 갇힌 채 오로지 '감옥의 후디니Houdini : 세계적으로 유명한 미국의 탈출 전문 마술사 - 역자 주' 한 사람만을 감시하기 위해 배치된 교도관의 집중 감시를 받으며 세월을 보내기도 했다.

어떤 제도를 만들고, 그 시행의 결과를 책임지는 사람들의 입장은 드프리스트를 감시하던 교정 당국이 직면했던 '작용과 반응'의 반복과 비슷한 상황에 익숙할 것이다. 역선택으로 인한 문제를 해결하기 위해 공공정책을 계속 수립해야 하는 정부의 정책 입안자들도 마찬가지다. 우리는 보험시장이 안고 있는 문제를 해결하기 위해 정부가 취할 수 있는 해결책을 6장과 7장에서 살펴보았다. 그러나 하나의 제도를 채택하고 적용하는 것으로 끝나는 경우는 드물었다. 사실대로 말하자면 이야기는 절대로 끝나지 않고 계속된다. 드프리스트와 마찬가지로 보험사들은 법령과 제도 등 어떠한 족쇄로 그들을 옭아매도 그것에 절묘하게 대응하기 때문이다. 드프리스트는 항상 자유를 얻기 위해 새로운 시도를 모색했다. 보험사도 정부 당국에 의해 어떤 기발한 제도가 만들어지더라도 그 안에서 가장 비용 지출이 저렴한 고객을 골라서 유치하기 위한 노력을 계속할 것이다.

두더지 잡기 게임

여러분의 뇌리에 십 대 청소년 자녀들이 자정에 몰래 집을 빠져나가 탈선하는 것을 막을 수 있는 방법이나, 수십억 달러 규모의 기업이 투자자들을 속이는 것을 막을 수 있는 어떤 기발한 방법이 갑자기 떠올랐다면, 그 생각은 이미 철 지난 해결책일 가능성이 매우 높다. 아이들이 당신 몰래 집에서 빠져나가는 것을 막기 위해 경보장치를 설치해도 아이는 그 경보장치의 암호 코드를 알아내고 경보장치를 해제한 후 빠져나간다. 그래서 암호 코드를 바꿨더니 어디선가 밧줄을 구입해서 창문으로 빠져나갔다. 그래서 이번에는 창문에 경보기를 설치했더니, 아이는 그것도 무력화시키는 방법을 알아냈다. 아이가 영리하고, 기필코 빠져나가겠다는 의지가 있다면, 당신이 무슨 노력을 해도 아이의 심야 외출을 완전히 막을 수는 없다. 그저 그 빈도는 좀 줄어들 것이다. 어쨌든 아이의 심야 외출을 막는 것은 당신의 마음도 힘들게 하고, 당신의 경제적 비용도 상당히 축나게 하는 고통스러운 일이다. 이는 마치 두더지 잡기 게임 같은 일이다. 여러 개의 구멍에서 털이 많은 작은 생명체두더지가 머리를 들고 튀어나오면 망치로 내리쳐서 점수를 얻는 구식 전자오락게임 말이다. 그 게임에서 플레이어는 점수를 많이 얻을 수는 있지만, 두더지가 사라지게 할 수는 없다. 어느 구멍으로 튀어나온 두더지를 망치로 내리치면, 그 두더지는 사라지지만, 바로 이어서 다른 구멍에서 튀어나온다. 우리가 할 수 있는 일은 가능한 한 빨리 많이 때려잡는 것뿐이다. 정책 당국이 보험사를 규제하는 것도 말썽 많은 십 대 청소년을 다루는 것과 다르지 않다. 절대로 당국이 기업을 이길 수는 없다. 당국이 할 수 있는 일은 기업이 현재 존재하는 제도의 틀 안에서 탈출구를 찾아 고개를 들고 튀어나오면 거기에 대응하여 그 구멍을 틀어막고, 다음에는 또 어디에 구멍을 파고 튀어나올지 눈을 부릅뜨고 기다리는 것뿐이다.[35]

청소년의 탈선 이야기를 계속하자면, 당신의 자녀가 최근에 자신의 외출을 막기 위해 부모가 취했던 조치의 위법성을 검토하고자 변호사 몇 사람을 기용하여 전담 법률팀을 조직하고, 부모가 설치한 탈출 감지 장치를 무력화시키기 위해 전문 기술자들을 고용했다고 상상해 보자. 이제 기업과 쫓고 쫓기는 게임을 벌이고 있는 정부 당국의 정책 개발자들이 어떤 사람들을 상대하고 있는지 어느 정도 이해가 갈 것이다. 기업은 법안이 통과되거나 반포되어 실행에 들어가기 훨씬 전, 법안이 구상되는 단계부터 거기에 대응할 최선의 방법을 연구하고 있다.

이해를 돕기 위해 이렇게 상상해 보자. 외출 경보장치의 암호 코드를 1년에 한번만 바꿀 수 있다고 가정해 보자. 이런 일은 가정에서는 일어날 수 없지만, 법률가와 고급 기술자들의 도움을 받고 있는 기업들을 상대하는 정부는 1년에 한번 새로운 조치를 내리기도 쉽지 않다. 그것은 당신의 딸이 유유히 부모가 쳐놓은 감시 장치를 빠져나가고 있음에도 불구하고 당신은 마땅한 조치를 취하지 못하고 현재의 틀을 벗어나지 못하는 것과 같다.

그렇다면 메디케어 제도의 경우 두더지 잡기 게임이 어떤 식으로 전개되는지 생각해 볼 차례이다. 잘 알다시피 메디케어란 노인들을 위해 정부가 운영하는 건강보험 프로그램이다. 우리는 미국 정부가 1980년대부터 민간 보험업체에 외주를 맡기는 형식으로 메디케어 시스템을 운영하기 시작한 후 지금까지 줄곧 민간 기업을 상대로 두더지 잡기 게임을 벌이고 있다고 생각한다. 결코 이길 수 없는 게임이고, 실제로 계속해서 패배를 쌓아가고 있다. 그렇다고 해서 정부가 이 사업에서 손을 떼고 철수해야 한다는 뜻은 아니다. 오히려 사업의 전체를 민간 부문으로부터 넘겨받아야 한다. 또한 대중의 선택으로 인해 발생할 문제를 예측해서 메디케어 정책은 물론 그 밖에 다른 보험과 관련된 공공정책을 보다 정교하게 설계해야 한다. 또 정부가 민간 보험사를 통제하는 정책을 마련할 때는 민간 기업이 취할 수 있는 현존하는 선택지뿐 아니라 새로운 정책에 대응하여 그들이 새로 만들어 낼 것들에 대해서도 충분히 고민해야 한다.

그러나 시장은 항상 유리하다

메디케어가 처음 도입된 것은 1960년대 중반이었다. 당시에는 노인들의 건강을 위한 기본적인 보장만 해주는 보험으로 설계되었고, 미국 정부가 독자적으로 운영했었다. 20년쯤 지나서 로널드 레이건 대통령 시절, 정부가 비용 절감을 강력하게 추진하면서 메디케어 서비스 대상이 되는 노인들을 위한 건강보험 사업에 민간 보험사들이 참여할 수 있는 길이 열렸다. 비용은 정부가 대지만 많은 경제학자들이 효율적이라고 믿고 있는 시장의 보이지 않는 손에 관리를 맡긴 것이다.

작동의 원리는 이렇다. 보험사는 정부로부터 가입자 한 사람당 일정 금액을 지급받는다. 대신 보험사는 이전까지 정부가 가입자에게 제공하던 혜택을 정부 대신 제공해야 한다. 어느 관점에서 보면 이러한 정책 전환은 대성공을 거두었다. 2020년까지 메디케어 등록자의 1/3이 우리가 앞에서 다룬 메디케어 어드벤티지 프로그램에 가입하여 민간 보험사로부터 혜택을 받았다.

자유방임주의를 지지하는 사람들은 이러한 성장을 시장의 우월함을 보여주는 증거라고 주장할 수 있다. 이윤을 추구하기 위해 활동하는 민간 부문이 메디케어 등록자들에게 보험 서비스를 제공할 것이고, 정부는 이전에 등록자들을 위한 보장을 제공하기 위해 지출했던 것보다 더 적은 금액을 보험사에 지불해도 되는 효율성을 달성하고, 기업은 상당한 수익을 얻게 되었다. 보험사들이 돈을 벌고 이익을 내려면 고객이 보험에 가입해야하기 때문에, 보험사는 고객의 행복을 위해 노력할 수밖에 없다. 한 마디로 일석삼조의 게임처럼 보였다. 보험사는 이익을 내고, 고객들은 보험의 혜택을 누리고, 정부는 예산을 절감할 수 있었다는 말이다.

그러나 민간 보험사들은 이 게임에서 승리를 거두기 위해서 민간 부문과 정부의 보험 공급을 전혀 다른 관점으로 접근했다. 민간 보험사들이 이익을 극대화하려면 건강한 사람들, 즉 보험금을 별로 지급하지 않아도 되는 사람들이 보험에 가입하도록 유도해야 한다. 그들이 가입자 개인에게 어느 정도의 보험금을 지급하게 될지는 메디케어에 가입한 개인들에게 드는 비용을 추측해 놓은 정부의 자료를 토대로 쉽게 계산해 낼 수 있다. 결국 보험사들은 우리가 5장에서 본 것처럼 건강한 사람들이 보험에 가입하도록 유도하기 위해 헬스클럽 무료 이용권을 포함하여 여러 유인책을 동원했다. 그 결과 오히려 정부는 새로운 부담을 지게 되었다. 정부는 민간 보험사가 건강한 사람과 건강하지 않은 사람들을 가리지 않고 등록을 받을 것이라는 가정 아래 가입자 1인당 고정된 액수를 보험사에 지급했다. 그러나 보험사들은 건강한 사람들의 가입을 유도했고, 실제로 건강한 사람들이 많이 가입했다. 그 결과 보험사는 건강한 사람들의 노후 건강만 돌보게 되었고, 건강하지 않은 사람들의 노후 건강은 정부의 부담으로 넘어왔다.

정부도 아무 생각 없이 당하기만 하지는 않았다. 정부도 보험사가 자신들에게 높은 이윤을 가져다주는 건강한 사람들만 가려 받기 위한 전략을 설계하고 있다는 사실을 깨달았다. 보험사가 건강하지 않은 노인들에게도 충분한 보험 서비스를 제공하도록 독려하기 위해서 정부는 건강하지 못해 보험금 지급이 많을 것으로 예상되는 고객의 가입을 받아준 보험사에는 더 많은 돈을 지급해 주기로 했다. 그러나 정부는 어떤 사람이 건강하고 어떤 사람이 건강하지 않은지, 즉, 어떤 사람의 보험 가입을 받아주었을 때 더 많은 비용을 보험사에 보조하게 될지를 판단할 충분한 근거를 가지고 있지 않았다. 당시는 1980년 대 초였고, 각자의 건강 상태를 평가할 만한 충분한 데이터베이스나 통합 전산망 같은 것이 존재하지 않던 시절이었다. 인구통계학적인 자료에 근거하여 정부가 보험사에 지급할 비용을 결정하는 것 말고는 별다른 묘안을 찾을 수 없었다. 예를 들자면, 80대의 노인이 가입한 경우, 그보다 10살쯤 적은 노인의 경우보다 더 많은 비용을 지급하도 록 했고, 마이애미나 아이오와주의 시골 지역 같은 경우에는 같은 연 령대의 노인이라도 더 보장의 폭이 넓은 보험에 가입하면 정부도 보 험사에 더 많은 금액의 돈을 지급하는 방식 정도였다. 이런 방식으로 는 보험사의 가입자 가려 받기를 완전히 막을 수는 없었다. 같은 80대 노인이라도 하루 종일 건강에 좋다는 아몬드를 수시로 챙겨 먹으면서 부지런히 아쿠아로빅 수업에 참석하며 건강을 관리하는 사람도 있고, 하루 종일 마르가리타 칵테일을 마시며 해변에서 빈둥거리는 사람들 도 있다. 늘 아몬드를 씹는 사람들과 하루 종일 칵테일을 마시는 사람 들 가운데 보험사가 자신들에게 이익을 안겨줄 사람들을 골라내는 것 은 어렵지 않은 일이었다.

5장에서 이미 살펴본 것처럼 보험사는 실제로 그러한 작업을 정 확하게 해냈다. 그들이 정부나 당국보다 더 나은 데이터를 확보한 것 도 아니지만, 헬스클럽 무료 이용권을 제공하는 등의 창의적인 방식 을 제공하여 건강한 사람들만 골라냈다. 2011년에 발표된 보건 경제 학자 3인방의 연구에 따르면, 정부가 직접 메디케어를 운영할 때보다 민간 보험사에 비용을 지급하는 방식으로 제도가 변경되고 나서 정부 의 지출과 손실이 더 커졌다고 한다. 적어도 메디케어 어드벤티지가 메디케어에 참여하는 3대 주체인 가입자와 정부, 그리고 보험사가 모두 원-윈-윈 하는 게임은 아니었다는 점이 분명하게 드러난 것이다.

이제 정부가 보험사들이 가장 경제적으로 이득이 되는 가입자를 골라내는 일을 완전히 못 하게 하거나 최소한 어느 선에서 억제하려면, 고객에 대한 더 많은 데이터를 확보하고, 그것을 기반으로 보험사에 지급해야 할 지원금의 액수를 조정해야 한다. 정부가 각자의 건강 상태를 정확하게 반영하여 보험사에 지급해야 할 금액을 보다 정교하게 산정하게 되면, 보험사는 건강한 사람들만 보험에 가입하도록 유도하여 얻는 실익이 별로 없게 될 것이다. 정부가 건강한 가입자에 대해서는 지원금을 줄이는 등의 정책을 실행할 경우에 그러할 것이다.

처음에는 쉽지 않았지만, 1990년대 후반으로 접어들자 메디케어를 관리하는 행정당국은 환자의 병원 입원 기록에 훨씬 쉽게 접근할 수 있게 되었다. 또 환자의 병원 기록에 접근함으로써 모든 등록자의 건강 문제에 대한 흐름을 완전하지는 않더라도 어느 정도 파악할 수 있었다. 예를 들자면, 똑같이 마이애미에 거주하는 80세의 노인이라 하더라도, 고혈압이 있는 사람의 경우에는 그렇지 않은 사람보다 정부가 보험사에 지급하는 보조금이 어느 정도 더 많아야 하는지를 계산해 내게 된 것이다.

그러나 항상 그렇듯이 여전히 문제는 있었다. 메디케어를 위해 정부가 지급할 보조금을 정하는데 활용할 수 있는 데이터가 충분하지 않아서 이미 병원 입원 기록을 통해 드러나 확인된 사항들만 보조금 책정에 반영할 수 있었다는 것이다. 예를 들어서 당신이 당뇨 또는 고혈압을 앓고 있거나 혹은 둘 다 앓고 있다 하더라도 정도가 심하지 않아 입원 치료 기록이 없다면 정부는 당신을 80세임에도 혈기 왕성하고 건강한 사람으로 간주할 수밖에 없었다. 두더지 잡기 게임의 속성상 정부의 해결책이 완전하지 않으면 또 다른 두더지가 튀어 올라올 수밖에 없다. 메디케어의 경우, 가입자가 병원에 다닌 기록이 많을수록 보험사는 정부로부터 많은 보조금을 받을 수 있다. 그러므로 보험사는 가능하다면 굳이 그럴 필요가 없는 가입자들마저도 입원하여 치료를 받도록 유도하고 싶은 충동을 느낄 수 있다.

이에 대응한 정부의 해법은 더 많은 데이터를 확보하는 것뿐이었다. 입원 기록뿐 아니라 병원 방문 진료 기록까지도 확보하여 보험사에 지급할 보상금을 책정하는 데 반영하려고 노력했다. 결국 가입자에 대한 데이터를 보다 광범위하게 확보함으로써 가입자의 입원을 과도하게 독려하는 보험사의 꼼수를 막을 수 있게 되었다.

이제는 독자 여러분도 추측하겠지만, 이야기는 여기서 끝나지 않는다. 물고 물리는 게임은 계속 이어진다. 민간 보험업자들은 새로운 가입자들의 편의를 위해 집에서 무료 검진 서비스를 제공했다. 이러한 제도 변화로 인해 보험사는 가입자가 겪고 있는 모든 건강상의 문제를 진단을 통해 미리 확인할 수 있게 되었고, 그 가운데는 이전에는 확인할 수 없었던 사항도 포함되어 있었다. 이렇게 해서 가입자가 알지 못했던 병을 가진 것이 확인되면, 보험사는 정부로부터 이후 몇 년간 더 많은 보조금을 받을 수 있으니 좋은 일이었고, 환자에게도 유익한 일이 아닐 수 없었다. 이 과정에서 보험사들이 과거에 알지 못했던 가입자의 질병을 찾아내는 것을 넘어서, 없는 질병까지 있다고 조작했다는 의심도 받았다. 정해진 시스템 안에서 자신들의 이익을 극대화하기 위해 최대한 노력을 하는 것과 사기 행위 사이의 경계는 때로는 모호할 때도 있다. 실제로 보험사들은 가입자가 가지고 있었지만, 미처 알지 못했던 질병을 찾아냈고 그 결과 메디케어 보조금을 더 많이 받을 수 있게 되었다. 그런가 하면, 메디케어 시스템을 감독하는 사람들은 의사들이 의학적으로 명확한 증거도 확인하지 않은 채 질병을 발견했다고 판단하고 입력하는 것을 확인했다. 이제 다시 한번 공은 당국자들에게 넘어왔다. 두더지 잡기 게임은 계속해서 더 나은 규칙을 만드는 게임이기도 하지만, 어떻게 하면 만들어진 규정을 더 잘 실행할 수 있을지 고민하는 게임이기도 하다.

분명한 것은 당국의 목표가 보험사에 의한 조작이나 이기적이고 부당한 이익추구를 허용하지 않는 이상적인 제도를 만드는 것은 아니다. 그러한 것은 가능하지도 않겠지만, 가능하다고 하더라도 20달러짜리 목걸이를 보관하기 위해 20,000달러짜리 금고를 사는 것만큼이나 과도한 수고와 비용을 투자하는 일이 될 것이다. 그보다는 경기가 한 라운드 한 라운드 진행될 때마다 더 나은 규칙이 만들어져 전체 시스템이 보험산업계보다는 메디케어의 대상인 노인들과 미국 정부의 이익을 위해 작동하도록 하는 것이 최선의 목표가 되어야 할 것이다. 즉 정책을 추구하는 것은 끊임없이 득도의 길을 향해 걸어가지만, 영원히 목적지에는 다다를 수 없는 여행 같은 것이다.

두더지 잡기 게임에서 높은 점수를 올리기 위해 튀어 오르는 두더지를 제대로 감시하는 데는 몇 가지 간단한 원칙이 있다. 첫째 원칙, 그리고 가장 중요한 원칙은 튀어 오르는 두더지를 내려치는 데만 집중하지 말라는 것이다. 다음은 어느 구멍에서 두더지가 튀어나올지 대충 예측해서 망치를 들고 그 구멍 위를 맴돌며 기다려야 한다는 것이다.

헨리 포드는 성공의 유일한 비결은 다른 사람의 생각을 이해하고, 자신의 입장과 상대방의 입장에서 동시에 사물을 바라볼 줄 아는 능력이라고 말했다. 포드는 자신의 조언을 스스로 실천한 사람이었다. 그는 1914년에 하이랜드 파크Highland Park의 자신의 공장 노동자들에게 일당 5달러를 지급하겠다고 발표했다. 이는 당시의 포드 공장은 물론 자동차 업계에서 지급하던 표준 임금이었던 하루 2달러 30센트의 두 배에 해당하는 파격적인 임금이었다. 포드는 노동자들이 직장에서는 조립 생산 라인의 단조로움으로 인해 심리적으로 힘겨워하고 있는 데다 퇴근 후 집에서는 박봉으로 인해 괴로워한다는 사실을 정확하게 알고 있었다. 더 유능한 노동자들이 몰려들 것이고, 숙련된 노동자들의 이직률도 낮아진다면 임금 인상은 충분히 가치가 있는 투자였다. 임금을 인상하지 않았다면, 더 많은 임금을 받고 싶은 마음이 간절한 노동자들이 마치 구멍으로 머리를 들이밀고 튀어 나가는 두더지처럼 어느 구멍으로 튀어 나갈지 알 수 없는 일이었다.

임금을 인상해 주었을 때 노동자들이 어떻게 반응할지 궁금하다면, 그들의 입장에서 생각해 보면 된다. 교사가 재택 시험이나 과제를 내주면서, 보고서의 여백이나 글자 크기를 어떻게 조절할지, 전문가들에게 도움을 요청하지는 않을지 등 학생들이 어떤 식으로 과제나 시험을 처리할지 궁금하다면, 학생들의 입장에서 학생처럼 생각해 보면 된다. 마찬가지로 당신이 보험정책을 설계하고 개편해야 하는 공직자라면 완전히 보험사의 경영자가 되어서 생각할 수 있어야 한다.

그렇지 않으면, 항상 정책 개발자가 정책의 대상자인 보험사보다 늘 한 걸음씩 뒤처질 것이다. 정책 개발자는 고객을 선별해서 받는 보험사의 능력을 무력화시키기 위해 나름 머리를 짜내서 정책을 만들어내지만, 보험사는 교도소의 후디니라 불리던 탈출왕처럼 또 다른 탈출구를 기막히게 찾아내 새로운 시도를 하기 때문이다.

어느 한쪽이 미처 생각하지 못한 것이 무엇이었는지는 시간이 지나고 복기해 보면 쉽게 알 수 있다. 이윤추구야말로 기업의 창의성과 혁신을 이끄는 원동력이라는 신념을 가진 레이건 정부에서 민영화를 설계한 정책 입안자들이 보험사들이 은퇴 생활자들 가운데 건강한 사람들만 골라 받아서 관리하고 건강이 좋지 않은 사람들의 관리는 정부에 떠넘기려 할 것이라는 점을 예측하지 못한 것은 큰 실수였다. 그러나 상대방이 정해진 규칙 안에서 어떤 식으로 게임을 풀어나갈지 예측하고, 그것에 대한 대처법까지 마련한다고 해도, 그들이 그 대처법에 대응하여 게임을 또다시 그들에게 유리한 국면으로 바꾸기 위해 어떤 작전을 구사할지까지 예측하기는 어려운 일이다.

어쩌면 레이건 행정부의 정책 입안자들은 보험사가 어떻게 나올지 알면서도 자신들의 계획을 그대로 진행했을 수도 있다. 그들은 자신들이 긴 게임을 해야 한다는 것을 알고 있었다. 두더지 잡기 게임에서 높은 점수를 올리기 위해 명심해야 할 두 번째 사항은 망치로 두더지의 머리를 아무리 세게 내려쳐도 두더지는 다른 구멍으로 또다시 튀어나온다는 것이다.

하이테크 두더지 잡기 게임

정책을 만들어야 하는 정부 당국을 더욱 곤란하게 만드는 점은 항상 세상의 변화를 뒤쫓아 가는 입장이라는 것이다. 당국은 현재의 게임에서 상대방인 업계의 대응을 예측해야 하고, 동시에 기술의 발전, 인구의 고령화 등 변화하는 환경을 관리해야 한다. 100년 전만 해도 누구도 정책 당국이 온실가스 배출 문제에 대한 규칙을 만들어야 한다고 생각하지 않았다. 그러나 지금은 세계 모든 나라의 정책 결정자들이 이 문제를 고민하고 있다.

메디케어 정책 입안자들도 기술의 발전에 적응하고 따라가야 하는 숙제를 가지고 있는 것은 마찬가지다. 2006년에 처방약에 대한 비용 지원이 메디케어의 보장 내역에 추가된 것이 최근의 대표적인 사례이다. 메디케어에 처방약 비용 지원이 추가된 것은 세상의 변화가 반영된 결과이다.

메디케어가 도입된 후 40년 동안, 가입자는 병원을 방문하는 비용과 그 방문과 관련하여 발생하는 비용을 지원받을 수 있었다. 예를 들어서 의사가 대장 내시경 검사를 지시했다면, 환자는 비용을 걱정할 필요가 없었다. 메디케어 시스템이 시술 비용을 병원에게 지급하게 되어 있었다. 마찬가지로 할아버지가 갑자기 심장마비로 쓰러져 구급차로 병원에 옮겨지면 정부 보험이 응급 처치 비용을 부담하게 되어 있었다.

그러나 정작 응급실로 실려 가는 사태를 미연에 막을 수 있는 처방약에 대해서는 메디케어가 비용을 보장해 주지 않았다. 처음에는 이 문제를 그렇게 심각하게 생각하지 않았었다. 메디케어가 도입되었을 때는 상대적으로 약 처방이 많지 않았고, 대개의 경우 비용도 저렴했다. 그러나 시간이 흐르면서 처방약의 양이나 질이 엄청나게 높아졌다. 2000년대에 이르러서는 노인들의 전체 의료비 가운데 처방약이 차지하는 비중이 상당히 높아졌다. 처방약에 대해 메디케어가 별다른 보장을 하지 못하고 있는 상황을 그대로 놔둘 수는 없었다.

1930년대 후반에 고혈압 판정을 받았다는 프랭클린 루즈벨트 대통령이 당시 의사로부터 어떤 권고를 받았는지를 생각해 보면, 세상이 얼마나 변했는지 실감할 수 있을 것 같다. 당시만 해도 의학계는 고혈압이 건강에 좋은 것인지 나쁜 것인지조차 확실한 견해를 갖고 있지 못했다. 1940년대에 발간된 의학 관련 문서를 보면 고혈압은 '심장과 뇌, 신장 등 장기에 정상적으로 혈액이 순환하도록 돕기 위한 자연스러운 반응'이라고 설명하면서 '혈압을 낮추려는 과도한 노력은 건강에 별 도움이 되지 않고 오히려 해롭다.'고 경고하고 있다. 루즈벨트의 주치의인 하워드 부루언 박사는 전담 고위 의료진 6명과의 숙의를 거쳐 대통령에게 흡연을 줄이고, 저지방 식단의 식사를 하고, 매일 10시간 정도의 수면을 취하고, 긴장을 피하기 위해 가벼운 설사약을 복용하고, 수영을 금지하고, 긴장감과 화가 나는 상황을 줄이기 위해 가능하면 다음 대선에 도전하지 않는 것이 좋겠다고 권고했다. 이러한 권고와 함께 루즈벨트 대통령은 긴장 완화에 도움이 되는 진정제를 처방받았다.

만일 요즘 어떤 할아버지가 고혈압 진단을 받았다면 담배를 끊고, 더 잘 먹고, 스트레스를 피하라는 권고를 똑같이 받을 것이다. 그러나 거기에 더하여 21세기인 지금 그는 분명히 의사로부터 혈압을 조절하는 데 크게 도움이 되는 약물을 처방받을 것이다. 대개 제약회사에서 생산되는 이뇨제, ACEAngiotensin Convert Enzyme; 안지오텐신 전환효소 억제제, 배타 차단제, 칼슘 채널 차단제 등 다양한 약물 가운데 하나, 또는 몇 가지를 함께 복용하면 거의 부작용 없이 혈압을 정상으로 조절할 수 있다.

저혈압의 경우, 처방받는 약값이 그렇게 싸지는 않다. 예를 들어 의사가 ACE 억제제인 제스트릴Zestril을 매일 복용하도록 처방했다고 치자. 2000년 기준으로 매년 500달러를 약값으로 지출해야 한다. 예전 같았으면 처방전을 작성하기 위한 진료비는 정부에서 부담했겠지만, 작성된 처방전으로 인해 발생하는 약값은 환자 당사자가 부담해야 했다. 그나마 혈압 관련 약의 가격은 저렴한 편이다. 만약 의사가 레파타Repatha 라는 약을 처방했다고 치자. 이 약은 2015년에 사용이 승인된 약물로 지나치게 콜레스테롤 수치가 높은 환자에게 투여되는 약이다. 이 약을 처방받으면 2021년 기준으로 매년 약값으로 5,700달러를 지출해야 한다.

이렇게 고가의 약 처방이 크게 늘어나자, 정부는 2006년부터 처방약에 들어가는 비용도 메디케어를 통해 지원하기 시작했다. 80년대에 메디케어 어드벤티지 프로그램을 도입했을 때와 마찬가지로, 정부는 처방약에 대한 새로운 비용 보장에 관한 업무도 민간 보험사에 외주를 주기로 했다. 이 역시 두 가지의 가치를 모두 구현해보겠다는 의도였다. 즉, 시장이 효율적으로 원활하게 돌아가도록 하고, 정부가 처방약에 필요한 재원을 민간 보험사에 공급해 줌으로써 모든 사람에게 공평하게 혜택이 돌아가게 하겠다는 것, 간단하게 말하자면, 효율성과 공정성을 모두 달성하겠다는 것이다.

　그러나 좋지 않은 것이 한 가지 있는데 그것은 시장이 작동하기 위해서 정부가 얼마나 많은 재정을 보조금에 투입해야 하는지를 모두에게 알려준다는 사실이다. 정책 입안자들과 보험사는 각기 달성하고자 하는 목표가 다르기 때문에, 양측 사이에는 갈등 기류가 형성될 수밖에 없다. 이는 메디케어 어드벤티지 프로그램이 도입되었을 때 겪었던 갈등의 재판이지만 그때보다는 좀 더 복잡했다. 메디케어를 통해 처방약 비용을 지원해 주는 것까지는 나쁘지 않았지만, 문제는 새로운 의약품이 계속 개발되고, 처방약의 가격도 계속해서 올라간다는 것이다. 비유해서 말하자면, 정부가 보험사라는 두더지를 잡는 두더지 잡기 게임을 벌이고 있기는 하지만, 팝어샷 게임재래식 오락실에서 볼 수 있는, 작은 농구공을 정해진 시간에 농구 골대에 많이 넣는 게임 - 역자 주 이나 에어하키 탁자 양 끝에서 두 사람이 탁자 표면에 밀착된 납작하고 단단한 공을 채로 밀고 받는 놀이 - 역자 주 처럼, 두더지가 지금까지와는 전혀 다른 양상으로 훨씬 빠르게 많이 튀어나오기 시작한 것이다.

　메디케어 프로그램의 처방약 지원 혜택을 건강하든 병약하든 관계없이 모든 노인에게 골고루 돌아가도록 하려면, 정부는 건강한 60대이든 매일 여러 가지의 고가의 약을 복용하는 90대의 쇠약한 노인이든 관계없이 가입을 원하는 모든 사람의 가입을 받아줄 것을 모든 보험사에 요구해야 한다. 이 두 그룹의 노인들 가운데 90대의 병약한 노인들이 복용하는 처방약의 비용이 훨씬 높을 것은 분명하다. 그러므로 정부는 처방약 값이 많이 드는 고객들을 위해서 더 많은 보조금을 지원해야 한다. 예를 들어서, 암 환자의 경우 고가의 화학적인 약품을 복용하도록 처방받을 것이기 때문에, 정부는 이들을 위해 더 많은 보조금을 지급해야 한다는 것이다. 보조금이 각 가입자의 상태에 정확하게 맞춰서 각기 다르게 지급된다면, 보험사는 어떤 특정한 사람들의 가입을 유인하고, 그렇지 않은 사람들의 가입을 막기 위해 노력할 필요가 없을 것이고, 이를 위한 능력을 갖춰야 할 이유도 없을 것이다.

이런 이야기가 왠지 익숙하게 들릴지도 모르겠는데, 그럴만한 이유가 충분히 있다. 일찍이 메디케어 어드밴티지 프로그램이 도입될 때 정부는 그러한 시도를 했었다. 경제학 이론에 나타난 가정대로 철저하게 이윤 추구를 목적으로 활동하는 기업이라면, 그들은 어떤 정책과 규칙 아래서도 그 내용을 철저하게 분석하고, 정부와 고객으로부터 최대한 이익을 짜내기 위해 회사의 정책을 만들고 보험료를 책정할 것이다.

이로 인해 발생하는 첫 번째 문제도 낯설지 않다. 정부가 최선을 다해 노력했음에도 불구하고 기업들은 기발한 탈출구를 개척해 낼 것이다. 보험사가 누군가의 가입을 거부할 수는 없겠지만, 각자에 맞는 보험 내용을 설계하는 과정에서 얼마든지 융통성 있게 대응할 수 있다. 보험사가 고객의 요구에 맞는 보험 내용을 개발하고 설계하고 제공하도록 허용하면 더 많은 고객을 가리지 않고 유치하리라는 것이 메디케어를 민간 보험사에 외주주어야 한다는 정책의 핵심 논리였다. 예를 들어서, 각 제약사에서 생산되는 동일한 성분과 성능의 의약품 가격이 각기 다르다 하더라도 동일한 금액을 보상해 줌으로써 건강에 큰 영향이 없다면, 환자와 의사가 비용을 절감하고자 하는 의지를 갖게 하자는 것이다.

그러함에도 불구하고 보험사들은 수익에 도움이 되지 않는 고객들을 피하고, 도움이 되는 고객들만 골라서 받기 위해 고객들을 사실상 차별하기 시작했다. 일부 처방약은 보험금 제공 대상 약품 목록에 들어 있지 않았고, 이런 약을 처방받을 경우 환자는 수천 달러의 약값을 자비로 부담해야 한다. 제약업계에서 새로 개발한 신약이 끊임없이 새로 의료계에 등장한다는 것과 이에 대한 정부의 대응이 늦을 수밖에 없다는 점을 이용해 보험업계는 새로운 돌파구를 찾을 수 있었다.

건강 전문 기자인 지나 콜라타가 2008년에 뉴욕타임스에 기고한 기사는 메디케어 프로그램의 처방약 비용 지원에서 어떠한 차별이 자행되는지 생생하게 보여주고 있다. 그녀는 플로리다주의 올랜도에 살고 있는 줄리 배스라는 여성의 사례를 들었다. 전이성 유방암을 앓고 있는 그녀에게 의사는 티커브Tykerb 라는 약을 처방했다. 메디케어의 처방약 지원 정책에 따르면 그녀는 약값의 1/3만 자비로 부담하면 되는데, 그렇다 하더라도 그녀는 매주 1,000달러 이상의 약값을 부담해야 한다. 그녀처럼 사회보장 프로그램에 따른 장애인 수당으로 근근이 살아가는 사람에게 이러한 제도는 먹고 살기 위해 처방약 치료를 포기하느냐, 약을 먹기 위해 먹고 살기를 포기하느냐를 고민하게 만든다.

문제는 음식과 약 두 가지를 놓고 무엇을 사기 위해 무엇을 포기해야 할지를 고민하는 사람이 그녀 한 사람만은 아니고, 그런 약이 티커브 하나만은 아니라는 것이다. 보험사로부터 처방약 비용 지원을 받는다고 해도 환자 본인 부담금이 1,000달러 이상인 의약품은 티커브 하나만은 아니다. 보험사들은 정부가 자신들에게 지원해 주는 보조금에 비해 비용 지출이 너무 많은 환자들로 인해 수렁에 빠지는 상황을 피하기 위해 특정 약물에 대한 보험금 지급을 하지 않거나, 보장 액수를 크게 줄였다.

물론 보험사마다 조금씩 방법은 달랐다. 보험사들이 운용하는 다양한 보험상품마다 보험금 지원이 가능한 처방약 목록이 달랐다. 보험상품에 따라 지원 가능한 처방약 목록이 달랐고, 하나의 목록 안에서도 환자의 자기부담금이 높고 낮음에 따라 지원 액수도 달랐다. 독자들이 기본적인 상황은 이 정도로도 충분히 파악할 수 있을 것이라고 생각하여, 여기서 미국의 의료 정책에 관련한 것을 더 이상 자세히 이야기하는 것은 피하기로 하겠다. 콜라타 기자는 이렇게 결론을 내렸다. "새로운 메디케어 시스템으로 인해 병약한 사람들은 엄청난 청구서에 짓눌리어 살게 되었다."

여기서 한번 생각해 보아야 할 것이 있다. 정부가 환자마다 그들의 건강 상태를 정밀하게 고려하여 보조금을 차등해서 지급한 것은 이런 사태를 미연에 방지하기 위해서 아니었는가? 줄리 배스 같은 사람이 있다는 것은 메디케어 프로그램으로 처방약 비용을 지급하는 계획이 실패한 것 아닌가? 간단하게 답변하자면 정부는 환자 한 사람한 사람의 상황에 맞춰서 보조금을 책정하려고 최선의 노력을 했지만, 어떤 예상치 못한 상황으로 인해 실제 필요한 비용보다 보조금이더 많이 책정될 수 있고, 그 결과 치료비에 비해 보조금이 많이 지급될 수도 있다. 당연히 반대의 경우도 있다. 줄리 배스의 경우처럼 정부의 보조금이 실제 비용에 비해 너무 낮을 수도 있다. 그러므로 보험 사들은 후자에 속하는 사람들의 필요에 턱없이 부족한 보험금을 지원해 줌으로써 그들로 하여금 가입할 생각 자체를 하지 않도록 유도하거나, 혹시 가입했다 하더라도 최소한의 비용만 지원해 줌으로써 보험사의 수익성이 악화하는 것을 막으려고 한다.

더 설명하자면 가입자의 상황에 정확하게 맞는 보조금을 책정한다는 것은 어려운 일이다. 가입자의 상황이 마치 움직이는 표적처럼 계속 바뀌기 때문이다. 1940년대에 루즈벨트가 겪었던 고혈압을 치료할 수 있는 신약이 나중에 개발되었듯이 정부가 현재의 상황에 맞춰 보조금 지급 계획을 세우는 동안에도 또 다른 신약이 계속 개발되고, 그리하여 상황은 또 바뀐다. 신약이 새로 등장할 때마다 어떤 특정한 질병이나 장애를 치료하는데 지출되는 처방약 비용은 올라갈 수도 있고 내려갈 수도 있다.

신약은 생명을 구하는데 요긴하기는 하지만, 간혹 굉장히 비싸다. 반면 오래된 약은 특허 기간이 지나고, 제네릭 버전의 약_{신약이 특허 기간이 지난 후 다른 제약회사에서 만들어 출시하는 원개발사의 약품과 성분, 함량, 효과 등이 동일한 의약품 - 역자 주}이 시장에 등장하면서 가격이 내려간다. 이처럼 주변의 상황은 계속 변하지만, 가입자의 건강 상태를 기준으로 정부가 책정한 보조금의 액수는 꿈쩍도 하지 않는다. 반면 보험사는 처방약 값이 변하고, 신약이 등장하는 상황에 맞춰서 계속해서 가장 적절한 보험료를 새로 책정할 능력을 가지고 있고, 실제로 그렇게 하고 있다. 그 목적은 당연히 회사에 이익이 되는 고객들의 가입을 유도하고 수익성을 악화시킬 가능성이 있는 고객들을 회피하고자 함이다.

예를 들어서 흔히 에이즈라고 부르는 HIV/에이즈를 예로 들어보자면, 정부는 2009년 기준으로 연간 1,900달러가 넘는 보조금을 책정하였고, 보험사 입장에서는 가장 높은 보조금을 받는 질병이었다. 2003년을 기준으로 생각하자면, 이 정도면 비교적 충분한 액수를 지원받고 있다고 생각할 수 있다. 그러나 2009년까지 6년 동안 여러 가지 신약이 새로 시장에 등장했다. 보건경제학자인 콜린 캐리Colleen Carey는 에이즈 환자 1인당 처방약 비용이 이전보다 크게 높아졌다는 점을 감안하면 적정 보조금 액수는 2,500달러에 이른다고 주장했다. 그러나 실제 보조금은 변하지 않았다. 그 사이에 보험사는 정부로부터 받는 보조금보다 더 많은 비용이 지출되는 상황을 막기 위해 HIV 양성 반응을 보인 사람들이 가입을 포기할 수밖에 없도록 보험상품을 새롭게 설계하기 위한 노력을 기울였다. 가장 손쉬운 방법은 에이즈 치료에 대한 환자의 자기부담금을 크게 높이는 것이었다.

캐리가 발견한 가장 심각한 격차는 신체의 면역체계가 신경섬유를 덮고 보호하는 미엘린 초myelin sheaths를 파괴하는 퇴행성 신경질환인 다발성 경화증에서 발견되었다. 신경섬유를 보호하는 조직이 파괴되면 뇌와 신체 사이에 메시지가 제대로 교환 되지 못하고, 그 결과 근육 경련은 물론, 기억 상실, 조울증에 관한 통제력 상실 등의 증상이 나타난다. MS 진단을 받은 고객의 가입을 받아주면, 보험사는 정부로부터 330달러의 처방약 비용 보조금을 받을 수 있는 반면, 실제로 환자가 MS질환 치료를 위한 약 처방을 받으면 보험사는 매년 1,200달러를 추가 지출해야 한다. 이는 정부가 애초에 처방약 보조금을 잘못 책정한 것이 아니라, 제대로 책정을 했지만, 그 후에 약값이 크게 달라진 것이었다.

반대로 제약업계에서 만든 변화로 인해 특정 질환을 가진 가입자를 받아들이는 것이 보험사에 실질적인 이득을 가져다준 경우도 있다. 예를 들어서 콜레스테롤 수치가 높은 것은 2000년 당시만 해도 미국 노인들에게는 높은 비용 부담을 가져다주는 질환이었다. 당시 많은 노인들이 콜레스테롤 수치를 낮추기 위해 제티아Zetia 라는 약을 복용했는데, 약값이 무척 비쌌다. 그래서 메디케어는 처방약 비용을 지원하면서, 콜레스테롤 수치가 높은 가입자에 대해 그들이 고가의 처방약을 복용해야 할 것이라는 가정 아래 정부가 지원해야 할 보조금을 상당히 높게 책정했다. 그러나 그로부터 얼마 지나지 않아 이 약품의 특허 기간이 만료되었고, 심바스타틴simvastatin 이라는 일반 약품이 출시되면서 콜레스테롤 수치가 높은 환자를 치료하는 비용이 극적으로 내려갔다.

상황이 이렇게 바뀌자 보험사는 콜레스테롤 수치가 높은 가입자를 기업의 이윤 창출에 도움이 되는 사람이라고 생각하게 되었다. 이처럼 과거에 비해서 처방약 값이 크게 올라가거나 내려감에 따라 꽤 여러 종류의 질병에 대하여 보험사의 입장도 바뀌었다. 2009년 당시 정부는 고혈압 환자의 가입을 받아주는 보험사에 가입자 1인당 207달러의 보조금을 지급했지만, 캐리의 추정에 따르면 보험사가 가입자의 고혈압 치료를 위해 추가로 지출해야 하는 돈은 150달러도 되지 않았다. 근위축증의 경우는 그 차이가 더 커서, 이 질병을 앓고 있는 메디케어 등록자들은 처방약에 별로 많은 돈이 들지 않았고, 보험사는 80달러의 이익을 얻을 수 있었다.

보험사는 당연히 다발성 경화증을 앓고 있는 사람은 가급적 가입을 받지 않고, 근위축증 환자의 가입을 독려하고 싶었을 것이다. 그러나 법은 특정 질병을 앓고 있는 사람의 가입을 거부하는 것을 법으로 금지하고 있었다. 대신 캐리는 보험사들이 정도의 차이는 있지만, 어떤 처방약에 대해서는 보험금 지급을 아예 거부하고, 어떤 처방약에 대해서는 보험금을 통해 부담하는 비율을 높이거나 낮추는 등의 우회 전략을 구사했다는 사실을 확인했다.

상황에 따라서 가입자가 특정 질병을 앓는 것이 보험사의 수익에 도움이 되기도 하고 손해를 끼치기도 했다. 그러나 보험사는 다발성 경화증이나 에이즈를 앓고 있는 사람들의 가입을 가능한 한 억제하기 위해 특정 약에 대해서 환자의 자기부담금을 과도하게 높이기도 하고 아예 보험금 지원이 가능한 처방약 목록에 올리지 않는 방법을 동원한 것이다. 동시에 그들은 회사의 수익 창출이 도움이 된다는 이유로 이미 다른 보험사에 가입한 고혈압 환자 고객을 유치하기 위해, 처방약 가격의 100%를 보험금으로 지급하는 등 가입자에게 최대한의 혜택을 제시하며 치열한 경쟁을 벌였다. 이는 우리가 5장에서 다루었던 일반적인 주제에 대한 또 다른 각도의 대응방식이다. 보험사들은 수익성이 좋은 고객을 확보하고, 그렇지 않은 고객들의 가입을 낮추기 위해 보험정책을 설계한다. 보험사의 이러한 우회 전략은 누구나 보험상품에 대한 동등한 접근을 허용하고 역선택을 제한하기 위한 정부의 정책과 규제의 결과이기도 하다.

대부분의 정책 분야에서 그렇듯이 이 문제에 관해서도 정부는 늘 한발 늦게 상황을 뒤쫓는 입장에서 벗어나지 못했다. 정부는 2011년에 처방약에 대한 최신 가격 정보와 보다 정교한 계산법 등을 동원해서 다양한 질병과 진단에 대한 정부의 보조금 액수를 수정했다. 그러나 기술이 계속해서 변화함에 따라 보험사는 보조금을 놓고 벌이는 게임에서 새로운 돌파구를 다시 마련했다. 정부가 제도를 새롭게 정비하는 것도 이것이 마지막이 아니었을 것이고, 정부의 대응에 대한 보험업계의 맞대응도 그것이 마지막은 아닐 것이다. 규제기관은 계속해서 새로운 규칙을 만들어낼 것이고, 보험사들도 이들에 맞서 새로운 전략을 계속 머리에서 짜낼 것이다.

이는 서로가 기대할 수 있는 최선의 결과를 얻기 위해 벌이는 끝없는 줄다리기 게임이다. 업계에 있는 사람들은 정책의 맹점을 기어이 찾아낸다. 시간이 지나면 정책을 만든 당국에서도 정책의 구멍이 있다는 것을 알게 되고 그 구멍을 틀어막기 위해 규칙을 손질한다.

만일 정부가 '빨리 움직이고, 빨리 돌파하라'는 실리콘밸리식의 철학에 맞서서 훌륭하게 대응하지 못한다면, 기업들은 정부가 내놓은 정책의 구멍을 발견하여 정책을 무력화할 것이다. 정부는 어떤 규칙을 내놓고, 대중이 어떻게 반응하는지 살펴본 후, 그 반응을 근거로 규칙을 조정하려고 하는 경향이 있다. 만약 정부가 지금도 더 이상 손볼 것이 없는 완벽한 규칙을 만들겠다고 생각하고 있다면, 이는 정부가 고령의 미국인들을 위한 최선의 보험 시스템을 만들겠다고 골몰하던 1960년대의 사고에서 벗어나지 못한 것이다.

그렇다면 우리의 이야기는 어디에서 끝내야 한다는 말인가? 우리는 이런 골치 아픈 문제에 직면할 때마다 번쩍 손을 들어 "시장에 맡깁시다."라든가 "보험시장은 정부가 알아서 책임지도록 합시다."라고 말하고 싶은 유혹에 빠진다.

　　우리가 이 책을 시작하면서 밝혔듯이 여기서 정확한 답을 내지는 못할 것이다. 당신에게 이혼보험업 창업에 투자할 것을 제의하는 사람이 있다면 그 제안을 경계해야 하는 것처럼 보험에 대한 정부의 규칙과 시장 사이의 미묘한 줄다리기를 전부 아니면 전무의 관점에서 접근하는 사람이 있다면 그의 사고방식도 회의적으로 받아들여야 한다. 보험시장의 문제점을 열거하고 이에 제대로 대처하지 못하는 정부를 비판하면서 그럴듯한 평론가라도 되는 듯 말하고 행동하는 것은 어렵지 않다. 그러나 보다 나은 대안을 생각해 내는 것은 훨씬 어렵다. 이는 기업가들이나 경제학자들, 그리고 정책 입안자들이 두고두고 계속해야 하는 일이다. 기업에 의해서든, 정부에 의해서든 선택으로 인해 나타나는 결과에 맞서서 새로운 대안을 생각해 내는 일은 결코 끝나지 않는다.

　　우리 연구진은 보험시장이 스스로 보호하고 안전을 지키기 위해 최대한의 역량을 동원한다는 사실을 분명히 밝히고 싶었다. 이 사실을 확실히 알고 있다면, "모든 것은 시장 자율에 맡기자."는 따위의 주장이 얼마나 잘못된 것인지 알 수 있다. 정부가 개입하여 선택으로 인해 발생하는 상황을 적절하게 통제하지 않으면 보험료는 크게 오를 것이고, 보험으로부터 받을 수 있는 혜택은 크게 줄 수밖에 없으며 심하면 아무런 실질적인 혜택을 누리지 못할 수도 있다. 이혼보험의 경우 정부가 어떠한 개입도 하지 않았고 결과적으로 이혼보험시장 자체가 사라졌다.

시장이 내부 작용만으로 제대로 작동하지 못할 때, 시장은 또 다른 극단으로 이동하고자 하는 충동을 느낀다. 아예 모든 권한과 책임을 정부에 떠넘기는 게 낫다는 생각이다. 이런 생각이 문제 해결에 어떤 도움도 되지 않는 것은 비단 관료조직의 비효율성 때문만은 아니다. 우리는 이미 선택의 결과로 발생하는 문제를 해결하기 위해 정부가 모든 국민의 보험 가입을 의무화하는 대안을 내놓았으나 그 안에서도 또 다시 수많은 변수가 발생하고 선택의 가능성이 있다는 사실을 확인한 바 있다. 일단 모든 국민의 보험 가입을 의무화하겠다는 방침이 확실하게 서고 나면, 어떤 방식으로 모든 이들의 가입을 강제할 것인가 하는 문제와 함께 모든 국민이 의무적으로 가입하는 보험은 어떤 요건을 갖추어야 하느냐는 문제가 등장한다. 특히 후자는 정부가 보험 서비스를 직접 운영하는 경우가 아니라면 여전히 복잡한 문제가 남는다. 또 정부가 민간보험을 법과 제도로 통제하려고 하면, 결국 두더지 잡기 게임 같은 양상이 끝없이 벌어지고 정부는 늘 끌려다닐 수밖에 없는 입장에서 벗어나지 못한다는 점도 확인했다.

정부가 시장에 개입할 때는 가장 크고 중요한 문제점을 선택해서 집중적으로 겨냥한다. 때로는 아주 무거운 힘으로 시장을 누르려 하지만, 모든 힘을 다하지는 않는다. 우리가 이야기를 처음 시작한 1장에서 보았듯이 정부가 시장에 개입하는 이유는 다양하다. 업계가 터무니없는 가격을 책정하는 것을 막기 위해 독점을 해체해야 하고, 또 다른 대공황의 가능성을 막기 위해 은행 대출의 한도도 제한해야 하고, 환경오염을 유발하는 기업에는 그로 인해서 대중들이 입는 피해를 보상하는 차원에서 그 비용을 물리기도 한다.

어떤 경우에도 유일하고 완벽한 정책은 없다. 오로지 끊임없는 절충만 있을 뿐이다. 은행은 뱅크런 상황이 벌어지는 것을 미연에 방지하기 위해 항상 상당한 액수의 현금을 보관하고 있어야 한다. 그 덕분에 뱅크런이 일어나는 일은 거의 없지만, 대신 그만큼 일반인이 필요한 자금을 대출받기가 어려워질 수 있고, 사업체가 투자자금을 얻기 어려워질 수 있다. 만일 규제 당국이 페이스북을 해체해 버린다면, 페이스북이 온라인 광고시장에 행사하던 거대한 지배력으로 인해 발생했던 부작용은 해결될 것이다. 그러나 소셜 미디어의 사용자들은 그동안 이 소셜 미디어가 제공했던 알고리즘을 사용하면서 누리고 있던 삶의 편안함을 갑자기 박탈당하여 불편함을 크게 느낄 것이다. 이처럼 어떤 목적을 이루기 위한 선택으로 인해 또 다른 문제가 발생하는 것은 보험업계도 마찬가지다.

그러나 정부의 해법에만 초점을 맞추는 것은 잘못된 접근이다. 6장부터 8장까지의 내용 정부 정책의 성공 유무를 모든 문제를 제거했는지 여부만으로 판단하는 것은 결코 제대로 된 판단 기준이 될 수 없다. 가장 적절한 판단 기준은 정책의 도입으로 인해 상황이 이전보다 개선되었는가 하는 것이다. 우리가 이 장에서 살펴본 늘 시장에 끌려다니는 메디케어 정책 입안자들이나 6장에서 살펴본 건강보험 의무 가입 정책의 설계자들이 만들어낸 정책도 마찬가지다.

정책을 평가하는 또 하나의 기준은 이보다 더 나은 정책이 있는가 하는 점이다. 새로 마련한 정책에 분명한 문제점이 있다 하더라도 그보다 더 나은 정책적 대안이 없는 경우도 있을 수 있다. 절충을 시도하다 보면, 그 절충으로 인해 발생하는 명백한 문제점도 있을 수 있다. 그러나 이 문제점까지 해결하려다가 오히려 상황을 더 악화시킬수도 있다. 건강보험에 접근하는 데 있어서 발생하는 불평등에 관한문제를 고치고 나서 뉴저지나 뉴욕에 사는 사람들이 어떤 일을 겪게되었는지를 다시 떠올려 보라.

우리는 첫 부분에서 선택으로 인해 발생하는 문제가 있다는 것을확인했고, 그러한 문제를 해결하기 위해 어떤 정책 수단이 필요한지도 알아보았다. 또 왜 나름 괜찮은 정책을 내놓았음에도 불구하고 문제가 생각보다 쉽게 해결되지 않는지도 알아보았다. 어쩌면 독자 여러분들은 이전보다 더 많은 인내심을 갖고 정책 결정자들이나 관료들을 바라보게 되었을 것이고, 보험회사들의 입장도 이해하게 되었을것이다. 어쩌면 이 책을 통해 새로운 지식으로 무장하고 더 나은 해결을 위한 영감을 받았을지도 모른다.

동시에 역선택의 가능성과 그 결과는 완전히 이해하기가 어렵다.사실 우리가 역선택의 문제를 제대로 이해하는데 수 세기 이상의 시간이 걸렸고, 그러함에도 불구하고 완전하게 이해하기까지는 더 많은 시간이 필요할 것이다. 우리 저자들에 관해서 말하자면, 우리는 지금도 이 문제를 연구하는데 최선을 다하고 있고 언젠가 우리가 메디케어에 등록해야 할 만큼 나이가 들었을 때도 여전히 이 연구의 한 부분에서 역할을 할 수 있기를 바라고 있다. 정책 입안자들이 실수를 저지르더라도 우리는 그 실수를 통해 많은 것을 배울 수 있기를 바란다. 메디케어 어드벤티지의 도입 과정에서도 보았듯이 우리 학자들은 역선택이 시장에 나타날 때마다 어떤 정책이 효과적이고 어떤 정책이 그렇지 못하였는지에 대한 사후 분석에 필요한 좋은 자료를 얻게 될 것이다. 앞으로도 공직자들이 무능해 보여 비판하고자 하는 마음이 생긴다면 그때마다 그들도 어려운 문제를 해결하기 위해 노력하고, 많은 절충안을 놓고 고민하고 있다는 사실을 기억하기 바란다. 당신이 그들의 입장이라면 그보다 더 잘할 수 있을지도 생각해 보라.

선택의 문제가 개인의 사적인 정보와 관련된 것 가운데 하나라면, 기술의 발달이 선택의 문제에 관한 연구를 무의미하게 만들 날이 올 것인가? 컴퓨터가 우리의 마음까지 읽게 될 날이 올 것인가? 만약 이게 가능하다면, 공상과학 소설을 뛰어넘는 미래가 올 것이다.

류츠신Liu Cixin, 1963 ~ 중국의 SF작가 - 역자 주의 작품으로, 공상과학 소설의 고전으로 꼽히는 《삼체The Three Body Problem》를 보면, 지구에서 멀리 떨어진 행성에서 온 외계의 침략군들이 자신들이 사는 별보다 훨씬 푸른 행성인 지구를 차지하기 위해 빠르게 접근하는 장면이 있다. 트리솔라리언이라고 불리는 이 외계인들은 지구인들에 비해 엄청난 수준의 과학기술로 무장하고 있다. 그들은 성간 여행을 자유자재로 할 수 있고, 공격을 시작하기 전에 슈퍼컴퓨터를 먼저 지구에 보내 지구인들의 움직임을 정밀하게 정찰했다. 그러나 트리솔라리언들은 인간의 뇌를 읽어 우리가 무슨 생각을 하는지는 도무지 알 수 없었다. 그들은 기묘한 방향으로 진화하여 개인적인 생각을 할 수 없는 존재다. 책의 내용을 너무 자세히 설명하면 이 책을 읽게 될 독자들의 재미를 반감시킬 가능성은 있지만, 조금만 더 이야기하자면 이 소설에서 인간은 개인적인 생각을 할 수 있고 그 생각을 나눌 수 있는 능력을 가진 덕분에 이들의 침략으로부터 지구를 지키게 된다.

정보 기술의 엄청난 발달 덕분에 기업들은 엄청난 양의 데이터를 수집하고 분석할 수 있게 되었다. 그러나 이 소설의 외계인들은 은하계를 가로질러 빛보다 훨씬 빠른 속도로 여행할 수 있는 기술을 지니고 있었음에도 불구하고, 단순하기 짝이 없어 보이는 개인정보 문제를 해결하지 못했다. 트리솔라리언들은 실패했지만, 구글이나 마이크로소프트, 또는 페이스북 등의 기업들이 우리의 마음을 읽을 수 있다면, 세계 각국의 정부들은 이를 막기 위해 뭔가 해야 한다고 상상할 수도 있을 것 같다. 즉 앞으로는 개인정보를 포함하여 그들이 수집 가능한 정보들을 사용하는 문제에 대한 제한 규정을 잘 만들어야 한다는 말이다.

모든 시장은 선택에 의해 좌우된다

우리는 이 책을 통해 독자 여러분이 적어도 보험에 관한 영역에 대해서 만이라도 세상이 어떻게 움직이고 있는지 바라볼 수 있는 현명한 안목을 가지길 바란다. 아마도 이 책을 읽기 전에는 풀지 못했던 몇 가지, 예를 들어서 왜 이혼보험은 존재하지 않는지, 또는 왜 건강보험의 내용은 1년에 한번밖에 변경할 수 없는지, 그리고 왜 보험료가 우리가 적정하다고 생각하는 수준보다 훨씬 비쌀 수밖에 없는지 등에 관한 궁금증은 어느 정도 풀렸을 것이다.

정책이 상황 변화에 맞춰 유연하게 변하지 않는다거나 보험 가입 후 보험금 지급까지 유예 기간을 설정하는 문제, 보험 약관에 도무지 읽기 어려운 작은 글씨로 적혀 있는 보험금 지급 제한에 관한 수많은 규정 등 우리가 보험에 가입할 때마다 느끼는 답답함과 분노를 느끼게 하는 요소들은 바뀌지 않을 것이다. 그러나 이러한 제도와 관행들이 선택의 결과로 인해 발생하는 문제를 완화하는 데 도움이 된다는 사실을 안다면 보험이 가입자에게 제공하는 순기능 가운데 하나인 심리적 안도감을 얻는 데 도움이 될 것이다. 완벽한 제도는 없다. 우리가 사는 세계는 완벽한 세계가 아니라, 절충과 타협으로 만들어지는 세상이다. 지금 우리가 사는 세상도 누군가의 절충의 결과로 만들어진 것이지만 여전히 완벽하지는 않다. 그러나 우리가 지금까지 살펴본 내용, 즉 경제학자들이 지난 반세기 동안의 연구를 통해 터득한 시장을 좌우하는 선택에 관한 문제들을 제대로 이해한다면 우리는 앞으로 더 나은 시장을 만들어갈 수 있을 것이다.

이제 독자들 가운데 건강보험을 브로콜리 생각하듯이 생각하는 사람은 없을 것이다. 둘 다 입에 쓰기는 마찬가지이지만, 브로콜리의 가격은 어떤 사람이 그걸 먹는가에 따라서 오르거나 내리지는 않는다. 우리는 독자들 가운데 누군가가 보험과 관련된 문제로 법정 송사를 벌이거나 분쟁에 휘말리게 되었을 때 지금과는 다른 지식과 정교한 지식을 기반으로 대처할 수 있기를 바란다.

우리는 아메리칸 에어라인 CEO였던 밥 크랜달이 이 책을 미리 읽었더라면, 1981년의 에이에어패스라는 이름의 항공권을 무제한으로 제공하기로 했던 결정을 재고했을 것이라고 상상한다. 또 독자들 가운데 식당을 경영하는 사람들이 있어서 일요일 저녁에 빈 테이블이 많이 발생하는 문제를 해결하고자 일요일 저녁에만 저가로 풍성한 음식을 마음껏 먹을 수 있는 뷔페를 운영하겠다는 따위의 생각을 하고 있다면 다시 생각해 보기 바란다.

우리는 지금까지 단일 업종으로는 미국 경제에서 차지하는 규모가 상당하고 시장 참여자들의 선택에 의해 좌우되는 독특한 특성이 있는 보험산업의 이모저모를 이 책에서 집중적으로 다루어 보았다. 보험은 여러모로 매력적인 업종이기도 하다. 우리만 그렇게 생각하는 것은 아니다. 세상을 반쯤 비워져 있는 유리잔과 같다고 생각했던 프란츠 카프카도 보험의 매력을 알고 있었다. 카프카는 오스트리아 노동보험공단Austrian Workmen's Accident Insurance Institute에서 자신의 경력의 대부분을 보냈다. 그는 1907년에 친구에게 쓴 편지에서 "지금 내가 하는 일은 지루하기 짝이 없지만, 보험업계는 아주 흥미로운 세계이다."라고 말했다. 우리는 이 책의 독자들도 보험의 세계에 관해서 엄청나게는 아니라 하더라도 조금은 관심을 가지기 바란다.

그러나 보험업보다도 훨씬 더 선택에 취약한 시장도 있다. 우리는 독자들이 시간이나 여건이 허락한다면 우리가 쓰고 싶어 하는 이 책의 후속작품인 《Riskier Business》에 대해서도 관심 가져주기 바라고, 적어도 우리 책의 기초가 되는 경제적 개념이 보험시장 외의 영역에서도 얼마든지 발견된다는 점도 이야기하고 싶다. 보험시장이 왜 시장 참여 주체들의 선택에 의해 좌우될 수밖에 없는지를 생각해 보면, 그러한 영역이 보험에만 있는 것은 아니라는 점을 깨닫게 될 것이다. 이 책에서 초점을 맞춘 보험시장과 마찬가지로 다른 사업의 영역에서도 비즈니스와 정책의 상당 부분은 선택의 결과이고, 독자 여러분이나 고객, 심지어 판매자도 선택의 영향을 받는다.

선택의 영향을 크게 받는 시장에는 두 가지 특징이 있다. 첫째로 구매자는 판매자가 도저히 파악할 수 없는 자신만 아는 정보가 있다. 그리고 그 정보의 내용은 대체로 사실이다. 둘째로 고객만 아는 고객 자신에 관한 정보는 해당 고객이 판매자에게 도움이 되는 고객인지 손해를 끼칠 고객인지를 판단하는 데 중대한 영향을 미칠 정보이다. 폭넓게 이야기하자면 어느 업종이든 고객의 선택의 영향에서 완전히 자유로운 업종은 없다. 예를 들어 이야기하자면, 여러분들은 슈퍼마켓은 오렌지나 사과를 사는 사람이 어떤 사람인지 전혀 신경을 쓰지 않을 것이라고 생각할지도 모른다. 고객이 어떤 사람이든 상관없이, 일단 고객이 계산대에서 돈을 지불하고 나면 사과나 오렌지는 고객의 것이 되고, 돈은 슈퍼마켓의 것이 될 것이기 때문이다. 그러나 슈퍼마켓들도 고객들이 약간의 흠집을 트집 잡아 반품을 요구할 정도로 까다로운 사람인지, 또는 반품을 하러 다시 슈퍼마켓에 방문할 정도로 시간이 넉넉한 사람인지 정도는 궁금해한다. 악성 고객 여부에 대해 슈퍼마켓은 상황이 벌어지기 전까지는 모른다. 반대로 슈퍼마켓도 흠집이 조금 있는 과일을 고객들에게 팔아넘기기 위해 그들이 가진 정보를 활용할 수 있을 것이다. 우리는 시간과 여건이 가능하다면 이 책과 앞에 이야기한 후속작에 이어 세 번째 작품인 《Riskiest Business》를 통해 판매자가 확보한 개인정보에 관한 문제를 다루면서 3부작을 마무리하고 싶다.

그러나 어떤 업종에서는 선택의 문제가 시장 자체의 작동 방식을 좌우하고 심지어는 시장 자체가 붕괴하도록 영향을 미치기도 한다. 이미 이 책에서 살펴보았듯이 보험은 선택에 의해 크게 영향을 받는 대표적인 업종이다.

이제 남은 몇 쪽에서 우리는 독자 여러분들의 일상에 특별히 관련이 많은 업종 가운데 선택에 크게 좌우되는 업종들을 간단하게 소개해 볼 것이다. 우리는 독자들이 이 책을 읽고 나서 "와. 정말 유용하군. 왜 그것이 실제로는 존재하지 않는지 이해했어."라든가 "나는 반 평생 동안 이 시장에서 활동했지만, 시장의 모습이 선택의 결과라는 것을 한번도 생각해 본 적이 없었어."라는 생각을 할 수 있기 바란다.

이 시장들은 모두 우리에게 잠재적으로 중요한 시장들이다. 만일 여러분들이 학창 시절보다 높은 수준의 교육을 받는데 필요한 교육비 마련에 고군분투했다면 여러분의 삶은 이미 그때부터 선택의 영향권 안에 놓여 있었던 것이다. 신용카드 발급 신청서나 대출 신청서를 작성해 본 적이 있는가, 그 역시 선택의 영향을 크게 받는 과정을 거치게 된다. 새로운 일자리를 찾기 위해 애써본 적이 있는가? 노동시장에서 해고된 노동자들이 새로운 일자리를 찾는 과정도 선택의 영향을 받아 제대로 작동하기도 하고 제대로 작동하지 못하는 경우도 있다. 거의 모든 영역의 시장이 크건 작건 선택의 영향을 받는다. 굳이 사례를 발굴하기 위해 따로 애쓸 필요가 없을 정도로 선택은 거의 모든 시장에 영향을 미친다.

학사모의 가격

정확하지는 않아도 대학에서 받은 학위의 가치가 몇 달러 몇 센트가 되는지 대충 환산해볼 수 있다. 노동시장에서 대졸자들이 받는 평균 임금은 고졸자에 비해 50%쯤 많고, 고등학교 중퇴자들에 비해 80%쯤 높다는 통계가 있다. 이런 통계자료를 접하고 놀랄 사람들은 거의 없다. 같은 대졸자라 하더라도 일부 대졸자들은 대졸자들의 평균 임금보다 훨씬 많은 돈을 벌기도 한다. 이러한 차이가 나는 이유는 부분적으로는 운이 좋고 나쁜 탓으로 돌릴 수도 있을 것이다. 어떤 젊은이는 금융시장분석가가 되어 굉장한 보수를 받을 수 있지만, 어떤 젊은이들은 아주 간발의 차이로 또는 운이 따르지 않아서 이 직업을 갖지 못하게 되었을 수도 있다. 어찌어찌하여 직장에 들어갔는데 훗날 그 직장이 페이스북이 될 수도 있을 것이고, 반대로 그 직장이 인터넷 버블 시대에 등장했다가 90년대 말 청산되어 세상에서 사라진 펫닷컴Pets.com 이 되어버릴 수도 있다. 또 어떤 학생이 한참 경기가 호황을 구가할 때 대학을 졸업했다면 이 역시 운이 좋은 경우이고, 반대로 졸업할 때쯤 불경기의 한복판을 지나가고 있었다면 이 역시 운의 문제이다.

그렇다면 대학에 진학하는 것도 재정문제를 감안하면 일종의 도박인 셈이다. 게다가 미국의 대학 등록금이 좀 비싼가? 2020년 통계를 기준으로 보면 미국의 대학 평균 등록금은 100,000달러 정도이다. 물론 명문 사립대학교는 이보다 훨씬 비싸다. 여기에 만일 대학에 진학하지 않았을 경우 벌게 되었을 수입의 예측치는 포함되어 있지 않다. 대학 교육을 받기 위해 수십만 달러의 돈을 쓰고도, 직장 생활에서 큰돈을 벌지 못한다면?

이 문제도 보험 비슷한 해결책이 있다. 예를 들어서 어떤 개인이나 기업이 어떤 학생이 졸업 후 10년간 벌어들이는 수입을 모두 갖는 조건으로 그 학생의 교육비를 기꺼이 부담하겠다고 나설 수도 있다. 이때 그 학생의 교육비를 선납해 주겠다고 결단한 기업이나 개인은 그 학생이 졸업 후 직장을 구하지 못한 경우에는 손해를 감수할 각오를 해야 한다. 그러나 거대한 자금력으로 수많은 학생의 학비를 모두 선납한다면, 그런 위험도 모든 학생에게 분산될 것이다. 이런 시스템을 '수입공유계약income-share agreement' 이라고 부르는데, 그 뿌리는 1955년도에 그것을 처음 제안한 대표적인 자유지상주의 경제학자인 밀턴 프리드먼Milton Friedman 으로 거슬러 올라간다.

　밀턴 프리드먼의 제안은 미래에 낮은 수입으로 고생하게 되고, 이로 인해 늘 고통을 받고, 특히 감당할 수 없는 빚을 끌어다 쓰고 갚아야 하는 어려움에 직면하게 되는 상황에 대비한 시스템이라는 점에서 보험의 한 형태라고 생각할 수 있다. 이는 누군가가 미래에 저임금으로 고생하게 될지도 모르는 위험을 어떤 기관의 풍부한 자금력으로 상쇄시키는 시스템이며, 이때 기관은 혹시 어떤 사람이 졸업 후에도 별로 돈을 벌지 못해 기관이 손해를 입더라도, 졸업 후 예상외로 큰돈을 벌게 되는 다른 사람으로 인해 그 손해가 상쇄될 것을 기대한다.

　수입공유계약의 도입을 주장하는 측은 오랜 기간 여러 차례에 걸쳐서 이 시스템이 사회적 이익과 사업가의 이익을 모두 추구할 수 있다고 주장했다. 1970년대에 예일대학교를 비롯한 몇몇 대학이 졸업 후 몇 년 동안 졸업생의 수입을 환수하는 방식으로 수입공유계약 시스템을 처음으로 시도해 보았다. 그러나 이러한 시도는 얼마 지나지 않아 대학이 지원하는 구제금융으로 끝나버렸다. 우리가 이 책을 쓰는 시점에도 학생들을 유치하기 위해 졸업 후 소득 보험을 통해 학비를 해결하는 방안을 내놓은 학교들이 있다. 그러나 이런 시스템은 아직 미국 전역으로 크게 확산되지 못하고 있다.

　이제 독자 여러분들도 짐작하겠지만, 밀턴 프리드먼의 아이디어가 생각만큼 널리 확산되고 실천되지 못하는 이유도 선택의 결과이다. 여러분들은 대학은 개인정보의 문제를 극복할 수 있을지 모른다고 생각할지 모른다. 대학은 학생들에 관하여 이미 굉장히 많은 것을 알고 있다. 그리고 필요하면 이미 선택으로 인해 벌어지는 문제를 해결할 수 있는 묘안을 찾아내기 위해 상당한 재정을 투입할 준비가 되어 있고, 이윤추구에 밝은 기업과 협력하면 학생들에 대해 더 많은 것들을 알아낼 수 있을 것이다. 실제로 여러 대학과 기업들도 한번 해볼 만한 일이라고 생각하고 뛰어들었다. 그러나 그들도 선택의 문제를 극복하지 못했다.

여기에 작용하는 선택의 문제를 이해하기 위해 자신에게 이렇게 물어보라. 신입생 가운데 어떤 학생들이 졸업 후 자신의 수입의 일정 부분을 학교에 내는 대신, 학교를 다니는 동안 등록금을 내지 않아도 되는 조건을 받아들일까? 성공이 운에 좌우되는 것도 사실이지만, 전적으로 운에만 좌우되는 것도 아니다. 당신이 무엇을 하며 인생을 살기로 선택하느냐는 수입에도 중요한 영향을 미친다. 어떤 학생은 월스트리트에서 일자리를 잡을 수도 있지만, 어떤 학생들은 비영리 단체에서 일자리를 얻을 수도 있다. 어떤 이들은 성공의 사다리를 기어이 올라가기 위해 매주 80시간의 노동도 마다하지 않는 반면, 일과 여가의 균형을 추구하는 사람도 있다. 그리고 신입생들은 자기 자신이 어떤 삶을 추구하는지 스스로 어느 정도 알고 있다.

대학들은 학생들의 미래의 편차를 조정하기 위해 노력할 수 있다. 예를 들어서 경제학을 전공하는 학생들은 졸업 후 월스트리트 같은 고액 연봉 직장에 들어갈 가능성이 높으므로 졸업 후 수입 낮은 비율의 금액을 매월 학교에 상환하도록 하는 반면, 예술을 전공하는 학생들에 대해서는 높은 수입을 올릴 가능성이 낮으므로 수입 가운데 상당히 높은 비율의 금액을 등록금으로 상환하도록 요구할 수 있다. 그러나 대학이 학생들에 대한 더 나은 정보를 확보하기 위한 노력도 부분적인 해결책에 불과하다는 것이 밝혀졌다. 학생들은 여전히 시험 점수, 전공의 선택, 기타 인구통계학적인 자료 등 학교가 확보하고 있는 자료들만으로는 파악할 수 없는 자신의 미래의 모습에 관하여 더 많은 것을 알고 있다. 4장에서도 한번 언급한 바 있는 네이선 헨드렌이 다니엘 허브스트Daniel Herbst와 함께 한 연구 결과를 통해서도 이 사실이 확인된다.

헨드렌과 허브스트는 2012년에 대학에 입학한 학생들의 데이터에 관해서 관찰했다. 그들이 확인한 바에 의하면 대학이 신입생들에 대해 얻은 정보는 주로 나이, 성별, 인종, 부모의 수입 수준, 고등학교에서의 성적, SAT 시험 점수, 그리고 희망하는 전공 등이었다. 두 연구자는 2017년까지 이 학생들을 추적하면서 이들이 제때 졸업을 했는지, 그리고 졸업 후 바로 취업을 했는지 등을 살펴보았다. 그리고 2012년에 수입공유계약에 참여하여 이들의 등록금을 지원해 준 사람들이 가지고 있던 학생들의 2017년의 수입 예측치와 비교하여 보았다.

또 학생들이 2012년 입학 당시, 자신의 졸업 후 연봉을 어느 정도로 기대하고 있느냐는 질문에 어떻게 응답했는지도 확인해 보았다. 자, 그들 가운데 실제로 졸업한 사람들은 어느 정도인가? 졸업하고 나서 원하는 일자리를 찾았는가? 그리고 실제로 얼마나 벌 것이라고 생각하는가?

신입생들은 자신의 미래를 지나치게 낙관했다. 사실 우리도 다 그렇지 않은가? 그들이 예상하는 졸업 후 연봉의 평균은 64,000달러였다. 그러나 실제로 그들이 졸업 후 받게 된 연봉의 평균은 32,700달러였으니 두 배 쯤 높게 예측한 셈이다. 그러함에도 불구하고 신입생들의 미래 연봉에 대한 기대치를 통해 우리는 많은 정보를 얻을 수 있다. 더 높은 소득을 올릴 것이라고 예측하는 학생들이 더 적게 벌 것이라고 예측하는 학생들보다 고소득자가 될 가능성이 높다.

헨드렌과 허브스트는 학생들이 자기 자신에 대해서 예측했던 사항들을 자신들의 연구에 반영한 결과 그들의 소득을 좀 더 정확하게 예측할 수 있는 사실을 발견했는데, 이는 수입공유계약이라는 하나의 시장의 관점에서 볼 때 매우 중요한 사항이었다. 이 사실은 학생들이 학업 평점이나 가정환경, 전공 등 학교나 기관이 확보할 수 있는 자료들보다 자신에 대하여 훨씬 많은 사실을 알고 있다는 것을 의미한다. 그러므로 수입공유계약에 참여하는 기관이 자신들이 알고 있는 사실들을 총동원해서 학생들의 졸업 후 학비 상환 기간을 설정한다고 하더라도 여전히 학생들은 그들은 알지 못하는 그들 자신에 관한 어떤 사실로 인하여 자신이 충분히 많은 돈을 벌지 못할 것이라는 점을 이미 알고 있을 수도 있다는 것이다. 헨드렌과 허브스트는 이러한 개인 정보와 그 결과로 인해 생기는 선택의 문제로 인해 소득공유계약이 손익의 균형을 맞추기는 매우 어렵다는 결론을 내렸다. 또 어느 대학교든 이 시스템을 도입하고 나면 우리가 2장에서 보았던 하버드대학교의 사례, 즉 직원들에게 부과하는 보험료를 올리면서 시작된 죽음의 소용돌이를 경험하게 될 것이라고 내다보았다. 선택의 결과로 나타나는 문제로 인해 모두가 승자가 되고자 고안되었던, 대학 교육을 받기 원하는 저소득층 학생들을 돕자는 취지로 개발된 시장은 망가지고 만다. 헨드렌과 허브스트는 기관과 학교 측이 알지 못하는 개인정보의 범위를 고려할 때 이 시스템이 파산하지 않으려면 졸업생들의 수입 예측 평균치를 기준으로 60% 정도의 이익을 내도록 설계해야 겨우 손익을 맞출 수 있다는 결론을 내렸다. 그러나 그렇게 설계를 하면 자신의 수입 예상치를 평균치와 비슷하게 예측한 학생들은 처음부터 이 프로그램에 지원하지 않을 것이다.

소득공유계약에 의한 학비 지원시스템은 실제로 존재한다. 미국의 경유 퍼듀대학교가 이 시스템을 운영하고 있고, 남미의 스타트업 기업인 럼니Lumni는 콜롬비아와 칠레, 멕시코, 그리고 페루에 있는 대학의 학생들을 상대로 소득공유계약 시스템을 운영하고 있으며, 미국 시장에도 진출하기를 희망하고 있다. 실리콘 밸리의 스타트업 기업인 판도Pando는 MBA 과정의 대학원생들과 전문적인 운동선수 생활을 하는 학생들을 지원한다. 이들 가운데 일부는 매우 높은 연봉 수입 자가 될 가능성이 높기 때문에 몇 사람이라도 큰 성공을 거두게 되면, 다른 여러 학생이 졸업 후 큰 연봉을 받지 못하더라도 그로 인해 학비를 지원해 주는 기업이 입는 손실을 상쇄할 수 있다는 계산을 하는 것이다.

그러나 이 시스템을 통해 학비를 해결하는 학생의 수는 많아야 수천 명에 불과한데 이는 전체 미국 대학을 커다란 양동이에 비하면 물 몇 방울에 불과한 규모이다. 우리는 이 시스템의 혜택을 받는 학생의 수가 크게 늘어나기를 바라고 이 시스템이 사회 전체에 큰 유익을 가져다주기를 바란다. 그러려면 이 사업을 운영하는 단체나 기업은 학생들 자신만 알고 있는 그들에 대한 정보를 어떻게 알아낼지를 고민해야 한다.

해고와 레몬

일단 대학을 졸업한 사람이 그럴듯한 직장에 취직했다고 해도, 직업의 현장에서 또 다른 수많은 선택을 하게 될 것이고 그 선택에 의해 그들의 삶에 예측하지 못한 복잡한 상황이 벌어진다. 대부분의 대학생들은 4학년이 되면 구직활동에 나서게 된다. 그런데 2021년에 대학을 졸업한 사람이 2022년에도 이력서를 써서 기업에 보내고 있다면 어떤 일이 벌어질까? 상식적이고 순종적이고, 다루기 쉬운 노동자를 찾고 싶어 하는 고용주는 왜 이 사람이 전 직장에서 몇 주 만에 그만두었는지, 그리고 왜 전 직장의 고용주는 그를 붙잡지 않았는지 궁금해할 것이다. 회사는 건실하고 순종적이고 다루기 쉬운 노동자는 회사에 오래 남아 계속 근무해 주기를 바라는 반면, 그렇지 않은 노동자가 회사를 떠나고자 한다면 기꺼이 놔줄 것이다. 여기서부터 구직자는 아주 전통적인 선택의 문제에 시달리게 된다. 건실하지 않고, 순종적이지도 않고, 다루기도 불편한 사람들만 또다시 구직 시장에 나오게 된다는 인식이다.

물론 구직자도 그들만의 사연이 있다. 이전 직장이나 그 직장의 상사가 상종도 하고 싶지 않은 끔찍한 사람이었을지도 모른다. 또 전 직장의 자금 사정이 악화되어 최근 입사자를 일괄적으로 해고했는지도 모른다. 이러한 구직자들의 호소 가운데 상당 부분은 사실일 것이다. 그러나 새 직장의 고용 담당자로서는 전 직장의 상사가 정말 그렇게 끔찍한 인간이었는지 확인할 방법이 없다. 일단 구직자를 합격시키고 그가 실제로 회사에 입사하여 일을 시작하기 전까지는, 회사는 그에 대하여 가지고 있는 정보의 양과 질 모든 면에서 불리하다.

물론 고용주와 구직자, 그리고 새로운 고용주와 이전 고용주가 가지고 있는 정보의 격차가 크다고 해서 한 직장에서 해고당했거나 그 직장에 불만이 많아서 스스로 사직을 하고 나온 사람이 새로운 직장을 구하는 것이 불가능한 것만은 아니다. 그러나 이는 우리가 이 책을 통해 살펴본 보험시장과 유사한 문제로 이어진다. 직장을 떠난 사람들 가운데 직장의 여건이 매우 열악했거나 급여가 너무 적었거나, 상사가 너무 끔찍한 사람이었다거나 하는 정당한 이유로 사직하는 사람은 의외로 많지 않다. 그러므로 수많은 사람의 이력서를 받은 고용주는 이들 모두가 정당한 이유로 실직한 것인지를 의심할 수밖에 없다. 즉, 고용주들은 이력서를 낸 사람들이 무언가 문제가 있는 사람은 아닌지 의심하게 되고, 결국 그들을 채용하더라도 낮은 보수를 책정할 수밖에 없다.

매우 낮은 임금을 받게 된 노동자들은 새로운 직장에서 결코 만족을 느끼지 못하고 또 다시 다른 직장을 찾아보고 싶은 마음이 생긴다. 임금이 낮아지면 질 낮은 구직자들만 몰리게 되고, 질 낮은 구직자들만 몰려들면 임금은 더 낮아지는 악순환이 시작된다. 해고되었다가 다시 직장을 잡은 노동자들과 고용주의 인정을 받아 장기간 근속하는 노동자들의 임금 격차는 더욱 확대될 것이다. 고용주는 마음에 들지 않는 직원들은 해고하겠지만, 계속해서 오래 근무해 주기를 바라는 직원의 급여는 인상해 주어 그를 붙잡아 놓을 수 있다. 이렇게 해서 숙련되고 다루기 좋은 직원을 많이 확보해 놓으면 굳이 부정적인 요인이 많을 것으로 추정되는 구직자 집단에서 대체 인력을 채용할 필요를 느끼지 않게 된다.

경제학자인 밥 기븐스Bob Gibbons와 래리 카츠Larry Katz는 〈해고와 레몬Layoffs and Lemons〉이라는 유명한 연구를 통해 구직자들의 세계에서도 역선택이 존재한다는 증거를 찾아냈다. 이 연구 제목에 레몬이라는 단어가 들어간 것은 역선택에 관한 문제를 앞서서 지적한 조지 애커로프의 논문 〈레몬을 위한 시장〉에 담긴 주장에 대한 공감의 표시일 것이다. 조지 애커로프의 이 논문은 선택의 문제가 중고 자동차 시장에 미치는 영향을 잘 설명하고 있다. 수요자의 의사결정에 적절한 정보가 제공되지 않는다면, 중고차 시장에는 겉은 번지르르해도 질은 좋지 않은 자동차가 넘칠 것이고 수요자는 품질이 엉망인 자동차를 선택할 것이다. 여기서 레몬은 겉만 번지르르한 불량품을 말하는 것으로 '레몬 시장'이란 싸구려 상품들이 많아지고 질 좋은 상품들은 사라지는 시장을 의미한다. - 역자 주

기븐스와 카츠는 다른 것도 마찬가지이지만, 구직자들이 임금을 덜 받는 데도 여러 이유가 있을 것이기 때문에 단순히 같은 고용주 아래서 일하는 장기 근속자와 이직자의 임금 격차만 비교하지는 않았다. 두 연구자는 노동자가 실직하는 데는 다양한 이유가 있다고 생각했다. 이러한 이유 가운데 어떤 것은 다른 이유보다 훨씬 더 큰 선택의 문제를 촉발한다. 만약 공장 자체가 폐쇄되어 거기서 일하던 노동자들이 일시에 실업자가 되었다면, 그것은 특정 노동자의 책임은 아닐 것이다. 심지어 호머 심슨 Homer Simpson; 애니메이션 심슨 가족에 등장하는 주요 캐릭터 가운데 하나이며, 애니메이션에서 그의 직업은 원자력 발전소 안전 책임자이다. - 역자 주 이라도 몽고메리 번즈의 핵발전소 가동을 영구 중단하는 것을 막을 수는 없을 것이다. 디트로이트의 자동차 산업의 경쟁력

은 점점 떨어지고 있고, 그 결과로 미시간 주의 대규모 자동차 공장들이 대거 문을 닫았다. 아니면 경영자의 치명적인 경영 실수로 인해 회사 자체가 문을 닫는 경우도 있을 것이다. 이런 일의 책임을 거대한 회사라는 조직에서 특정하고 아주 작은 부분을 책임지는 장부 담당자 한 명이나, 이들 장부 담당자들의 업무 수행을 위한 기술 지원을 담당하는 컴퓨터 기술자 한 명에게 물을 수는 없다. 그러나 10명의 장부 담당자들 가운데 한 사람만 회사에서 해고되었다면 그 한 명은 나머지 9명과 비교해서 무슨 문제가 있었는지 알아볼 필요가 있다.

기븐스와 카츠는 노동시장이 앞서 설명한 선택의 결과로 발생하는 문제에 얼마나 영향을 받는지 알아보기 위해, 직장 폐쇄로 인해 대거 해고된 노동자들의 경우와 사실 이러한 대량실업은 어떤 특정한 노동자의 잘못으로 발생하는 경우는 거의 없고, 회사 혹은 시장 전체에서 발생한 어떤 상황으로 인해 발생한다. 다른 다양한 이유로 해고된 노동자의 경우를 비교하여 보았다. 관찰 결과 직장의 폐업이나 공장 폐쇄 등으로 인해 실업자가 된 사람들은 다른 이유로 해고된 사람보다 새 직장을 빨리 구하는 경향이 나타났고, 임금도 6% 정도 높았다.

그렇다고 해서 가학적인 상사 밑에서 일하면서도 절대로 이직하지 말고, 우울증과 마음의 고통을 꾹 참고 견디라는 말은 아니다. 대신 현재의 직장을 떠나려면 미래의 고용주들에게 당신이 직장을 떠난 원인이 당신에게 있는 것은 아니라는 점을 입증할 수 있는 구실을 확보하거나, 아니면 새로운 직장에서 더 낮은 임금을 감수하기로 하고, 당신의 의지와 능력을 입증하여 후에 임금이 인상되기를 기대해야 한다는 것이다.

도박판

2021년 초, 유명 아이스하키 선수인 에반더 케인이 파산신청을 했다. NHL^{북미아이스하키리그}의 산호세 샤크스 소속의 스타 플레이어가 센테니얼 은행에 8백만 달러 이상의 빚을 진 것은 그가 라스베이거스의 도박판에 푹 빠졌기 때문이었다. 2020년의 마지막 한 달 동안만 그는 도박판에서 150만 달러나 날렸다.

은행 돈까지 도박자금으로 탕진하는 일은 문자 그대로 매우 드문 일이지만, 에반더 케인의 이야기는 신용 거래의 몇 가지 중요한 특징을 보여준다는 면에서 다루어 볼 가치가 있다. 은행이 얻을 수 있는 이익은 제한적이다. 기껏해야 신용 대출 계약서에 명시된 이자율만큼의 수익을 얻을 뿐이고, 그나마 이 수익은 채무자가 채무불이행 상태에 빠지지 않을 때만 얻을 수 있다. 반면 채무자가 얻을 수 있는 이익의 폭은 어쩌면 굉장히 크고 넓다. 카지노의 도박판에서 승리하는 날에는 채무를 다 갚고도 남을 정도로 많은 돈을 딸 수 있다. 그러나 운명이 그의 편이 아니라면, 은행은 빌려준 돈을 고스란히 날려버리고 말겠지만, 채무자는 원점으로 되돌아가 새로 시작할 수 있다. 스타트업 기업의 창업자도 마찬가지다. 사업이 잘되면, 10억 달러까지도 카드빚을 끌어다 쓰고도 넉넉히 상환할 수 있다. 그러나 사업이 잘 안풀려서 파산하게 되면, 은행은 큰 손실을 보고 부채를 떠안게 되고,

기업가는 출발선에서 다시 시작할 수 있다.

그렇다면 은행으로부터 적극적으로 돈을 빌려 쓰는 사람은 어떤 사람들인가? 도박 중독자이기도 하고 모험가이기도 하다. 겸손하고, 실현 가능하고 안정적인 수익을 추구하는 사람들은 은행 돈을 잘 빌려 쓰려고 하지 않는다. 신용대출 시장에도 선택으로 인한 문제가 발생하는 것이다.

이미 우리가 선택에 의해 좌우되는 시장의 사례에서 본 바와 마찬가지로, 신용대출 시장에서도 문제를 풀기 위해서는 가격을 높일 수밖에 없다. 다른 말로 하면 대출 금리와 신용카드 수수료를 높일 수밖에 없다는 말이다. 그러나 이렇게 하면 상황은 더 악화된다. 예를 들어서 대출 금리가 50%쯤 된다면 누가 돈을 빌리려 하겠는가? 달 탐사에 뛰어들겠다는 따위의 극단적인 사업 구상을 하는 모 아니면 도의 도박꾼 같은 사업가가 아니라면 이러한 고금리에 돈을 빌리려 하지 않을 것이다.

우리 연구진이 5장에서 엘리베이터가 없는 건물의 5층에 사무실을 둔 보험회사에 대한 연구로 노벨상을 받았다고 소개했던 조셉 스티글리츠는 신용대출 시장의 특성을 규명하는 데 성공한 경제학자이다. 스티글리츠는 가난한 나라일수록 왜 대출자들의 대출 수요가 은행이 일반적인 수준의 금리로 공급할 수 있는 규모보다 훨씬 큰지 그 이유를 찾아보고 싶어 했다. 그가 1981년에 앤드류 웨이스Andrew Weiss와 공저한 논문에서 언급했듯이 이렇게 수요가 공급을 압도하면 대출 금리, 즉 대출의 가격은 상승 압력을 받는다. 그러나 은행들은 금리를 올리는 대신 신용 한도를 제한한다. 이것은 경제학자들이 오랫동안 연구해 온 신고전주의 시장의 작동 방식과는 다른 움직임이었다.

은행의 대응은 그들이 활동하는 시장이 선택에 의해 좌우되는 시장이라는 사실을 잘 알고 있기 때문에 나온 행동이다. 이자율을 높이면 시장에 신용도가 높지 않은 고객들이 유입될 것이다. 그러므로 금융비용, 즉 이자를 높이지 않고 다른 방법을 택함으로써 대출자들의 질이 떨어지지 않도록 하는 것이 더 낫다고 생각한 것이다.

이 대목에서 독자 여러분은 "실제로 신용시장은 그렇게 작동하지 않습니다."라고 생각하고 말할지 모른다. 예를 들어서 NHL 스타인 에반더 케인의 경우에도 그가 채무의 일부라도 갚도록 요구받았을 것으로 생각할 수 있다. 옳은 말이다. 케인은 파산을 선언했다. 은행은 손실을 일부나마 보전하기 위해 케인의 명의로 되어 있는 상당히 규모가 큰 저택과 다른 자산을 강제 매각하거나 케인과 샤크스 구단과 은행 사이의 삼자 계약을 체결하여 향후 몇 년간 케인이 샤크스 구단으로부터 받을 연봉 일부 또는 전부를 압류하여 손실을 줄이려는 시도를 할 수 있다. 실제로 당시 케인은 샤크스 구단으로부터 4900만 달러를 받도록 계약이 되어 있었다. 그러나 케인과 샤크스 구단은 은행이 그의 연봉을 압류하는 것을 거부했다. 물론 파산을 선언한 케인의 신용등급은 크게 떨어질 것이고 앞으로는 누군가로부터 돈을 빌리기가 쉽지 않을 것이다.

이러한 조치들은 선택의 결과로 신용시장이 입을 수 있는 피해를 줄이기 위한 조치인 동시에 신용시장이 얻을 수 있는 이익도 부분적으로 제한하는 것이다. 만일 필요한 액수만큼의 담보물이 있어야만 돈을 빌릴 수 있다면, 지금은 비록 한 푼의 재산도 없지만, 미래에는 상당한 돈을 벌 수 있는 자신과 능력이 있는 사람은 돈을 빌릴 방법이 없게 될 것이다. 은행은 돈을 빌려주고 이자 수입을 취하는 곳이다. 부동산을 담보로 잡았다가 팔아서 돈을 버는 것은 은행의 본업은 아니다. 때문에 회수되지 않은 채권 대신 담보물을 압류하는 일이 자주 일어나는 것은 은행의 입장에서도 바람직한 상황은 아니다. 은행이 대출자에 관한 모든 사항을 다 알고 있고, 대출자 본인만 알 수 있는 자신만의 비밀이 없는 세상이 가능하다면 모두에게 나쁘지 않을 것이다.

은행이 돈을 빌리려는 사람들에게 담보물을 요구하는 것은 돈을 갚을 능력이 충분히 있는 고객을 유치하기 위해서다. 다른 말로 하면 은행은 우리가 이 책에서 살펴본 보험시장에서 활동하는 기업들, 즉 보험사들이 시장에 접근하는 방법과 유사한 방법을 구사하고 있는 것이다. 대출을 해주는 사람들은 최악의 위기를 맞게 될 가능성에 대비하여 갖은 규정을 계약서에 삽입한다. 한두 가지의 사례를 들자면, 먼저 독자 여러분이 자동차를 구입하기 위해 대출을 받게 되면, 구입한 차량을 담보로 제공하고, 매월 할부금을 납부해야 한다. 만일 할부금이 밀려 차량이 압류되면 상당한 고통과 손실을 각오해야 한다. 혹은 돈을 빌려주는 측에서 당신에게 연대보증인을 요구하는 경우도 있다. 이 경우 만일 독자 여러분이 채무불이행 상태에 빠지면 보증인의 삶까지 고통스럽게 된다.

뿐만 아니라 돈을 빌려주는 측은 채무불이행을 미연에 방지하기 위해 돈을 빌리려는 사람에 관한 정보를 가능한 한 많이 수집하려고 노력한다. 이런 정보와 데이터를 종합하여 이른바 사람마다 신용등급이 매겨진다. 예를 들어서 센테니얼 은행으로부터 엄청난 양의 돈을 빌리고 갚지 못한 에반더 케인은 신용등급이 크게 하락했을 것이 분명하다. 그러나 이러한 상황, 즉 큰돈을 빌리고 빌려주는 상황이 발생하기 훨씬 전부터 여러분이 돈을 주고받는 것과 관련된 크고 작은 여러 사실이 모여 여러분의 신용등급이 매겨지고, 그 등급에 따라 여러분이 모기지 대출, 신용대출 등을 받을 수 있는지 또는 신용카드를 발급받을 수 있는지가 결정된다.

독자 여러분이 과거에 은행으로부터 돈을 빌린 적이 있고, 그 돈을 차질 없이 갚았다면 이는 독자 여러분의 신용도를 높여주는 근거가 된다. 반면 사용하는 신용카드가 지나치게 많다는 것은 좋은 일이 아니다. 누군가에게 주어야 할 돈을 제때 주었다면 신용등급 평가에 가산점으로 작용하겠지만, 상습적으로 체불하면 신용사회에서 생활하는 것 자체가 어려워진다. 은행이 여러분의 신용등급을 철저하게 평가하고 있고, 채무불이행의 가능성을 나름대로 예측하고 있기는 하지만, 여전히 여러분은 은행은 도저히 알 수 없는 여러분만의 내밀한 정보를 가지고 있다.

래리 오슈벨Larry Ausubel은 미국의 한 대형 은행과 함께 진행한 연구를 통해 이 사실을 규명해 냈다. 이 연구 과정에서 은행은 다양한 잠재 고객을 상대로 신용카드 가입을 유도하면서 여러 조건을 바꿔가며 제공하는 실험을 했다.

독자 여러분도 카드 따위의 가입을 권하는 이메일을 받아본 적이 있었을 것이다. 그들이 하는 이야기는 늘 비슷하다. "당신은 아크메 신용카드Acme Credit Card를 발급받을 수 있는 자격이 있습니다. 이 카드를 발급받으시면 처음 6개월 동안 2%라는 파격적인 이율로 사용하실 수 있습니다! 그러나 한참 아래에는 깨알같이 작은 글씨로 6개월이 지나면 20%로 뛰어오른다는 사실이 적혀 있다.

오슈벨이 확인한 바에 따르면, 은행마다 신용카드 발급 시 제공하는 혜택이나 조건이 달랐다. 어떤 운 좋은 사람은 카드를 발급받고 나서 일정 기간 동안 2%의 낮은 금리로 돈을 빌려 쓸 수 있었던 반면 다른 카드를 발급받은 사람은 초기 이자 혜택이 6%였다. 처음 일정 기간 동안의 이자 할인 기간이 지난 후에도 대출 이자가 10%인 카드도 있었고 20%인 카드도 있었다.

오슈벨은 은행이나 카드사의 이러한 제안이 카드를 새로 만들려고 하는 사람들에게 어떤 영향을 미치는지, 또 어떤 사람들이 이러한 제안을 받아들이는지를 분석해 보았다. 은행의 입장에서 보면, 선택으로 인하여 어떤 문제가 발생할 수도 있기 때문에, 무조건 카드 가입자의 수를 늘리는 것을 중요하게 여기지는 않는다. 고객의 숫자 못지않게 적절한 사람들이 고객으로 유입되었는지도 중요하다.

은행처럼 신용카드를 발급하는 회사들도 자신들의 카드 발급 권유를 받아들이는 사람들이 워낙 다양하기 때문에, 별의별 위험이 다 발생할 수 있다는 것에 유의하고 있다. 그렇기 때문에 신용점수가 나쁜 사람들이나 채무불이행의 가능성이 많은 사람들이 주로 어떤 조건과 제안에 매력을 느끼는지를 비교하고 분석한다. 일단 어느 정도 위험성을 가지고 있는 사람들이 신용카드를 더 많이 만드는 경향이 확인되었다. 실제로 카드사가 가입 후 일정 기간 동안 파격적으로 낮은 대출 금리를 적용한다고 광고했을 때, 이 제안을 받아들여 카드에 가입한 사람들과 이를 무시한 사람들 사이의 신용도 격차가 가장 큰 것으로 나타났다. 신용점수가 괜찮은 사람들은 이런 파격적인 금리 조건을 제시하는 카드에 관심이 없었다.

스티글리츠와 웨이즈가 주장한 이론을 입증할 만한 경험적 증거도 있다. 현재의 금리에서 대출을 받고자 하는 수요가 상당히 크더라도 금리를 올리지 않고 그대로 두는 것이 합리적일 수 있다는 것이다. 금리를 올리면 양질의 고객들이 이탈할 수 있기 때문에, 오히려 은행의 수익성을 악화시키는 것보다 낫다는 것이다.

스티글리츠는 2001년 노벨상 시상식에서 그전까지 경제학자들이 개인정보 문제를 대수롭지 않게 여긴 이유는 의미 있는 정보가 공공기관에 의해 수집되고 관리되지 않는다고 생각한때문은 아니었다고 말했다. 오히려 우리가 이 책에서 보았듯이 개인만의 정보가 존재하는 상황에서 시장의 움직임을 관찰할 수 있는 모델을 설정하고 분석하는 것이 훨씬 어렵기 때문이었다는 것이다. 차라리 자신만 알고 있는 정보가 없다고 가정하고, 최선의 경우를 기대하는 편이 더 나을 것이다. 그러나 스티글리츠에 의해 발전한 정보경제학이 보여주었듯이, 정보는 시장이 어떻게 작동하고, 어떻게 작동하지 않는지를 결정하는 데 중요한 영향을 미친다.

스티글리츠는 시장에 영향을 미치는 개인정보의 속성과 그 결과는 시장마다 다르다고 말했다. 보험시장과 대출시장에서 보험 가입자와 채무자의 개인정보는 각기 다른 영향을 미친다. 즉, 똑같이 비밀스러운 정보라 하더라도 정보의 속성은 시장마다 다르다. 스티글리츠는 행복한 가정에 대한 톨스토이의 글을 조금 변형시켜 이렇게 말했다.

"정보가 완벽해질 수 있는 방법은 한 가지이지만, 정보를 불완전하게 만드는 방법은 무한히 많다."톨스토이는 《안나 카레니나》의 첫 문장에서 '행복한 가정의 모습은 다들 비슷하지만 불행한 가정은 각각의 이유가 있다'고 말했는데, 스티글리츠가 이를 변형하여 이렇게 말한 것이다. - 역자 주

이와 같이 선택에 의해 좌우되는 시장에는 공통적인 특징이 있지만, 신용대출 시장에서 선택이 미치는 영향을 이해하기 위해서는 그 문제를 다룬 책이 따로 등장해야 한다. 선택이 노동시장에 미치는 영향도 마찬가지다. 누군가가 별도로 상당한 연구를 진행하고 그 내용을 담은 책이 따로 나와야 할 것이다. 우리 연구진은 이 책이 다양한 시장에서 선택의 결과가 미치는 영향에 대해 독자들에게 맛이라도 보여주는 역할을 하길 바란다.

1 혹자는 사람들이 오히려 위기를 즐긴다고 말한다. 많은 돈을 들여 비행기를 타고 라스베이거스까지 날아가서 가능성이 아주 희박하기는 하지만 일확천금의 행운이 자신에게 와 백만장자가 되는 꿈을 꾸면서 슬롯머신이나 블랙잭 게임을 즐기고, 1달러가 1조 달러가 되는 꿈을 꾸면서 로또를 구입한다는 것이다. 이는 그 나름대로 유익함도 있다. 주말에 친구들과 함께 라스베이거스로 가서 블랙잭 게임을 하는 것은 정비소에 가서 자동차에 생긴 흠집을 제거하는 것보다는 훨씬 흥미진진한 일이다. 로또를 구입하면 혹시라도 거액에 당첨되어 포르쉐 몰고 드라이브를 하거나 또 다른 호화로운 순간을 상상하는 즐거움을 누릴 수 있다. 그러나 이런 특별한 경우를 제외하면, 사람은 대개 본능적으로 위기를 회피하고 싶어 한다.

2 보험사가 가입자들에 비해서 정보의 양과 질에서 우위에 있을 때 시장은 원활하게 작동할 수 있다. 실제로 어떤 부부가 10년 이내에 이혼할 확률을 보험사가 당사자들보다 더 잘 예측할 수도 있다. 이는 200년쯤 전에는 불가능한 일이었지만, 컴퓨터가 스스로 학습하는 정보화 시대에 접어든 지금, 보험사는 구글 검색만 몇 번 해도 고객에 관해서 고객 자신보다 훨씬 많은 것을 예측할 수 있게 되었다. 보험 상품과 직접적인 관련이 있는 사항, 즉 고객의 결혼이 죽을 때까지 유지될 것인지도 어느 정도는 예측 가능하다.

3 계약서의 특별한 문구들은 과거의 보험정책이 지금과는 달랐다는 것을 알려준다. 그러나 그런 초기의 사례들의 직접적인 증거는 존재하지 않는다. 생명보험이라고는 말할 수 없지만, 생명보험 비슷한 것의 등장은 기원전 100년 전쯤의 장례문화 관련 기록을 통해 드러난다. 로마의 장군인 카이우스 마리우스Caius Marius는 자신 휘하의 군대 조직 안에서 누군가가 예상치 못한 죽음을 당하면당시 로마 군대에서는 심심치 않게 일어나는 일이었다사망자의 전우들이 장례비를 갹출하는 제도를 시행하였다. 찰스 켈리 나이트Charles kelley Knight,《1870년까지의 미국 생명보험의 역사The history of Life insurance in the United States to 1870》Univercity of Pennsylvania, 1920), 토마스 윌슨Thomas Wilson,《가치 및 자본 관리 : 금융기관의 재무 및 리스크 기능을 위한 핸드북Value and

Capital Management : for the Finance and Risk Functions of Financial Institutions》Wiley, 2015

4   보험금을 노린 살인 사건은 실제로도 너무 많이 일어나고 있고, 많은 소설과 영화가 이것을 모티브로 다루고 있기 때문에 이제는 진부하게 느껴질 정도다. 이런 사례들을 모은 웹페이지를 방문하면, 허구의 사례들과 실제 사례들을 접해 볼 수 있다. 1989년, 비버리 힐스에서 메넨데즈 형제가 65만 달러의 생명보험을 포함한 1,400만 달러의 유산을 노리고 부모를 살해한 사건은 허구와 사실이 뒤섞여 알려진 사건이었다. 이들 가운데 동생인 에릭은 어린 소년들이 돈을 노리고 부모를 살해하는 상황을 담은 연극의 대본을 쓰는 어처구니없는 실수를 저질렀다. 경찰은 처음에는 갱단 조직에 의한 살인 사건으로 보았으나 이 원고를 발견하고 깊은 관심을 가지고 수사에 착수했다. 엘레나 니콜라우Elena Nicolaou, 〈메넨데즈 형제가 얼마나 흥청거렸는지 보라Here's How Much Menendez Brothers Spent on Their Spree〉 Refinery29, September 26, 2017

5   당신이 경제학자라면, 보험에 가입한 사람들은 조금 더 마음 편하게 활동하는 경향이 있을지도 모른다고 답할 수도 있다. 예를 들어서, 스카이다이빙 같은 것을 하다가 낙하산이 제대로 펼쳐지지 않아 사망하더라도, 남겨진 가족의 생계가 해결될 수 있다는 안도감을 느끼게 되는 것이다. 다시 말하면, 어떤 불행한 일이 발생하더라도 보험이 그로 인한 충격을 크게 완화시킬 것이라고 안심하기 때문에, 생명보험에 가입하는 순간 그전보다도 훨씬 대담하게 생각하고 행동한다는 것이다. 이처럼 보험이 사람들로 하여금 위기를 두려워하지 않게 만든다고 볼 수 있지만, 이 책에서 살펴볼 많은 사례를 볼 때, 보험이 위기를 두려워하지 않게 만든다는 주장은 일단은 비중 있게 받아들이기 어렵다. 우리가 이 책에서 사례로 드는 연구 내용으로 미루어 볼 때, 다수의 경제학자들도 그렇게 생각했던 것 같다. 생명보험이 가입자들의 위기에 대한 인식에 어떤 영향을 미치는지 궁금한 독자는 이 책의 속편인 《위험한 행동Risky Behavior》이 출판될 때까지 기다려 주시기 바란다.

6   어쩌면 라프레가 선택의 문제보다 훨씬 진부한 속임수에 넘어갔을 수도 있다. 즉, 완벽한 사기에 넘어갔을 수도 있다는 말이다. 실제로 칼망의 실제 나이가 의심

스럽다는 견해가 가끔 나온다. 이런 의문을 제기한 대표적인 인물은 니콜라이 자크라는 러시아의 노인학 연구자이다. 그는 2018년에 〈잔느 칼망, 그녀의 장수의 비밀Jeanne Calment : The secret of Longevity〉라는 글을 기고했다. 모스크바 국립대학교에서 수학을 전공하고 박사학위를 획득한 천재적인 괴짜 수학자인 자크의 주장에 따르면 실제 제인 칼망은 1934년에 결핵으로 사망했지만, 의료 기록상 비슷한 시기에 사망했다는 그녀의 딸인 이본느가 칼망 행세를 했다는 것이다. 그는 잔느와 이본느에 관해 알려진 여러 가지 사실 가운데 발견한 모순점들을 그 증거로 제시했다. 그러나 그의 주장을 인정하는 과학자들은 거의 없다. 그러나 이 책의 저자인 우리들 입장에서는 이본느가 잔느 행세를 하며 평생을 살았다는 가설이 사실이라면, 훨씬 이야기하기가 편했을 것이다. 만일 그것이 사실이라면 '잔느'사실은 이본느는 자신의 이익을 위해서 자신만 알고 있는 개인정보를 이용하여 라프레 뿐 아니라 세계를 속였다는 말이기 때문이다. 니콜라이 자크Nikolay Zak, 〈잔느 칼망, 그녀의 장수의 비밀〉, Dec 19, 2018, 미출간 문서

7 신학자들의 주장을 조금 과장하여 이야기하자면, 그들은 화폐는 액면가만큼의 가치를 가지고 있고, 대출금 이상을 받는 것은 이중 청구로서 자연도덕법에 위배된다고 보았다. 토마스 아퀴나스는 자신의 글에서 어떤 상품의 소유권과 사용권을 파는 행위를 이렇게 비유했다. "누군가가 포도주를 팔면서 포도주의 사용권을 따로 판다면, 그것은 포도주를 두 번 판 것이다." 아퀴나스의 주장이 경제학적, 또는 철학적으로 얼마나 가치가 있는지 여부와 상관없이 이런 주장은 꽤 오랫동안 설득력 있게 받아들여졌다. 연금, 또는 보험 계약에 대해서도 신학적인 관점에서의 논란이 없는 것은 아니었다. 신학자들은 누군가의 집이 불타거나 배가 가라앉았다 해도 그것은 하나님의 뜻이라고 보았다. 하나님이 하시는 일에 인간이 개입하는 것이 얼마나 불손한 일인가? 그러나 16세기에 접어들면서 상대적으로 경제에 대한 이해도가 높고, 아마도 윤리적으로 유연한 신학자들은 상인들이 과도한 위험에 빠지지 않고도 안심하고 생산과 무역에 전념할 수 있는 다양한 반론들을 생각해 냈다. 레이 D 머피Ray D. Murphy, 〈정부에 의한 연금판매Sale of Annuities by Governments〉 1939, New York : Association of Life Insurance Presidents, 토마스 아퀴나스(Thomas Aquinas), 《신학대전Summa Theologiae》, 1485, 제임스 포터바James Poterba, 《가치의 기원 : 현대 자본시장을 만든 금융 혁신Annuities in Early Modern Europe, in The Origins of value : The Financial Innovations That Created Modern Capital Markets》ed. Willam

N. Goetzmann and Geert Rouwenhorst, Oxford ː Oxford University Press 2005

8　예를 들어서 1777년,프랑스 왕실이 본격적으로 빚더미에 앉기 시작한 시기, 이 시기를 기점으로 왕실의 운명은 내리막길을 걷기 시작했다 왕실은 240만리브르의 빚을 끌어들이기 위해 1,200리브르의 채권 2만 장을 발행했다. 당시 노동자의 하루 임금이 대략 1리브르였다 정부는 2만 장의 채권을 복권 형태로 팔았기 때문에 일부 운이 좋은 연금 가입자들은 매년 지급되는 꽤 괜찮은 액수의 연금을 통해 상당히 큰 수익을 따로 챙길 수 있었다. 전체 가운데 15,000계좌는 연 4%의 이자를 받는 직불형 채권으로 판매했다. 이 정도의 이자율은 당시 민간시장에서 허용하는 범위 안에서 가장 높은 수치였다. 이미 많은 빚을 지고 있어 신용과 평판이 엉망인 정부 입장에서는 투자자들에게 채권을 팔기 위한 유인책이 필요했다. 그래서 나머지 5천 장의 채권은 연금 형태로 판매하여 채권 보유자가 지정한 사람에게 그가 살아 있는 동안 매년 150리브르에서 50,000리브르까지 지불하도록 했다. 이 5천 장의 일종의 연금 채권의 조건은 아주 매력적이었기 때문에실제로 가장 높은 채권의 경우 연간 4,000%의 이자 수익을 누리는 꼴이었다 당시 2만 장의 채권은 하루도 안 되어 모두 팔려나갔다. - 조지 테일러George V. Taylor, 〈혁명전야의 파리증권거래소 1781~1789The Paris Bourse on the Eve of the Revolution, 1781~789〉, American Historical Review 67, No. 4, 1962

9　생존하는 제네바의 소녀들에게 지급되는 연금은 각자에게 지급되는 대신 30명당 하나씩 개설된 계좌에 예치되었고, 투자자들은 이 계좌를 사들였다. 30명을 하나로 묶어서 그들에게 지급된 연금을 한목에 인수하겠다는 발상은, 투자자가 1명씩 지명하여 연금에 투자했다가 지명자가 당시로서는 치명적인 질병이었던 홍역 따위에 감염되어 손해를 입는 위험을 회피하기 위한 수단이었다. 이는 르네상스 시대에 고안된, 글로벌 금융위기를 초래한 CMOcollateralized mortgage obligations ː 주택대출 담보증권의 전신이라 할 수 있다. 프랑소아 R 벨데 François R Velde, 데이비드 R. 위어David R. Weir, 〈1746-1793년의 프랑스의 금융시장과 정부의 부채정책The Financial Market and government Debt Policy in France, 1746~1793〉, Journal of Economic History 52, no.1, 1992

10 사실 연금을 운용하는 영국 정부가 불운했던 것은 자신의 이익을 극대화하기 위해 영리한 선택을 하는 스코틀랜드의 투자자들 때문만은 아니었다. 또 다른 문제는 연금의 가격을 결정하기 위해 연금 수급자들의 기대수명을 예측하는 과정에서 발생했다. 그들은 과거만을 바라보면서 스스로 이렇게 물었다. 100년 전쯤에 연금에 가입했던 젊은이들이 얼마나 오래 살았는가? 그 결과 그들은 두 가지의 실수를 저질렀다. 첫째로 90세에 연금에 가입하여 수혜자가 된 사람은 30세에 연금에 가입한 사람들보다는 사망 연령이 높을 수밖에 없다. 그들은 이미 90세까지 살아남은 사람이기 때문이다. 둘째로 1700년대는 100년 전에 비해서 이미 기대수명이 늘어나 있었기 때문에 과거 가입자들의 평균 수명을 적용하는 것은 문제가 있었다. 안타까운 것은 21세기의 영국의 연금보험사들도 여전히 두 번째 실수를 저지르고 있다는 것이고, 실제로 영국 정부는 20세기의 수준 높은 현대 의학과 공중보건의 결과로 늘어난 기대수명을 제대로 감안하지 못해 파산 위기에 처했던 '이퀴터블생명보험협회'Equitable Life Assurance Society ; 1762년에 설립된 영국의 생명보험사 – 역자 주를 위해 울며 겨자 먹기로 구제 자금을 지원해야 했다. 우리가 1장에서 언급했듯이, 선택이라는 문제는 시장을 괴롭힐 수 있는 여러 가지 문제 가운데 하나일 뿐이다. 펠림 보일Phelim Boyle, 마리 하디Mary Hardy, 〈연금 옵션 보장 Guaranteed Annuity Options〉, 아스틴 블레틴 : IAA 저널ASTIN Bulletin : The Journal of the IAA, 33, No.2, November 2003 https://doi.org/10.1017/S0515036100013404, 제임스 포터바James Poterba, 〈현대유럽 초기의 연금, 가치의 기원 : 현대 자본시장을 만든 금융혁신Annuities in Early Modern Europe, in The Origins of Value : The Financial Innovations That Created Modern Capital Markets ed.〉, Oxford : Oxford University Press, 레이 D 머피 Ray D. Murphy, 〈정부의 연금 판매Sale of Annuities by Governments〉,New York : Association of Life Insurance Presidents, 1939

11 보험계리사들은 핼리의 업적을 아직도 기억하고 있으나 역사적으로는 거의 모든 사람들에게 잊혔다. 참고로 영국의 왕립천문학회에 의해서 핼리가 천문학에 기여한 공로를 기리는 글이 출판된 후 제프리 헤이우드라는 보험계리사는 그 기사가 핼리의 보험계리학 분야에서의 활동에 대해 거의 언급하지 않은 것에 대한 실망감을 표명하는 글을 썼다. 제프리 헤이우드Geoffrey Heywood, 〈에드먼드 핼리와 보험계리학Edmond Halley-Actuary〉, Quarterly Journal of the Royal Astronomical Society 35, no.1, 1994

12 드 무아브르는 근사치를 추정해 내는 데 탁월했다. 그는 또 이항분포가 종 모양의 정규분포와 비슷하다는 것을 보여주었다. 이는 드 무아브르의 〈확률의 원칙 The Doctrines of Chance〉과 함께 수 세기 동안 통계학자들은 물론 전문 도박사들에게 각광받는 이론이었다. 아브라함 드 무아브르Abraham de Moivre, 〈생명에 관한 연금 또는 모든 생명에 관한 연금의 평가Annuities upon Lives or The Valuation of Annuities upon Any Number of Lives〉, London, 1725, 〈확률의 원칙 또는 놀이에서 사건이 발생할 확률의 계산법The Doctrines of Chances or A Method of Calculating the Probability of Events in Play〉 London, 1718

13 객관적으로 볼 때 상대적으로 건강 상태가 나쁠 가능성이 매우 높을 것으로 예측되는 사람들은 훨씬 좋은 조건으로 보험에 가입할 수 있다고 생각할 수 있다. 레이의 삼촌은 30대에 처음으로 심장마비를 겪었다. 그리고 그의 할아버지는 60대에 관상동맥 질환으로 사망했다. 이러한 가족력 때문에 그는 자신의 아내보다 훨씬 좋은 조건으로 보험에 가입했다. 그의 아내의 할머니인 릴은 90대의 고령에 돌아가셨다. 그러나 이런 특별한 상황이 아니라면, 연금 지급액은 나이와 성별에 따라서 결정된다. 보험사가 연금을 판매할 때 왜 더 많은 정보를 알고 싶어 하는가 하는 것은 4장에서 자세히 이야기할 것이다.

14 이자율이 중요한 것은 고객에게는 연금에 들지 않는 대신 은행에 돈을 예금하고 이자로 생활할 수 있는 선택권이 있기 때문이다. 연금은 시중의 이자율보다 약간 더 많이 지급되어야 한다. 만일 당신이 은행에 돈을 넣으면, 원금은 당신의 이름으로 계속 유지되는 반면, 연금보험의 경우 당신이 보험사에 납부한 보험료는 보험사의 것이 된다. 이자율이 높으면 보험사는 연금 수급자로부터 받은 보험료를 은행에 예치하고 발생한 이자만으로도 미래 비용을 충분히 감당할 수 있다.

15 교통수단에 관한 보험은 자동차보다 수십 년은 더 앞서 있었다. 사실 말이 끄는 마차도 승객과 보행자 모두에게 상당한 위험을 초래하는 존재였다. 최초의 마차 배상보험이 등장한 것은 1820년대 파리에서였다. 나폴레옹이 마차 사고가 발생할 경우 마차 소유자들이 모든 손해를 책임지도록 법제화한 후 이 보험은 프랑스 전역으로 빠르게 퍼져나갔다. 재미있는 것은 오늘날에는 자동차보다 훨씬 위험한 교

통수단이 되어버린 마차를 위한 마차보험을 지금도 가입할 수 있다는 것이다. 로버트 M, 머킨Robert M. Merkin, 제리미 스튜어트 스미스Jeremy Stuart-Smith, 〈자동차보험법The Law of Motor Insurance, London〉, Sweet and Maxwell, 2004, 〈보험 및 관련 분야에 대한 과학Insurance and Its Collateral Sciences〉, Philadelphia : Review Publishing, 1901

16　자세히 살펴보면, 발사 전에 위성이 손상될 경우 350만 달러를 보상하고, 발사 중 현장 주변에 있던 사람들이 죽거나 다치는 등 발생하는 모든 위험에 대해 500만 달러를 보상하는 두 가지 내용을 담고 있었다. 클레어 수다스Claire Suddath, 〈희한한 신체보험 톱 텐Top 10 Oddly Insured Body Parts〉 Time, September 1, 2010, 제이 맥도날드Jay MacDonald, 〈가장 이상한 보험 8가지 8 of the Weirdest Insurance Policies〉 Fox Business, January 12, 2016, 〈리포트 : 가슴의 털을 위한 보험에 들었던 톰 존스Report: Tom Jones Has Chest Hair Insured〉 New York Daily News, February 5, 2008, 표트르 마니코프스키Piotr Manikowski, 메리 와이스Mary A. Weiss, 〈위성 보험시장과 보험증권 인수 주기The Satellite Insurance Market and Underwriting Cycles〉 Geneva Risk and Insurance Review 38, no.2

17　1950년대에 학업이 우수한 학생들은 별로 차량을 소유하고 싶어 하지 않았던 것 같다. 뉴욕타임스 매거진의 기사에 따르면, 무작위로 추출한 학생들을 상대로 차량 소유 여부를 조사한 결과, 평균 학점이 D학점인 학생들은 71%가 차량을 소유한 반면, A학점의 학생들 가운데 차량을 소유한 사람은 하나도 없었다. 실제로 전자에 속한 한 학생은 "만약 나에게 세 가지 소원을 말하라면, 첫 번째 소원은 16세가 되기 전에 자동차를 운전하는 것입니다."라고 말했다. 그리스Grease : 존 트라볼타와 올리비아 뉴튼 존이 주연한 미국 청소년들의 일상을 그린 영화 - 역자 주는 당시 미국 고등학생들의 생활상을 대체로 정확하게 묘사한 것 같다. 도로시 바클레이Dorothy Barclay, 〈청소년과 자동차, 무엇이 문제인가A Boy, a Car : A Problem〉 New York Times, November 22, 1959

18　스마트 폰과 차량을 연결하면, 운전 중에도 통화 등 스마트 폰 활용이 가능

하지만, 여기에 더하여 차량에 탑재된 운전기록 장치를 스마트 폰을 통해서도 불러올 수 있다. 그러므로 스마트 폰이 사고 가능성을 예측하는 아주 좋은 도구로 활용된다. 그러므로 별로 비싸지 않은 스마트 폰 단말기를 구입해서 집에 두는 것만으로도 정보에 대해 보험사를 앞설 수 있다. 알리차 그라자드코프스카 Alicja Grzadkowska, 〈스마트 폰 센서를 통한 컴퓨터 통신 활용Harnessing the Power of Telematics through Smartphone Sensors〉 Insurance Business America, March 21, 2018

19 완벽하게 좋기만 한 시스템은 없다. 운전기록 장치가 탑재된 차량을 운전하는 운전자는 사고를 피하려면 급정거를 해야 하는 상황에서조차 브레이크를 부드럽게 밟는 등의 부작용도 관찰되었다. 위안징 야오Yuanjing Yao, 〈보험의 진화, 컴퓨터 통신 기반의 개인 자동차보험 연구Evolution of Insurance: A Telematics-Based Personal Auto Insurance Study〉 University of Connecticut, 2018

20 애들러가 정말로 불이 났다는 사실을 의심하지 않도록 해야 하고, 그녀가 혼비백산한 상태에서 어떤 행동을 하는지 관찰하려면 홈즈도 그 현장에 있어야 하기 때문에, 치밀한 계획을 세워야 했다. 계획을 성공시키기 위해 홈즈는아마도 상대방에게 가장 안도감을 주는 신분인 성직자로 변장하고, 그녀의 집 앞에서 마차의 문을 열어주겠다고 서로 다투는 젊은이들의 난투극에 끼어든다. 홈즈가 난투극에 휘말려 얻어맞고 머리에 피를 흘리자, 놀란 애들러는 홈즈를 자신의 집으로 급히 데리고 들어가 거실에 눕혔고, 홈즈는 숨이 막히고 답답하다며 창문을 열어 달라고 부탁한다. 창문이 열리는 것은 집 밖에서 대기하던 왓슨에게 다음 단계로 넘어가라는 신호였다. 왓슨은 연막탄을 애들러의 집안으로 던지고, 함께 대기하고 있던 조력자들과 함께 '불이야!'라고 외친다. 이 이야기는 8장에서 다시 다루겠지만, 미리 말해 두자면 놀라운 반전이 있다. 궁금해서 기다리기 힘든 독자가 있다면 코난 도일의 소설을 읽어보는 것도 좋을 것 같다.

21 의도적으로 일정한 수준 이하의 제품을 제공하는 것은 '좋은 고객'과 '나쁜 고객'을 구별하기 위한 전형적인 트릭이다. 모든 사람에게 같은 서비스를 제공해야 한다면, 좋은 고객은 가격이 좀 높더라도 기꺼이 더 많은 돈을 지불하는 사람이고,

나쁜 고객은 가격을 올리면, 지불할 수 없거나, 지불하고 싶어 하지 않는 사람들이다. 프랑스의 경제학자이자 토목기사였던 쥘 두피Jules Dupuit는 이를 지붕은 없고 의자는 딱딱한 3등 열차에서 돈을 조금만 더 내면 쿠션과 가리개를 제공해 주는 서비스에 빗대어 설명했다. 3등석을 불편하게 만든 것은 여유가 있는 여행객들에게 돈을 더 써서 더 비싼 객실 좌석표를 사도록 유도하기 위함이라는 것이다. 그는 1849년에 발표한 글에서 "일부 철도의 3등석 좌석이 딱딱하고 햇볕을 가리거나 비를 막아줄 지붕조차 없었던 것은 3등석을 조금 더 안락하게 만드는데 들어가는 몇천 프랑의 돈이 아까워서가 아니다. 2등석으로 손님이 더 몰리도록 하기 위해 3등석을 희생한 것이다. 즉, 2등석 요금을 충분히 낼 수 있는 사람들이 3등석 표를 구입하는 것을 막기 위한 장치였다. 3등석 손님을 푸대접하는 것이 목적이 아니라, 부자들이 3등석으로 가는 것을 막는 것이 목적이었다. 만약 오늘날, 국가가 나서서 민간 철도 회사에게 10만 프랑을 지원해 줄 테니 3등석을 조금 더 안락하게 개선하라고 요구한다면, 회사는 이를 거절할 것이다. 자기 돈을 한 푼도 들이지 않고 열차의 내부를 개선할 수 있다 해도, 그것이 결국 회사 수익을 2백만 프랑 이상 줄이고, 회사를 경영상의 위기로 몰아넣을 수 있기 때문이다."라고 주장했다. 쥘 두피Jules Dupuit, 〈교통요금이 교통 방식의 유용성에 미치는 영향De l'influence des péages sur l'utilité des voies de communication〉1849의 내용을 라케쉬 보라Rakesh V. Vohra, 《가격 및 수량, 미시경제학의 기초Prices and Quantities : Fundamentals of Microeconomics》Cmabridge : Cambridge Univercity Press, 2020에서 인용함

22 문학 작품이라는 허구의 가정에서 벗어나서 현실을 보면, 자살로 생을 마감하는 경우에는 보험 가입 후 일정 기간 내에 자살하는 경우에만 보험금 지급을 거부하는 경우가 많다. 이는 처음부터 자살할 계획을 가지고또는 누군가에게 자신을 살해해 달라고 청부할 계획을 가지고 보험에 가입하는 것을 막기 위해서이다. 그렇다면 연극에서 윌리는 이미 여러 해 동안 보험료를 납부해 왔으므로 그의 사망 후 보험금이 지급되었을 가능성이 많다. 개리 슈만Gary Schuman, 〈자살과 생명보험 계약 : 피보험자는 제정신인가? 아닌가? 그게 중요한 문제인가?Suicide and the Life Insurance Contract : Was the Insured Sane or Insane? That Is the Question-Or Is It?〉 Tort and Insurance Law Journal 28, 1993

23 이는 공정하고 당연하다고 생각할 수 있지만, 논쟁을 유발할 수도 있다. 어떤 살인마 같은 사람이 당신을 쫓고 있고, 당신은 그를 피하기 위해 주변의 아무 집이든 창문을 깨고, 그 집안으로 뛰어들었다고 상상해 보라. 당신이 놀란 집주인에 의해 살해당할 수 있다. 이 경우 당신은 누군가의 집을 무단 침입했다가 사망했기 때문에 보험금을 지급받을 자격이 없다.

24 브로콜리 소동이 대중들의 주목을 받았지만, 법원 논쟁의 핵심은 각자의 보험 상태와 관계없이 모든 사람은 언젠가 의학적 보살핌을 받아야 할 때가 온다는 것이었다. 건강보험 등 건강 보장 대책이 없는 사람들도 여전히 언젠가는 치료를 받아야 하고, 병원은 그들을 치료하면서 발생하는 손실을 메우기 위해 병원비를 인상할 것이고, 결국 나머지 사람들이 그들을 위해 치료비를 지불해 주는 것이나 마찬가지라는 것이다. 그러므로 보험 가입 의무화를 지지하는 측에서는 자신의 판단에 의해 보험에 가입하지 않은 사람들은 자신들이 부담해야 할 사회적 부담금을 다른 사람에게 전가하는 것이라고 주장했다. 그러나 로버츠와 뜻을 같이 하는 사람들은 같은 주장이 브로콜리에도 적용될 수 있다고 반박했다. 사람들이 잎이 무성한 녹색 채소를 제대로 섭취하지 않으면, 비타민이 결핍되어 신체가 허약해지고, 그들을 돌보는 비용은 사회 전체의 부담으로 돌아간다는 논리였다.

25 뉴요커지의 아담 고프닉은 이 판결에 대해서 정작 브로콜리를 어떻게 조리해야 하는지 제대로 아는 대법관이 없었다는 것이 진짜 문제라고 논평했다. 만일 그들이 알고 있었다면, 정부가 브로콜리를 반드시 먹도록 모든 미국인에게 강제할 필요 자체가 없다는 사실을 몰랐을 리 없다. 굳이 정부가 대중들이 브로콜리를 먹는 문제에 개입해야 한다면, 찌거나 날것으로 먹지 말고, 볶거나 프랑스식 퓨레pureed, 채소를 으깨어 만드는 음식 재료 - 역자 주 스타일로 먹는 것이 유익하다고 설명하는 것만으로 충분했을 것이다. 아담 고프닉Adam Gopnik, 〈브로콜리 소동 : 요리에 관한 법률적 개입The Broccoli Horrible : A Culinary-Legal Dissent〉 New Yorker, June 28, 2012

26 연구를 수행한 논문 저자들이 관찰한 바와 같이 보험의 필요성이 간절한 사람들, 즉 건강이 좋지 않은 사람들은 보험의 보장을 받기 위해 미리 보험시장에 들어

왔을 가능성이 크다. 그러므로 시간이 지난 후, 보험에 뒤늦게 가입한 사람들은 상대적으로 훨씬 건강하다. 특히 가입 의무화가 완벽하게 효력을 발휘하게 되는 날짜가 임박하자, 만성 질환이 없는 사람들이 대거 보험에 가입하는 현상이 관찰되었다.

27 우리를 포함한 경제학자들이 재앙적 단계를 예방하기 위한 보험상품에 비교적 고소득자들도 가입해야 한다고 주장한 것과 오바마케어의 취지가 일치한다는 점에 주목해야 한다. 보험의 취지는 검진을 받을 때마다 진료비를 개인이 지불하거나 비용이 많이 들고 예상치 못한 비용이 발생할 때 겪게 될 재정적 어려움에 대비해서—예를 들어서 급성 맹장염으로 수술을 하게 되면 갑자기 25,000달러를 구하기 위해 허둥거리는 대신 완충장치를 만들어 놓자는 것이다. 재앙적 상황을 예방하는 단계의 보험은 의료비를 지출해야 하는 상황이 발생할 때 어느 수준까지는 각자 부담하여야 하며, 그 이상의 비용은 보험금을 통해 감당하도록 설계되어 이러한 위험으로부터 가입자를 보호해 줄 수 있는 상품이다. 메디케어 & 메디케이드 서비스 센터Centers for Medicare and Medicaid Services, 〈재앙적 단계를 예방하기 위한 건강보험 프로그램에 가입하는 방법How to Buy a Catastrophic Health Insurance Plan〉 November 2, 2020

28 다만 당신이 음주운전으로 유죄 판결을 받는다면 플로리다주는 앞으로 신체상해 보험에 가입할 것을 요구할 것이다. 이 정도라면 플로리다주가 주민들의 보험 가입 의무를 너무 최소한만 사후약방문식으로 요구하고 있다고 생각할 수밖에 없다. 마크 피츠패트릭Mark Fitzpatrick, 〈플로리다의 SR-22와 FR-44 보험의 비용과 보장 범위Cost of SR-22 & FR-44 Insurance in Florida and How Coverage Works〉 Value Penguin March 5, 2021

29 자동차보험은 정부가 보험시장에 개입한 결과가 선택의 문제를 해결하는 데 필요한 두 가지의 규정을 만들어낸 흥미로운 사례이다. 두 가지 모두 역선택의 문제와는 아무런 관련 없이 만들어진 조항이었지만, 서로 다른 방향에서 선택의 문제의 범위에 영향을 주었다. 첫 번째는 대부분의 주에서 보험사가 보험료를 산출하는 과정에서 고객별 특성에 따라 보험료가 영향을 받지 않도록 하여 모든 고객이 유사

한 조건으로 동등하게 보험시장에 가입하도록 한 것이다. 그 결과로 보험사는 고객이 사고를 낼 가능성이 높아 보인다는 이유로 더 많은 보험료를 책정할 수 없게 되었다. 보험사가 보험료를 책정하는 과정에서 고객에 관한 데이터 활용을 법으로 크게 제한했고, 그 결과 기업은 데이터에 접속조차 쉽지 않게 된 것이다. 이러한 방식의 보험료 책정은 선택으로 인한 문제를 크게 누그러뜨렸다. 반면 자동차보험을 의무적으로 가입하게 한 제도는 원래 부주의하면서도 보험에 들지 않은 운전자가 낸 사고로 피해를 입고도 보상을 받지 못하는 피해자를 보호하기 위한 조치였지만, 결과적으로 의외의 효과도 나타냈다. 의무 가입 정책이 선택의 문제에도 영향을 준 것이다. 모든 자동차 소유자가 의무적으로 보험에 가입하다 보니 운전에 자신이 있고, 사고로 인한 비용이 적은 운전자들이라고 해서 보험료가 낮고, 보상 범위도 가벼운 보험을 선택하는 구조가 처음부터 나타나지 않게 되었다. 처음부터 선택의 폭이 없거나 무척 작았다.

30   가능성은 충분히 있다. 2010년의 한 연구에 의하면 오늘날 생존하고 있는 사람 2백 명 가운데 하나는 칭기즈칸의 후손이라고 한다. 라지브 칸Razib Khan, 〈200명 가운데 한 명은 칭기즈칸의 직계 후손이다1 in 200 Men Are Direct Descendants of Genghis Khan〉 Discover, August 5, 2010

31   우리는 2장에서 헌팅턴병과 장기요양보험에 대해서 다룬 적이 있다. 헌팅턴병이 발병할 가능성이 높은 사람들의 장기요양보험 가입 가능성은 확실히 높다. 이는 고객의 선택이 보험시장에 분명한 영향을 미치는 결과이다. 이 경우 보험사가 취할 수 있는 최선의 방법은 가입 희망 고객들에 대한 유전자 검사를 통해 그가 헌팅턴병 발병 유전자를 보유하고 있는지 확인하는 것이다. 이는 법률적으로도 문제가 되지 않는다. 그러나 이 책을 쓰고 있는 현재까지 보험사가 고객의 유전자를 검사하는 사례는 없었다.

32   물론 실제 보험시장에서는 다른 요인들도 많이 작용하고 있기 때문에, IHCP 가입자의 감소를 오로지 죽음의 소용돌이라는 용어로 단정해서 설명할 수는 없다. 초창기의 보험사들은 당국의 독려 때문에 보험료를 매우 낮게 책정했고, 이로 인해 보험사는 손실을 입고, 시장에서 철수하기까지 했다. 그러나 낮은 보험

료 말고도, 고용주의 지원을 받아 건강보험에 가입하는 주민들의 수가 늘어난 것도, IHCP 프로그램 가입자가 줄어든 요인 가운데 하나였다. 엘런 C 몬하이트Alan C. Monheit, 조엘 C 캔터Joel C. Cantor, 마가렛 콜러Margaret Koller, 킴벌리 S 폭스Kimberley S. Fox, 〈집단율과 지속 가능한 뉴저지의 개인건강보험 시장 Community Rating and Sustainable Individual Health Insurance Markets in New Jersey〉Health Affairs 23, no.4 2004, 케서린 스와츠Katherine Swartz, 데보라 W 가닉Deborah W. Garnick, 〈뉴저지의 교훈Lessons from New Jersey〉Journal of Health Politics, Policy and Law 25 no.1, 2000

33 하버드대학교의 경우는 공정성에는 관심이 없었다. 하버드는 가장 보장 폭이 넓은 보험상품으로 인한 높은 지출을 직원들에게 전가해 예산을 절약하고 싶었을 뿐이다. 가장 건강이 좋지 않고, 그러므로 비용이 가장 많이 드는 직원들이 높은 보험료를 기꺼이 감당하려고 하자, 그 프로그램은 폐지되었다. 뉴저지주는 공정성의 원칙을 지키는 가운데서도 다양한 보장 조건을 가진 프로그램들을 유지하려고 노력했고, 가장 보장 폭이 넓은 보험상품을 폐지하지도 않았다.

34 앞서 5장에서 살펴본 바와 같이, 보험사들은 대개 새로 보험에 가입한 사람들이 보험금을 지급받거나 보험 계약 내용을 변경하려면 가입 후 1년 이상 경과해야 하는 유예조항을 두고 있고, 이 때문에 가입자가 큰 비용이 들어갈 만한 상황이 눈앞에 닥치고 나서야 보험에 가입하거나 가입 내용을 변경하는 일을 막을 수 있다. 메디케어의 가입 내용을 바꾸는 것을 금지하거나 그 요건을 엄격하게 제한하는 이유도 5장에서 다룬 생명보험의 사례와 비슷하다. 앞에서 다룬 내용을 다시 떠올려 본다면, 보험사가 겪는 문제 가운데 하나는 고객이 어느 날 갑자기 보험을 해약하고자 할 때 이를 막을 방법이 딱히 없다는 것이었다. 이 문제를 해결하기 위해 보험사는 가입과 동시에 상당히 많은 액수의 선불 보험료를 받고, 그 대신 매년 납부해야 하는 보험료를 그만큼 깎아주는 방식을 도입했다. 일단 거액의 보험료를 선납하고 나면 고객은 다른 보험사로 갈아타기 위해서 보험을 해약하기가 어려워진다. 보험에 가입한 사람이 자신의 건강 상태가 생각보다 훨씬 괜찮다고 생각되면 자신의 양호한 건강 상태에 맞춰서 거기에 맞는 더 나은 보험상품으로 갈아타기를 원할 것이다. 모든 사람이 한번 가입한 보험 내용을 쉽게 변경하는 것을 막는 제도가 있기 때문에 미래에 얼마나 건강할지, 아니면 질병에 시달릴지 예측할 수 없는 상태에서

모두가 동일한 보험료로 보험에 가입할 수 있다.

35 아이 때문에 골치 아파하는 부모나 정부의 정책 입안자들 모두 그나마 자신들의 역할이 악역으로 분류되지는 않는다는 사실에 안도할 수는 있다. 셜록 홈즈 조차도 아이린 애들러와 벌인 두더지 잡기 게임에서 끝내 패배자가 되었다는 사실을 5장에서 이미 살폈다. 홈즈는 애들러를 교묘하게 속여서 그녀가 보헤미아의 왕과 함께 찍은 폭발력이 엄청난 사진을 어디에 숨겼는지를 스스로 드러내게 하는 데는 성공했다. 그러나 홈즈는 사진을 가지러 들어 왔다가 사진 대신 애들러가 남긴 메모를 발견한다. 그녀는 홈즈의 계획을 처음부터 알고 있었다. 결국 이 이야기는 셜록 홈즈가 최고의 계획에도 불구하고 여인의 기지에 보기 좋게 패배한 것으로 끝난다. 아서 코난 도일, 《보헤미아의 스캔들A Scandal in Bohemia, in The Adventures of Sherlock Holmes》New York : A. L. Burt, 1920

왜 보험시장은 실패하는가!
그리고 우리는 무엇을 해야 하는가?

리스키 비즈니스

초판 1쇄 발행 2023년 7월 27일

지은이	리란 아이나브, 에이미 핑켈스타인, 레이 피스먼
옮긴이	김재서
발행처	예미
발행인	황부현
편 집	정성문
디자인	김민정

출판등록 2018년 5월 10일(제2018-000084호)

주소	경기도 고양시 일산서구 중앙로 1568 하성프라자 601호
전화	031)917-7279　　　**팩스** 031)918-3088
전자우편	yemmibooks@naver.com

ⓒ리란 아이나브, 에이미 핑켈스타인, 레이 피스먼, 2023

ISBN 979-11-92907-14-7　03320